한국이슬람연구소 창립 20주년 기념 논문집

이슬람 총서 2

이슬람 연구 2

이슬람 연구 2

초판 1쇄 찍은 날 · 2013년 10월 15일 | **초판 1쇄 펴낸 날** · 2013년 10월 18일
엮은이 · 김아영 | **펴낸이** · 김승태

등록번호 · 제2-1349호(1992. 3. 31) | **펴낸 곳** · 예영커뮤니케이션

주소 · (136-825) 서울시 성북구 성북1동 179-56 | **홈페이지** www.jeyoung.com
출판사업부 · T. (02)766-8931 F. (02)766-8934 e-mail: jeyoungedit@chol.com
출판유통사업부 · T. (02)766-7912 F. (02)766-8934 e-mail: jeyoung@chol.com

ISBN 978-89-8350-863-8 (94230)
978-89-8350-861-4 (세트)

값 13,000원

이 도서의 국립중앙도서관 출판시도서목록(CIP)은 서지정보유통지원시스템 홈페이지(http://seoji.nl.go.kr)와 국가자료공동목록시스템(http://www.nl.go.kr/kolisnet)에서 이용하실 수 있습니다.
(CIP제어번호: CIP2013018726)

이슬람 연구 2

김아영 엮음

예영커뮤니케이션

✳✳✳✳✳✳✳✳ 추천사

It is both a pleasure and a privilege to commend this excellent collection of papers celebrating the 20th anniversary of this important journal because I believe each one of them can help Christians in one way or another to address the enormous challenges that are presented by Muslims and Islam. If we ask what is involved in facing these particular challenges, there are at least five things that Christians need to do:

– *Know Muslims personally and develop relationships with them.* It is said that some of the Christians who have the most negative views about Islam have never actually met a Muslim. It's important therefore that we learn how to develop genuine personal relationships with them.

– *Learn more about Islam and Muslims.* When there is so much ignorance in our churches about Islam, we need to learn as much as we can about the beliefs and practices of Islam and understand the many different kinds of Muslims and Islam that we find in the world today.

– *Think biblically and theologically about Islam.* We need spiritual discernment in order to understand both the common ground and the significant differences between the two faiths, and this should drive us back to study the Bible and do our theology in new ways.

– *Deal with our fears and prejudices.* Sometimes our problems in understanding Islam and relating to Muslims lie within ourselves, and in this case we need to find ways of dealing with our deep-seated fears and prejudices.

– *Learning how to work together to relate to Muslims.* What are we going to do to face these challenges? This is where we need to develop realistic strategies which will enable us to work together.

I am very happy to commend this volume because I am confident that every paper can help us in one or more of these five different areas, and I congratulate the Torch Trinity Center for Islamic Studies on this important anniversary.

Colin Chapman

(Formerly lecturer, Islamic Studies, Near East School of Theology, Beirut, Lebanon)

I am very pleased to write this recommendation for the Torch Trinity Center for Islamic Studies. I first had contact with the Center in its early days through Professor Chun Chae Ok, with whom I shared a conference platform at London School of Theology in 1998. I subsequently visited the Torch Trinity Center for Islamic Studies in May 2000 and was very encouraged by what I found.

At that early stage, the Center had already acquired a significant library, it was teaching classes on various locations around Seoul and it was sending its staff abroad for postgraduate training. Indeed I served as supervisor for two Master of Theology dissertations that were written by staff of the Center.

Since that first visit to the Torch Trinity Center for Islamic Studies, I have watched its development with interest and admiration. It now produces highly professional publications, it is able to draw on highly trained and skilled staff, and it has a dynamic plan of action for the future by the leading of the current director of the Center, Dr. Ah Young Kim. I am also impressed by the breadth of the Center and am confident that it will serve for many years as a rich resource for the Korean churches as they engage with the world of Islam and with Muslims. The relationship between Christianity and Islam will be a crucial element in inter-religious relations during the 21st century. The Torch Trinity Center for Islamic Studies is now well equipped to make a significant contribution to the Christian-Muslim relationship in coming decades.

Peter Riddell

(Vice Principal for Academic Affairs, Melbourne School of Theology)

횃불트리니티신학대학원대학교 한국이슬람연구소에서 지난 20여 년 동안 발표된 논문과 서평을 모아 『이슬람 연구』라는 책을 출판하게 된 것을 크게 기뻐합니다. 한국 기독교계에 이슬람 연구가 부족한 상태에서 한국이슬람연구소에서 꾸준히 저널을 발행하고, 오랜 세월 발표된 여러 교수님과 전문가들의 좋은 자료들을 수집하여 한 권의 책으로 발간하여 신학교와 선교사 훈련을 위해, 또 목회자들의 길잡이를 위해 이슬람 연구의 교재로 사용할 수 있게 된 것은 아주 큰 성과라 여겨집니다. 이 책이 많은 분들에게 유익을 주고, 무슬림 선교에 눈을 뜨게 하는 계기를 만들어 주리라 믿으며 이 책을 추천합니다.

김상복 총장(횃불트리니티신학대학원대학교)

이슬람은 기독교 이외에 세계 선교를 꿈꾸는 유일한 종교입니다. 그러므로 이슬람은 기독교에 가장 가까운 종교이면서 동시에 선교에 있어서는 가장 커다란 장벽이 되어 있습니다. 어떤 면에서 이슬람 선교는 아는 만큼 기회를 얻을 수 있는 사역입니다. 생각보다 깊이 있는 이슬람 연구가 부족한 한국의 상황에서 이번 『이슬람 연구』가 출간되는 것은 또 하나의 열매라고 여겨집니다.

이 책이 이슬람 선교의 기회를 한걸음 더 넓힐 것이라 확신하며 적극 추천하는 바입니다.

이현모 교수(침례신학대학교 선교학)

하나님 사랑, 이웃 사랑(마 22:34-40)은 선지자와 율법의 핵심이며, 이 둘은 별개가 아니라 사실은 하나입니다. 그런데 이웃 종교인 이슬람과 무슬림을 알지 못한 채 어떻게 그들을 사랑할 수 있겠습니까?

한국이슬람연구소에서 발간하게 된 『이슬람 연구』의 진정한 가치가 여기에 있습니다.

1995년 이후 한국이슬람연구소의 저널을 통하여 발표된 이슬람과 관련된 다양한 논문들과 중요 저서들에 대한 서평이 이 책에 수록되어 있습니다. 이 글들의 필자들에게 박수를 보내며 그 귀한 글들을 모아 연구서로 발간한 한국이슬람연구소 연구원들과 스태프들에게 감사와 격려의 말씀을 전합니다. 무슬림들을 더 이해하고 사랑하고자 마음에 품고 기도하며, 또 실제 현장에서 사역하고 있는 모든 분들에게 필독을 권합니다.

정마태 교수(합동신학원 선교학)

한국이슬람연구소는 창립 이후 꾸준히 이슬람과 관련된 연구논문들을 모아 저널을 출판하였고, 횃불트리니티신학대학원대학교로 자리를 옮긴 후에는 *Muslim-Christian Encounter*라는 이름으로 재창간하여 이슬람의 정체성과 정신을 이해하여 이슬람 선교에 대한 안목을 높이고 넓히는 일에 노력해 왔습니다.

이제 한국이슬람연구소 창립 20주년을 기념하여 그간의 연구물들을 모아 『이슬람 연구』라는 이름의 연구총서를 발간하게 된 것을 기쁘게 생각하며 하나님께 감사를 드립니다.

이 책이 나오기까지 수고한 김아영 소장과 권지윤 책임연구원, 그리고 오랜 세월 함께 동역해 온 예영커뮤니케이션의 김승태 사장께 감사의 말씀을 전하며, 이 책이 이슬람 선교를 위한 건강한 방법론을 모색하는 일에 좋은 교재로 사용되기를 소망합니다.

전재옥 교수(이화여자대학교 명예교수, 한국이슬람연구소 명예소장)

한국이슬람연구소 창립 20주년 기념 논문집

발간사 ✳✳✳✳✳✳✳✳

2012년 9월 25일은 한국이슬람연구소를 섬겨온 사람들에게는 특별한 의미가 있는 날이었습니다. 한국이슬람연구소가 이슬람권 선교를 위한 벅찬 발걸음을 시작한지 20년이 되는 날이었기 때문입니다. 한국교회 이슬람권 선교의 선구자로, 은퇴 후에도 후배 선교사들을 위한 격려와 기도의 사역을 멈추지 않는 선교적 삶을 살고 계신 전재옥 이화여자대학교 명예교수님이 한국교회 이슬람권 선교의 성숙한 발전을 위해 동역자들, 제자들과 함께 시작한 한국이슬람연구소가 어느덧 성년을 맞이하게 된 것입니다.

이슬람에 대한 지식이 아라비안 나이트와 산유국이 전부였던 시절에 시작하여, 이슬라모포비아(islamophobia)가 그리스도인들의 마음마저 움츠러들고 냉정하게 만들었던 시기를 지나, 보다 객관적인 지식에 기반한 선교적 태도로의 전환이 요구되는 시기로 이어지는 변화를 겪으며, 한국이슬람연구소는 선교를 위한 이슬람 연구 공동체로서의 정체성을 유지하기 위해 성실한 노력을 이어 왔습니다.

한국이슬람연구소 설립 20주년을 맞이하며 그 세월 동안 보이지 않는 곳에서 한결같은 마음으로 연구와 섬김에 최선을 다해 준 고마운 분들을 기억하지 않을 수 없습니다. 이제는 이슬람과 관련된 학위를 받고 전문가로 활동하고 있는 연구원들, 혹은 지식과 경험을 두루 갖춘 전문 선교사로 세계 곳곳의 이슬람 선교 현장에서 활동하고 있는 연구원들, 그리고 연구소 내에서 최선을 다해 실무를 맡아 주고 있는 연구원들에게 이 지면을 빌어 감사한 마음을 전합니다.

또한 이슬람 (선교) 연구라고 하는 익숙치 않은 분야에 신뢰를 가지고 지난 세월 동안 후원과 기도를 아끼지 않은 후원 교회와 개인, 단체들, 그리고 이슬람 선교에 대한 깊은 관심과 기도로 격려를 아끼지 않으시는 횃불트리니티신학대학원대학교 김상복 총장님과 이형자 이사장님, 그리고 교직원 여러분께도 깊은 감사의 말씀을 드립니다. 또한 이슬람권 선교를 위한 협력사역의 필요성에 의해 설립된 이슬람 파트너십의 실행위원들은 한국이슬람연구소가 어려운 상황에 직면할 때마다 격려와 존재 이유를 분명히 알려 준 고마운 동역자들입니다.

한국이슬람연구소는 창립 20주년을 맞이하며 무엇으로 이 날을 축하(celebrate)할 것인가를 오랫동안 논의하였습니다. 그리고 떠들썩한 강연회나 축하모임보다는 논문집을 발간하는 것이 지나간 20년의 연구활동을 기념하는 가장 뜻깊은 일이라는 것에 의견이 모아졌습니다. 이를 위해 그간 연구소의 소식지와 저널을 통해 이미 발표되었던 논문들을 추리는 작업을 시작하였고, 국내외의 학자들께 논문을 의뢰하여 "이슬람 연구 총서"로 묶어 발간하기까지 꼬박 1년의 시간이 걸렸습니다. 한국이슬람연구소가 성년으로 새로운 발걸음을 떼는 2013년에 이 뜻 깊은 논문집을 발간하게 된 것입니다.

20여 년의 세월이 흘렀으나 이슬람권 선교는 여전히 어려운 과제로 우리 앞에 놓여 있습니다. 무슬림들을, 이슬람이라고 하는 종교를 어떻게 규정하고 어떻게 다가가야 하는가 하는 문제를 두고 그리스도인들 사이에 의견이 여전히 분분하며, 배타적이고 폭력적인 일부 무슬림들의 변함없는 태도는 여전한 선교의 장애물로 남아 있습니다. 또한 아랍의 봄, 혹은 재스민 혁명으로 시작되어 세속적 이슬람과 이슬람주의의 대결로 이어지는 이슬람 내에서의 투쟁(struggle)은 이슬람 선교방법론, 그리고 건강한 기독교-이슬람 관계 모색을 연구 주제로 삼는 저희 한국이슬람연구소에게 끊임없는 도전과 연구과제를 제시해 주고 있습니다.

녹록지 않은 연구 환경 속에서 한국이슬람연구소에 속한 모든 연구원들이 세계 도처에서, 그리고 한국에서 끊임없는 연구와 성찰, 기도를 통하여 이 시대에 무슬림들을 향한 하나님의 마음과 뜻을 분별해 내고, 이를 확장하는 일에 최선을 다할 수 있게 되기를 간절히 소망합니다.

이제 이 연구서 발간을 계기로 한국이슬람연구소가 지나간 20년의 활동을 정리하고 새로운 한 세대를 내다보며 변화하는 세계 종교환경과 이슬람 선교환경 속에서 "우리 시대의 그리스도인들로 하여금 이슬람 세계를 이해하고 건강한 선교적 태도를 형성하여 기독교-이슬람 간의 바람직한 관계를 만들어가도록 영향력을 미치고자" 하는 한국이슬람연구소의 사명선언(mission statement)에 부합하는 연구활동을 지속적으로 수행하게 되기를 간절히 기원합니다.

어려운 출판환경 속에서도 흔쾌히 연구서의 출판을 허락해 주신 예영커뮤니케이션 김승태 사장님과 직원분들, 그리고 오랜 시간 편집을 위해 애써 준 권지윤 책임연구원에게 감사의 말씀을 전합니다.

이 모든 일의 동기와 목적이 되시는 하나님께 모든 영광과 감사를 올려드립니다.

2013년 한국이슬람연구소 "이슬람 연구 총서" 발간을 감사하며
한국이슬람연구소 소장 김 아 영

2권 차 례

5부 무슬림 공동체의 다양성

1권 차 례

2부 이슬람 신학

3부 이슬람 선교

3권 차 례

7부 민속 이슬람

서평

4부 이슬람의 정치와 경제

이스라엘-팔레스타인 갈등을 통해 본 이슬람의 '정의(*adl*)' 이해
: 하마스의 지하드(*Jihad*)를 중심으로

정상률

I. 서론

1948년 이스라엘 건국 이후, 팔레스타인 지역(고대 가나안 지역) 내 유대인과 아랍인(팔레스티니안, 또는 팔레스타인 아랍인) 간에는 끊임없는 갈등과 전쟁이 있어 왔다. 팔레스타인 지역에서의 갈등과 전쟁은 오랜 역사성과 다양한 원인에서 그 기원을 찾을 수 있다. 그런데 이러한 갈등과 전쟁이 이슬람 또는 무슬림의 입장에서 정의(正義)로운 것인가?

팔레스타인에서의 아랍인과 유대인 간 갈등은 1880년대부터 시작되었다. 1880년대에 프랑스의 드레퓌스(Alfred Dreyfus) 사건, 러시아의 짜르 2세(Tsar Nicholas II) 암살 사건으로 인해서 반유대주의(anti-Semitism)가 부상하면서 유대인이 동서 유럽에서 탄압과 차별을 받게 되었다. 위 두 사건은 인종주의의 산물이었다. 그리고 당시 유럽에서 민족주의와 사회주의가 부상하면서 유대인들은 시오니즘(유대 민족주의)을 구상하고, 근대 국민국가(nation-state)를 건설하기로 결정한 후 팔레스타인 지역으로 이주하기 시작했다. 유대인과 팔레스티니안의 갈등은 이때부터 시작되었다.

유대인의 이주와 국가 건설, 4차에 걸친 이스라엘-아랍 국가 간 전쟁과정에서 팔레스티니안들은 PLO의 '팔레스틴 민족주의'와 무슬림 형제단의 팔레스타인 지부 및 하마스의 '정치 이슬람(political Islam)'을 대 이슬라엘 투쟁의 이념으로 설정했다. 특히 팔레스틴 민족주의를 기반으로 독립투쟁을 해온 PLO를 비판하는 일부 지식인들은 정치 이슬람을 새로운 국가 건설 이념으로 설정하고 팔레스타인 땅에 '이슬람 국가(Islamic State)' 건설이라는 목표를 세웠다. 대 이스라엘 독립투쟁의 양대 세력인 PLO와 하마스의 무장독립투쟁은 과연 정당한가? 정의의 전쟁인가?

본 글에서 필자는 "이슬람 교리에 기초하여 보았을 때, 팔레스티니안들의 대표적인 정치 이슬람 세력인 하마스의 대 이스라엘 투쟁이 정의로운가?"라는 질문에 답하고자 한다.

II. 전쟁에서의 이슬람 '정의(*adl*)'

하마스는 '이슬람 국가' 건설을 최종 목표로 하는 정치 이슬람 세력이다. 하마스는 1988년 8월 18일에 발표된 하마스 헌장(총 5장 36조)에서 그들이 지향하는 목표와 기반을 명확하게 제시해 놓았다. 하마스의 기반(basis)은 이슬람이고(제1조), 하마스는 이슬람을 생활방식으로 채택하며(제5조), 팔레스타인 무슬림 형제단의 여러 산하 단체(wings) 중 하나임을 공식 선언한다(제2조). 알라가 하마스의 목표이고, 예언자(무함마드)는 하마스의 모델이며, 꾸란은 헌법이고, 지하드(*Jihad*)는 그들이 가야 할 길이며, 알라를 위해 죽는 것은 가장 갈망하는 소망이다(제8조). 하마스는 유일성(Unique, 제6조)과 보편성(universality, 제7조)을 가진 운동단체이다. 하마스는 시오니스트 침략에 대항하여 지하드를 실천하고 순교자 알-카삼(Ezz Eddin al-Qassam)·무자히딘(*Mujahidin*)의 결합체와 연합한다. 하마스는 민족주의 운동에 대해 공산주의와 십자군인 서구에 충성하지 않는 한 지지하며(제25조), PLO는 하마스와 가장 가까운 운동단체이고 아랍-이스라엘 갈등에서의 그 역할을 과소평가하지는 않지만, 하마스는 현재 또는 미래의 팔레스타인의 이슬람적 성격(Islamic nature)에 대한 PLO의 세속적 사고(secular thought)를 사용할 수 없다(제27조).

이러한 하마스 헌장에 기초하여 판단한다면, 보편적 종교로서의 이슬람뿐만 아니라 하마스를 포함한 모든 정치 이슬람 세력의 전쟁에서의 '정의(*adl*=justice)'의 개념은 이슬람 법, 즉 꾸란과 하디스의 '정의' 개념에서 찾아야 할 것이다.[1] 신의 정의(Divine Justice)는 전체 창조 행위의 기본 골격이다. 균형(balance)과 정의는 심판날의 최종 심판대에서와 마찬가지로 알라의 창조 명령을 디자인하는 데서도 중심 개념이다. 인간이 자유의지를 갖는 것은 신의 정의의 결과이다. 왜냐하면 자유의지가 없다면 인간은 자신

1) 꾸란에는 모순적인 내용이 동시에 있다. 하느님(*Allah*)께서 소망하는 것(당위, should)과 사회에서의 경험적 실재(존재, is)가 동시에 진술되어 있다. 그래서 당위와 존재의 변증법적 합은 '경전의 가르침은 구체적 상황에 있는 구체적인 행위자에게 적용되어야 한다.'는 것이다. 그러나 구체적 상황이 그 규범을 수용할 수 있는 시기가 되었을 때, 그 규범이 적용되거나 최소한 열정적으로 그 규범에 더 가깝게 되려고 노력하도록 하기 위해 꾸란에는 초월적 규범도 있는 것이다. 따라서 꾸란에 규정되어 있는 '정의'에 대한 해석뿐 아니라 이스라엘 대상의 '지하드'에 대한 해석도 초월적 해석, 맥락적 해석(구체적 상황에서의 해석)을 동시에 해야 할 것이다.

의 행위에 대해 보상도 없고 벌도 없기 때문이다. 이러한 이유로 이슬람 학자들은 자유의지를 '정의의 근본(Principle of Justice)'으로 간주했다.[2] 이슬람 관점에서 정의란 '어떤 것을 그것이 있어야 할 합당한 곳에 두는 것(placing something in its rightful place)'을 의미한다. 그것은 또한 다른 사람을 평등하게 대우하는 것을 의미한다. 꾸란은 정의를 최고의 미덕으로 간주한다. 이슬람에서 정의는 도덕적 미덕(moral virtue)이며 인간의 속성이다. 정의란 권리와 의무의 분배에 있어서 균형 상태(state of equilibrium)를 창출한다는 점에서 평등과 밀접한 관계를 가지고 있다. 그러나 정의란 때로는 부의 불평등한 분배와 같이, 불평등을 통하여 성취된다.[3]

이슬람 법, 즉 꾸란과 하디스는 '정의(*adl*)'에 대한 개념을 정의(definition)해 놓지는 않았다. 그러나 이슬람이 정의의 종교(religion of justice)라는 것을 강조하고 있다. 이슬람 법학자인 사르카시(Shams al-Din Sarkhasi)에 의하면, '정의는 신을 믿는 것 다음으로 가장 숭고한 신앙행위'이다.[4] 이슬람 법은 '정의롭게 행동하라'는 지상명령을 한 후(정의의 보편성),[5] 인권, 여성의 지위(일부

---

2) http://www.islamonline.net/english/intrducingislam/politics/System/article03.shtml (Oct. 10 2007).

3) http://www.islamreligion.com/articles/376 (Oct. 10 2007).

4) *Shams al-Din Sarkhasi, al-Mabsut*, 14, 59-60. http://www.islamreligion.com/articles/376 (10 Oct. 2007)에서 재인용.

5) 정의의 보편성을 언급한 꾸란 부분은 다음과 같다. *Quran* 4:58, 105, 135; 5:8, 42; 6:115, 152; 16:90; 42:15; 49:9; 57:25; http://www.islam-guide.com/ch3-12.htm (15 Oct. 2007).
정의의 보편성을 언급한 몇 가지 꾸란 구절을 인용하면 다음과 같다. http://www.islamguide.com/ch3-12.htm#footnote5(15 Oct. 2007).
진정으로 신은 (정의로운) 대우를 받을 만한 사람에게 신뢰(trusts)를 되돌려 줄 것을 명령하신다. 그리고 너희가 사람들을 판단할 때에, 정의롭게 판단하라(to judge with justice)…(*Quran* 4:58).
…그리고 정의롭게(justly) 행동하라. 진정으로 신은 정의로운 사람을 사랑하신다(*Quran* 49:9).
…다른 사람들을 저주하는 사람이 너희가 정의를 피하게 만들게 하지 마라. 정의롭게 행동해라(be just): 그것이 신앙(piety)에 더 가까우니라…(*Quran* 5:8).
사람들아, 부정의(injustice)를 주의해라. 왜냐하면 부정의는 심판날에 암흑이 될 것이기 때문이니라.

다처제, 베일, 상속, 혼인과 이혼, 지참금…),[6] 고아에 대한 정당한 대우,[7] 비무슬림의 지위,[8] 범죄에 대한 정의로운 해석, 그리고 전쟁에서의 정의로운 행위(각각의 사례에서의 정의로운 행위)[9] 등을 명령한다.

그렇다면 이슬람은 '전쟁에서의 정의'를 어떻게 규정하고 있는가? 1400년 전에 이슬람이 창설될 때에 이슬람은 무슬림들이 언제, 누구와 어떻게 싸워야 하는가에 대한 전쟁의 규칙을 규정해 놓았다. 꾸란은 먼저 공격하지 말며 공격을 받을 때 방어로써의 전쟁을 정당화한다. 그리고 공격자 및 비신앙자와 싸우며, 정의롭게 싸우라고 규정했다.

이슬람은 이슬람 창설 초기부터 전쟁과 적의 권리에 대해 다음과 같이 규정해 놓았다.[10]

이슬람은 전투원과 비전투원을 명확히 구분한다. 여성, 어린이, 노인, 허약자 같은 비전투원을 살해해서는 안 된다. 수도원의 수도사와 예배 장소에 있는 사람들에게 자비를 베풀어야 한다. 전투원에 대해서도 함부로 대해서는 안 된다. 살아 있는 사람을 불태우거나 불고문을 해서는 안 된다. 실제로 전쟁에 참여하지 않은 부상자를 공격해서는 안 된다. 전쟁 죄수는 살해되어서는 안 된다. 어떠한 포로도 살해해서는 안 된다. 거주지에서 약탈과 파괴행위는 금지되며, 무슬림들은 적대하여 싸운 사람들 이외에 어떠한 사람의 재산에도 손을 대서는 안 된다. 무슬림들은 대가를 지불하지 않고 정복지의 일반 시민들로부터 어떠한 것도 빼앗아서는 안 된다. 적의 시신을 불명예롭게 한다던가 절단해서는 안 되며, 되돌려 주어야 한다. 계약을 파

6) *Quran* 2:187, 221, 222, 228, 229, 230, 241; 3:3; 4:3, 4:11, 15, 16, 22, 23, 24; 24:2, 3, 4, 6, 7, 31, 60.
7) *Quran* 6:152; 89:17; 93:9; 107:2.
8) *Quran* 60:5.
9) *Quran* 2:190 ("너희에게 적대하여 싸우는 자들과 싸워라. 그러나 먼저 적대행위를 시작하지 마라.")
10) http://www.islamonline.net/english/intrducingislam/politics/System/article02.shtml (Oct. 15 2007).

기해서는 안 된다. 적이 먼저 공격을 시작하지 않는 한, 무슬림들은 적에 대한 적합한 전쟁 선언 없이 적대행위를 해서는 안 된다.[11]

'전쟁에서의 이슬람 정의'를 가장 적나라하게 표현한 것이 지하드(*Jihad*, 聖戰)이다. 지하드란 용어의 아랍어 원뜻은 '노력, 시도, 애씀' 또는 '투쟁하다, 전력을 다하다, 싸우다'이다. 이러한 관점에서 보면 지하드는 무슬림 개개인이 맡은 일정한 임무나 과제를 성심성의껏 충실히 이행하는 것을 의미한다. 이 용어의 법학상 의미는 '신의 길,' 즉 정의의 길로써 무슬림은 이슬람 법이 규정한 의무를 성취하기 위해서 있는 힘을 다해서 노력해야 한다는 것을 의미한다.[12] 따라서 지하드는 신자 개개인이 첫째, 악을 제거하고 신의 말씀을 보급하는 데 노력하고(대지하드), 둘째, 이슬람 지역을 침범하는 적에 대항하여 몸을 바치고, 무력을 사용하는 종교적, 법적 의무(소지하드, '칼의 지하드')이다. 대지하드는 자신 내부의 악마적인 성향에 대항해서 싸우거나 이슬람과 움마를 위한 노력을 의미한다. 비신앙자를 개종시키려 노력하거나 사회를 이슬람적으로 변혁시키거나 이슬람 사회를 도덕적으로 개선하려고 하는 것이다('혀의 지하드', '펜의 지하드'). 소지하드는 '칼의 지하드'라고도 하며, '십자군(crusade) 전쟁'과 같은 정도의 의미로 사용한다.[13] 본래 지하드는 이슬람 이전의 북부 아랍의 부족 간 전쟁에서 유래했으나, 이슬람 창설 이후 종교적 의미로 사용하게 되었다. 꾸란의 많은 구절은 무슬림들이 자신들의 소유물과 생명(*bi-amwalihim wa-anfusihim*)을 다해서 싸움

11) 위와 같은 전쟁 죄수나 포로에 대한 규정은 '아프간 한국인 피랍 인질 사건'에서 탈레반에게 커다란 압박으로 작용했다고 판단된다. 당시 이슬람 세계의 여론은 탈레반에게 불리하게 작용했는데, 한국인 피랍 인질들이 전쟁 죄수도 아닐 뿐더러 봉사자들(aid workers)이라는 인식이 더 강했기 때문이다. 그러나 유감스럽게도 2명을 살해함으로써 탈레반은 '이슬람의 정의'를 위배한 반이슬람 행위를 한 것이다.

12) *Quran* 61:11.

13) Rudolph Peters, *Jihad: In Classical and Modern Islam* (Princeton: Markus Wiener Publishers, 1996), 1.

에 참여할 것을 요구한다. 대신에 지하드에서 사망한 사람은 보상이 약속되어 있으나,[14] 싸우지 않은 사람은 저승에서 심한 처벌을 받을 것이다.[15] 그 외에도 군복무 면제,[16] 라마단 성월 기간의 지하드,[17] 성 메카에서의 지하드,[18] 전쟁 죄수들의 운명,[19] 안전한 행동(safe conduct)[20]과 협정[21] 등에 대해 언급하고 있다.[22] 이슬람은 전쟁 또는 지하드에 관한 가장 중요한 규칙 일곱 가지, 즉 지하드에 종사할 의무가 있는 인물의 합법적인 자질(후끔)과 행동, 적, 다른 범주의 적에게 가할 수 있게 허락된 손실(적의 종류에 따라 적에게 손해를 입힐 수 있는 정도가 다름), 전쟁의 선행조건, 한 명이 최대로 싸워야 하는 적군의 수, 휴전, 전투의 목적을 규정해 놓고 있다.[23]

꾸란이 무슬림들에게 비신앙인이 공격하는 것에 대한 방어로만 싸우도록 허용했는지, 아니면 모든 상황, 예컨대 비무슬림이지만 신앙인인 기독교인이나 유대교인과도 싸우도록 허용했는지는 확실하지 않다. 그러나 꾸란의 구절들로 보아, 먼저 공격해 오는 것에 대해 저항하여 싸우는 것이나 비신앙자(불신자)를 배신하는 것으로써의 싸움은 정당한 것으로 볼 수 있다.

"그리고 너와 싸우는 사람과 신의 방식대로 싸워라. 그러나 (먼저) 공격은 하지 마라. 신은 공격자를 사랑하지 않는다."[24] "그러나 맹세를 한 후에 서

14) *Quran* 3:153-158, 169-172. '지하드를 위해 싸우고 있는 동안 사망한 무자히드(Mujahid, 전사)는 샤히드(Shahid, 순교자)의 칭호를 받으며, 알-잔나(al-Jannah, 천국)의 보상을 받을 것이다.

15) *Quran* 9:81, 48:16.

16) *Quran* 9:91, 48:17.

17) *Quran* 2:217.

18) *Quran* 2:191.

19) *Quran* 47:4.

20) *Quran* 9:6.

21) *Quran* 8:61.

22) Peters (1996), 2.

23) Peters (1996), 29-42.

24) *Quran* 2:190.

약을 깨고 너의 종교를 공격한다면, 비신앙자의 우두머리와 싸워라."[25]

비신앙인과의 전쟁은 몇 가지 조건이 있다. 하디스(*Hadith*)에는 다음과 같은 내용이 있다.

> 선지자는 사령관을 군대나 원정에 파견하기 위해 임명할 때 항상 이렇게 말한다: …네가 이교도인 적을 만난다면 그들을 세 가지 것에 초대해라. 그들이 동의하면 받아들이고 그들과 싸우는 것을 그만두어라. 그들이 무슬림이 되도록 초대해라. 그들이 동의하면 그들의 전향을 받아들여라. 이 경우 그들의 영토에서 (메디나로) 이주하도록 초대하여라. 그들이 무슬림 베두인과 같이 된다는 것을 알려 주고 다른 무슬림들과 함께 싸웠을 경우에만 전리품을 공유할 수 있다고 알려 주어라. 만약 전향을 거절하면 인두세를 내라고 요구해라. 동의한다면 그들의 굴복을 받아들여라. 그러나 그들이 거절한다면 신에게 도움을 구하고 그들과 싸워라…(*Sahih Muslim*).[26]

하디스(*Hadith*)는 비신앙인과 싸우는 목적을 간결하게 전향과 굴복으로 요약했다. 굴복시키는 경우, 적들은 자신들의 종교를 고수하지만 인두세(*jizya*)를 납부하도록 했다.

이슬람은 전쟁 죄수(prisoners of war)에 대해서도 규정해 놓고 있다. 이슬람은 포로의 몸값으로 돈을 제공하거나 같은 수의 무슬림 포로를 석방할 수 없을 경우에도, 무슬림들에게 적의 포로를 풀어 줄 것을 명령한다. 어떠한 방식으로든 전쟁 죄수를 굴욕적으로 대해서는 안 되고, 그들은 인간 존엄성을 지킬 권리가 있으며, 성적·감정적·육체적 학대를 받아서도 안 된다. 그들은 충분한 음식, 의복뿐 아니라 위생상의 편의와 건강상의 보호를 받아야 한다. 예언자 무함마드는 여름의 태양으로부터 전쟁 죄수들을 보호

---

25) *Quran* 9:12.
26) Peters (1996), 4.

하고 마실 물을 줄 것을 지시했다. 전쟁 죄수는 이슬람을 배우도록 초대받지만, 어떠한 강요도 해서는 안 된다.[27]

다르 알 이슬람(*dar al-Islam*, 이슬람의 집)은 이슬람 법과 정의가 실제로 구현되고 있는 지역이고, 다르 알 하릅(*dar al-Harb*, 전쟁의 집, 비무슬림 지역, 서방에 의존하는 정통성이 약한 권위주의적 정권)은 지하드의 대상이다. 수니와 시아의 지하드 이론은 유사하나 시아파(12 이맘파)는 권위 있는 이맘의 지도 하에서만 전쟁을 수행할 수 있다.

꾸란과 하디스에 기초하여 '전쟁에서의 이슬람의 정의'를 요약하면 다음과 같다.

1. 이슬람 법은 무슬림들에게 '정의롭게 행동하라'고 명령한다. 이러한 명령은 전쟁 시에도 지켜져야 한다.
2. 전쟁을 먼저 시작하지 마라. 그러나 적 또는 '비무슬림 지역(*dar al-harb*),' 즉 이교도의 '이슬람 세계(*dar al-Islam*)'에 대한 공격에 대해서는 지하드를 행하라고 명령한다.
3. 비전투원인 노약자, 여성, 어린이의 인권뿐 아니라 전쟁 죄수의 인권도 보호해 줌으로써 정의를 실천하라고 명령한다.

Ⅲ. 하마스의 탄생 및 무장독립투쟁과 이슬람 '정의'

1. 팔레스타인 무슬림 형제단의 대지하드

'팔레스타인에서 정치 이슬람은 유대인-아랍인 갈등이 심화되면서 탄

---

27) http://www.islamonline.net/english/introducingislam/politics/System/article05.shtml (Oct. 15 2007).

생했다. 알-아프가니(Jamal al-in al-fghani, 1838-1897), 무함마드 압두(Mohammad Abduh, 1849-1905), 라쉬드 리다(Rashid Rida, 1865-1935)와 같은 이슬람 근대주의자들(Islamic modernists)의 영향을 받은 알-카쌈(Ezz Eddin al-Qassam, 1882-1935)은 팔레스타인 최초의 살라피야(*Salafiyya*) 근대주의 이슬람 지도자가 되었다. 팔레스타인 최초 정치 이슬람 지도자가 된 것이다.

알-카삼이 대영 투쟁 중 사망한 이후 정치 이슬람 세력은 약화되었으나 1928년 이집트 이스마일리야(*Ismailiya*)에서 창설된 무슬림 형제단이 1935년부터 팔레스타인 지역에서 활동하기 시작하면서 새롭게 부상했다.[28] 1945년 알-반나는 자신의 동생 아베드 알-라흐만 알-반나(Abd al-Rahman al-Banna)를 팔레스타인에 보내서 예루살렘 지부를 설립했다. 그후 이집트 본부의 지원으로 1947년까지 팔레스타인 지역에 25개의 지부가 조직되었고, 12,000 내지 20,000명의 회원을 확보했다.

무슬림 형제단은 초기에는 이슬람 도덕과 선행을 확산시키기 위한 목적을 가지고 순수한 종교적, 박애주의적 단체로 출발했다. 무슬림 형제단은 설립 초기에 도덕 개혁을 강조했고, 시대적 문제를 해결하는 데 있어서 이슬람적 접근법이나 방법론이 적합하다고 주장했다. 당시 아랍 세계는 유럽의 영향을 받는 세력[29]과 칼리파제 재건 세력으로 분리되어 있었다. 1948년 아랍-이스라엘 전쟁 기간에 무슬림 형제단은 아랍군으로서의 역할, 즉 지하드를 실행했고, 가자 지역을 중심으로 범아랍활동을 확대했다. 그러나 1948년 중동전쟁에서 아랍 측이 패배한 후, 이집트가 가자 지역을, 요르단이 동

28) 무슬림 형제단은 1930년대 중반부터 점차 시리아, 이라크, 레바논, 요르단, 수단, 쿠웨이트, 예멘, 일부 북아프리카 국가에 지부를 설립했고, 1945년에는 팔레스타인에도 지부를 설립했다.

29) 살라마 무사(Salamah Musa), 따하 후세인(Taha Husayn)은 공개적으로 세속주의 아이디어를 선전했고, 알-아즈하르 대학의 일부 학자들도 이슬람 문제를 해석할 때 서구적 접근법을 채택했다.

예루살렘을 통치하고, 이들 국가의 무슬림 형제단에 대한 통치 방식의 차이로 각 지역에서의 무슬림 형제단의 활동 영역은 약간의 차이를 보이게 되었다.[30] 팔레스타인 가자의 야신(Ahmed Yassin)은 무슬림 형제단의 행동단체인 이슬람의회를 창설하고, 1973년에 '알-무자마 알-이슬라미(*al-Mujamma al-Islami*=the Islamic Center)'를 창립하였으며, 1978년 이스라엘 정부로부터 합법적인 기관으로 승인을 받았다. 이슬람센터가 1987년 12월에 발생한 인티파다 직후에 설립된 하마스(Hamas)의 전신이었다.

무슬림 형제단의 기본이념은 ① 정치(국가)와 종교의 불가분리성, ② 칼리파제와 같은 이슬람 국가(Islamic state) 건설이다. 따라서 무슬림 형제단의 이념은 당시 영국의 위임통치정부, 전통적 울라마 세력을 대변하는 무프티인 알-후세이니(제도 이슬람 세력), 그리고 좀더 세속적 전통주의 세력이었던 다른 유력 가문들의 이념적 지향과는 달랐다. 팔레스틴의 무슬림 형제단은 이스라엘의 건국은 유대교와 기독교를 기반으로 형성된 서구 열강의 제국주의에 이슬람 세계가 항복한 상징적인 사건으로 보았다. 그들에게 이스라엘은 서구의 경제적인 제국주의가 이슬람 세계를 포위하기 위해 파견된 전위대로써 암과 같은 존재이며, 아랍 국가들이 이스라엘과의 일련의 전쟁에서 패배한 것은 이들 아랍 국가들이 이슬람에서 일탈하였기 때문이라고 해석했다.

1967년 요르단 강 서안과 가자 지구의 이스라엘 점령 이후 무슬림 형제단은 소위 '이슬람 세대'의 교육에 주력했다. 무슬림 형제단은 팔레스타인에 이슬람 국가의 창건을 목표로 하였지만 먼저 이를 위한 정치조직의 결성과 발전 그리고 사회 개혁을 우선했다. 이슬람 가치관이 모든 사회에 깊숙이

30) 이집트에서는 무슬림 형제단이 정부의 탄압을 받으면서 지하조직화 되었으나, 요르단에서는 정치·행정에 직접 관여하는 직위를 부여받았다.

스며들 때까지 기다려야 하며, 이러한 조건이 성숙되고 이슬람 국가 창건의 성공을 담보할 때까지 무슬림의 지하드를 연기해야 한다는 입장이었다. 그래서 학교와 자선단체 설립 등 각종 사회복지 사업에 주력했다. 즉 이스라엘에 대한 팔레스틴 민족의 정치적인 독립 운동보다는 교육과 사회 개혁을 통한 이슬람 사회 건설을 우선했던 것이다.

그러나 이슬람 사회 건설과 이슬람 교육 등의 비정치적인 활동은 점령 지역 주민들에게 강력한 인상을 심어 주지 못했다. 팔레스티니안들은 세속적인 팔레스틴 민족 저항 운동 세력이었던 PLO의 적극적인 무장항쟁을 압도적으로 지지했다. 요르단 강 서안과 가자의 팔레스타인 점령 지역에서 PLO에 대한 팔레스티니안들의 지지가 지배적인 분위기 하에서 무슬림 형제단이 점차 활기를 띠고 그 세력을 확대한 것은 1970년대 중반부터였다. 1973년 욤 키푸르 전쟁(제4차 중동전쟁) 이후 팔레스타인 점령 지역 인구는 급속히 증가했으나 경제상황은 오히려 악화되었으며 계층 간의 소득 격차는 벌어지게 되었고, 이러한 사회적인 불평등에 대한 불만이 증대되었다.

이스라엘 국민들에 비해 심각한 경제적인 박탈감을 느끼고 있던 가자지구의 난민촌 주민들은 무슬림 형제단의 사회복지 사업의 혜택을 받으면서 그들의 사회평등사상에 공감하였다. 해외에서 활동하는 PLO와는 달리 현지 주민들과 함께 생활하면서 그들의 고통에 동참하는 무슬림 형제단 지도자들에 대한 신뢰가 증대할 수밖에 없었다. PLO가 부정부패한 조직으로 비난을 받고 있던 당시, 무슬림 형제단원들과 함께 생활하는 이슬람 지도자들은 비교적 청빈하고 검소한 생활로 지역 주민들의 존경을 받았다. 짧은 기간에 무슬림 형제단의 통제 하에 있던 종교단체와 기관들(가자의 이슬람 대학교를 포함하여)이 이슬람센터의 관할 하에 들어오게 되었으며, 이슬람센터는 가자 지구 무슬림 형제단 활동의 중심기관으로 발전하였다.

다른 한편으로, 제4차 중동전쟁으로 인해서 유가가 급등하게 되자, 오일 달러를 벌어들인 사우디아라비아와 쿠웨이트 등 산유국들과 국제 이슬람 기구들은 팔레스틴 점령 지역에 대한 원조를 급격하게 확대했고, 이 과정에서 무슬림 형제단의 역할이 증대되었다. 무슬림 형제단은 이러한 지원금과 무슬림들의 헌금(*Zakat*)을 이용하여 팔레스타인 주민들에게 여러 가지 구제와 사회복지 활동을 전개하였다. 수천 명의 어린이들이 이 단체에서 운영하는 탁아소, 유치원, 그리고 각급 학교에 등록하여 혜택을 받았으며, 국내외 대학생들이 장학금을 받았다. 무슬림 형제단은 또한 요르단 강 서안과 가자 지구에서 각종 이슬람 단체의 재단(*waqf*)을 점차 관장하게 되었다.

그러나 무엇보다도 무슬림 형제단이 주민들에게 접근할 수 있는 수단은 이스라엘 점령 이후 급격하게 늘고 있는 모스크였다. 아부 암르(Ziad Abu-Amr)는 1967년 요르단 강 서안 지역에 400개였던 모스크가 1987년 750개로 늘었고, 가자 지구는 200개에서 600개로 늘었다고 주장한다.[31] 모스크는 무슬림 형제단이 이스라엘 당국의 방해 없이 활동할 수 있는 유용한 공간과 수단이 되었다. 무슬림 형제단은 이들 모스크에서 정오와 저녁기도 후 정치적인 활동을 할 수 있었으며, 모스크에서의 이러한 활동을 통해서 지지자를 충원하였다. 1967년 이후 많은 모스크가 건축되었으며 이를 운영하고 관리할 성직자와 직원들을 무슬림 형제단에서 충원하였다. 1970년대 말까지 무슬림 형제단은 온건단체였기 때문에 이스라엘과 큰 갈등이 없었다.

1979년 이란 이슬람 혁명은 무슬림 형제단 운동을 고무시켰으며, 급진적인 이슬람 혁명과 이슬람 국가 창건에 대한 열정을 불러일으켰다. 이란

31) 이스라엘 정부의 통계에 의하면 가자 지구의 모스크 숫자는 1967년 77개에서 1985년 155개로 증가한 것으로 발표하였다. Ifrah Zilberman, 1996. "The Development of the Extreme Islam in the Occupied Territories since 1967," in Moshe Maoz [Ed.], *The Palestinian National Movement: From Confrontation to Reconciliation?* (the Ministry of Defense, Jerusalem, 1996), 331 참조.

이슬람 혁명의 영향을 받은 무슬림 형제단 내 일부 강경파들이 1981년 당시 온건했던 무슬림 형제단을 탈퇴하여 대 이스라엘 투쟁에서 좀더 과격한 노선을 지향하는 '이슬람 지하드'를 출범시키기도 했다. 팔레스틴 무슬림 형제단과 이슬람 지하드는 모두 팔레스타인 땅이 무슬림의 것이기 때문에 어느 상황, 어떤 조건 하에서도 이 땅의 분리나 양보를 인정하지 않는다. 따라서 그 땅의 일부에 팔레스타인 국가를 창립하는 것에 반대한다. 이들에게는 이 땅이 팔레스틴 민족, 또는 어느 한 아랍 국가의 영토가 아니라 이슬람 전체의 재산이며 성지라고 주장한다. 진정한 무슬림은 이 '성지' 한 치의 해방을 위해 생명과 돈을 희생해야 한다고 주장했다. 이 두 이슬람 단체 간의 차이는 팔레스타인 문제의 중심성, 이 땅의 해방을 위한 적당한 시기가 언제인가 하는 문제였다. 무슬림 형제단은 팔레스타인 해방의 전제조건으로 사회의 이슬람적 변혁을 우선시 하였다. 이들은 사회 개혁 없이, 세속사상을 포기하고 이슬람화가 되어 있지 않은 상태에서의 지하드(*Jihad*)는 불가능하다고 주장하였다. 반면 이슬람 지하드는 이스라엘이라는 나라는 유대인이 다수인 유대국가로서 강력한 군사력을 보유하고 있기 때문에 이러한 상황에서 팔레스타인 사회의 이슬람화와 이슬람적 개혁은 불가능하다고 판단하였다. 따라서 먼저 무슬림이 다수인 이슬람 국가를 팔레스타인에 창건해야 하며, 이를 위해 대 이스라엘 지하드를 즉시 개시해야 한다고 주장했다. 테러 공격 등 자신을 희생하는 모범을 팔레스타인 민중들에게 보이면서 그들을 깨워서 이란에서와 같은 대대적인 민중 봉기를 통해 대 이스라엘 지하드(聖戰)를 수행해야 한다는 것이다.[32]

32) 질버만(Zilberman, 1996) 참조. 1970년대 말까지 무슬림 형제단이 사회의 이슬람적 변혁을 우선시했다는 것은 소지하드보다는 대지하드(펜의 성전)를 우선시했음을 의미한다.

2. 하마스 탄생 및 이-팔 평화과정(peace process)과 하마스의 소지하드

1987년 12월 8일 하나의 교통사고로[33] 인티파다가 촉발된 지 2개월 20여 일 후인 1988년 2월 말, 팔레스타인 무슬림 형제단의 지도자 야신(Shaikh Ahmad Yasin)과 다른 여섯 명의 지도자들이 '하마스'를 설립했다.[34] 아흐메드 야신이 형제단의 하부 투쟁 조직으로 하마스란 단체를 결성하면서 팔레스타인 민족 운동의 주도 세력이었던 PLO에 대항하는 세력으로 부상했다. 하마스는 팔레스타인 대중들의 대 이스라엘 강경 입장을 대변하고 격렬한 대 이스라엘 무장 항쟁을 주도하면서 팔레스타인 점령 지역, 특히 가자 지구에서 PLO 내의 최대 정당인 파타(*Fatah*)와 쌍벽을 이루는 정치 운동 조직으로 성장했다. 즉 하마스의 출현은 팔레스타인 정치에 새로운 장을 여는 계기가 되었다.

그러나 불행하게도 하마스가 설립된 직후부터 하마스와 PLO의 군사조직 간에 선전이 시작되었다. 아라파트(Yasser Arafat)는 이스라엘이 PLO를 통제하기 위해서 하마스 설립을 도와주었다고 비난했다. 오슬로 협상 기간

---

33) 인티파다는 하나의 교통사고로부터 시작되었다. 1987년 12월 8일 가자에서 이스라엘 트럭 운전사가 교통사고를 내어 팔레스타인 근로자 네 명이 사망한다. 팔레스타인 주민들은 이 교통사고가 의도적이었다고 주장했다. 사고를 낸 운전사의 친척이 그 교통사고 이틀 전 가자에서 팔레스타인 주민의 칼에 찔려 사망했는데 이에 대한 보복으로 사고를 내고 네 명의 무고한 사람을 죽였다는 것이다. 이 사건은 가자 지구 주민들의 대대적인 시위를 촉발했고 이들의 시위는 순식간에 요르단 강 서안 지구로 번져나갔다. 바로 그 다음날 가자의 무슬림 형제단 지도자들이 이 사건을 대대적인 민중시위로 연결시키기 위해 회동했다. '무자마 알-이슬라미(이슬람센터)'의 지도자 아흐메드 야신의 집에서 이 단체 지도자 일곱 명이 모였다. 이 모임은 이후 인티파다가 확대되면서 정기적인 모임이 되었고, 결국 하마스로 발전했다.

34) 하마스는 아랍어 *Harakat al-Muqawama al-Islamiyya* (=Movement of Islamic Resistance)의 약자로써 '이슬람 저항 운동'을 의미한다. 1988년 8월에 발표한 규약에서 하마스는 '무슬림 형제단의 하나의 팔레스타인 지부(a wing of the Muslim Brotherhood in Palestine)'라고 밝히고 있다. 하마스 초기의 조직은 정치국, 정보수집국, 군사국(al-Qassam의 이름을 사용함)으로 구성되었다.

동안에 아라파트의 경제고문 역할을 했던 코아쉬(Mohammed Abu Koash) 박사는 하마스 운동과 이스라엘을 연결시키면서 다음과 같이 비난했다.

"이스라엘은 우리(PLO)와 경쟁하도록 하기 위해 하마스 단체를 설립했다…그러나 하마스가 너무 영향력을 갖게 되었다. 결국 이스라엘은 협상 대상으로 하마스와 우리 중 하나를 선택할 수 있었다. 그런데 우리를 선택했다."[35]

PLO를 견제하기 위한 의도를 가지고 하마스에게 정당성과 일정한 지위를 부여했다는 주장이다. 이스라엘 정책 결정자들은 하마스가 이스라엘의 팔레스타인 전 지역의 지배를 종식시키기 위해 지하드 목표를 가진 이슬람주의자 조직으로 남기보다는 사회 개혁을 위한 온건 이슬람 운동 조직으로 남게 되기를 원했다. 그러나 이러한 관계는 1989년 4월에 발생한 두 명의 이스라엘군 살해사건에 하마스 지도자와 활동가가 개입했다는 이스라엘 측의 판단에 따라 1989년 중반부터 극적으로 변했다. 이스라엘은 하마스가 '이슬람 지하드'를 한다는 판단에 따라 하마스와의 관계를 청산하고 하마스 지도자 야신과 자하르(Mahmoud Zahar)를 포함하여 300여 명을 체포했다.[36]

인티파다 발생 후 한 달 동안 이슬람 지하드(*Islamic Jihad*)는 민족주의자 그룹들과의 상호협력을 통해 국민들을 동원시키는 데 중요한 역할을 했다. 이에 이스라엘은 파시 쉬까키(Fathi Shqaqi), 쉐이흐 압드 알-아지즈 아우다(Sheikh Abd al-Aziz Auda)를 포함한 많은 이슬람 지하드 지도자들을 국외 추방하고, 투옥하는 방식으로 대응했다. 그래서 부상한 조직이 하마스였다. 민족 운동(national movement) 그룹은 활력을 찾는 데 시간이 걸렸지만, 곧 PLO가 지원하는 UNLU(United National Leadership of the Uprising)의

35) PASSIA (1999), 42.
36) Beverly Milton-Edwards, *Islamic Politics in Palestine* (New york: I.B.Tauris, 1999), 151-153.

보호 아래 조직되었다.[37] 하마스와 민족 운동 그룹은 적전 분열 양상을 보이기 시작한 것이다.

1990년 8월의 걸프 위기는 하마스-UNLU 관계를 더욱 첨예하게 만드는 계기가 되었다. 1990년 8월 12일에 발표된 하마스의 광고전단은 미군과 연합군을 비난했고, 그 몇 주 후 발표된 전단 64(leaflets 64)는 사담 후세인(Saddam Hussein al-Majid al-Awja)이 쿠웨이트로부터 철수해야 한다고 주장했다. 하마스는 미국 및 연합군과 후세인 양쪽을 비난한 것이다. 반면에 PLO는 후세인의 반서구 운동을 지지하고, 후세인의 쿠웨이트 지배를 이스라엘의 가자, 서안 지배와 연계시켰다. 이러한 시각 차이로 1990년 9월 경에는 서안의 툴카람(*Tulkaram*) 난민캠프와 예닌, 가자의 일부 지역에서 하마스와 PLO 지지자들 간에 충돌이 발생했다. 1990년 9월 말에 양대 정파 지도자들이 13개 협력안을 발표하기도 했지만, 그 직후에 나블루스의 하마스 지지자들이 민족주의 진영의 알-마스리(Nihad al-Masri) 박사를 공격함으로써 협력안은 원점으로 돌아갔다. 1990년 10월 8일에는 알-아크사 사원에서 이스라엘 경찰에 의해 팔-아랍인 17명의 사망자와 100명 이상의 부상자가 발생하는 사건이 터졌다.

한편 PLO는 재정적 위기에 처하게 되었다. 사우디아라비아가 PLO에 제공해 왔던 매달 2,800만 달러의 지원을 하마스에 제공하기로 결정했기 때문이었다. 더욱이 하마스는 자카트 위원회(*Zakat* committees)를 통하여 계속 자금을 조달할 수 있었다. 하마스와 PLO의 경쟁에서 하마스가 승리하는 것처럼 보였다.

1991년에는 이스라엘과 팔레스타인 간의 평화회담 개최 제안을 둘러

37) UNLU는 파타, PFLP, DFLP, 공산주의자를 포함했고, 민족주의자들의 목표를 실현하기 위해서 조직되었다. Milton-Edwards (1999), 145.

싸고 민족주의 세력과 정치 이슬람 세력 간에 논쟁이 격화되었다.[38] 하마스와 PFLP는 이스라엘과의 평화협상을 반대했기 때문에 이 두 조직은 연합할 수 있었다. 1992년 봄, 가자 지역에서는 하마스와 파타 간에 평화협상을 둘러싼 의견 차이로 무장 충돌까지 발생했다. 하마스는 알-까삼 여단(Izz ad-Din al-Qassam Brigade)의 이스라엘군 공격으로 팔레스티니안들로부터 많은 지지를 받게 되었다. 하마스는 이스라엘은 물론, 팔레스타인 내 협상파를 이스라엘 협력자로 여기고 적으로 간주하기 시작했다. 하마스는 협력자에 대한 처벌을 종교적 의무로 여겼다.[39] 이러한 일련의 과정으로 보아 이스라엘은 하마스와 PLO 간의 갈등을 주시하고 소위 '사탕과 채찍'을 통해 갈등을 조장했고, 결국에는 하마스를 배제하고 PLO를 평화과정의 협상 파트너로 선택했다.

PLO가 주도한 1990년대 평화과정에 대해 하마스 등 정치 이슬람 세력들은 계속 반대하고 무장독립투쟁, 즉 지하드(*jihad*)를 실행해 왔다. 하마스는 협상파인 PLO와 무슬림 땅의 침범자로 간주하는 이스라엘 모두에 대해 지하드를 실행하여 '이슬람 정의'를 실현하려 했다. 팔레스타인 지역 땅 전체에 이슬람 국가 건설(神權 및 神政體制)을 목표로 하는 하마스의 무장투쟁 방식의 지하드(소지하드)는 그들의 입장에서는 이슬람의 '정의'를 실천하는 것이었다.

---

38) 1991년 10월 31일, 이스라엘, 팔레스타인-요르단(공동대표), 시리아 대표들이 참여한 마드리드 회담이 개최되었다. 1993년 8월까지 이스라엘과 팔레스타인 대표들은 유럽의 여러 도시에서 11차에 걸친 비밀협상을 했다. 마드리드 협상(Madrid process) 과정에는 많은 문제들, 즉 지배 지역에서 계속되는 이스라엘의 정착촌 건설, 팔레스타인 공동체 내에서의 평화과정에 대한 의견 불일치, 이스라엘 수상 샤미르(Yitzhak Shamir)의 비타협성 등으로 결실을 맺지 못했다.

39) Milton-Edwards (1999), 155-157.

3. 하마스의 집권과 이슬람 '정의' 실현의 시험기

1993년 이-팔 간에 합의한 오슬로 협정에 따라 가자 지역과 요르단 강 서안 지역에 자치정부를 구성한다는 데 합의했고, 이에 따라 망명정부의 수장 역할을 했던 의장 아라파트(Yasser Arafat)를 포함한 PLO 요인들이 1994년 귀향하여 국가 건설에 착수했다. 1996년 초대 대통령, 초대 입법회의 선거 이후 10년만인 2006년 1월 25일, PNA, 즉 팔레스타인 임시 자치정부의 의회인 팔레스타인 입법회의 선거가 새로운 선거법에 따라 실시되었다. 지방자치 선거는 2005년에 처음 실시되었고, 대통령 선거와 입법회의 선거는 1996년 선거 이후 이-팔 갈등으로 계속 연기되어 오다가 2005년 1월 9일에 대통령 선거, 2006년 1월 25일에 입법회의 선거가 실시된 것이다. 2005년 대선과 2006년 총선에 참여한 주요 정당과 이념적 정향을 분류하면 p.40의 〈표1〉과 같다.

1996년 초대 입법회의 선거(88석) 이후 우여곡절 끝에 10년만인 2006년 1월 실시된 PLC 선거(총 132석 중 지역구 66석, 비례대표 66석)에서 하마스가 창설한 '변화와 개혁(Change and Reform)'이 PLO의 당인 '파타당' 45석을 훨씬 상회한 74석(지역구 45석, 비례대표 29석)을 차지함으로써 하마스 정권을 창출했다. 하마스 등 다른 정당 및 정치 이슬람(political Islam) 단체들은 선거에 불참한 1996년 PLC 선거에서 파타가 88석 중 68석을 차지하여 거의 일당 독재체제를 구축했었다. 2006년 선거에서는 무장 이슬람 단체(militant Islamist group)인 이슬람 지하드(Islamic Jihad)가 유권자들에게 선거 보이콧을 요구하면서 불참했으나 세속적 민족주의 정당이자 운동단체인 파타와 여러 주요 정치 이슬람 조직인 하마스, PFLP 등 거의 모든 정파들이 이합집산을 한 후 선거에 참여했다. 하마스 등 정치 이슬람 조직들이 제도권 안으로 들어온 것이다. 2005년 대선에서 파타당 소속 압바스(Mahmoud Abbas)가 대통령으로 당선

〈표1〉 팔레스타인 정당 및 이념적 정향

이 념	주 요 정 당
이슬람주의 정당 (Islamist)	하마스(Hamas) 또는 이슬람 저항 운동(Islamic Resistance Movement = *harakat al-muqawamah al-islamiyyah*) ⇒ '변화와 개혁당 (Change and Reform)'을 창설하여 2006년 입법회의 선거에 처음으로 참여[40]
중도파 (centrist)	① 팔레스티니안 민족 구상(Palestinian National Initiative = *al-mu badara al-wataniya al-filastiniyya*) ② 제3의 길(Third way)
중도 좌파, 민족주의 정당 (centre-left, nationalist)	① 파타(Fatah) 또는 팔레스타인 해방 운동(Palestinian Liberation Movement = *harakat al-tahrir al-filastini*)[41] ② 알 무스타끄발(*Al-Mustaqbal*), 또는 미래당(The Future)
중도 좌파 (centre-left)	팔레스타인 민주연맹(Palestine Democratic Union = *al-ittihad al-dimuqrati al-filastini, FiDa*)
좌익 정당 (left-wing)	① 팔레스타인 인민해방전선(Popular Front for the Liberation of Palestine = *al-jabhah al-sha'biyyah li-tahrir filastin*) ② 팔레스티니안 인민투쟁전선(Palestinian Popular Struggle Front)
극좌 정당 (far-left)	① 팔레스타인 민주해방전선(Democratic Front for the Liberation of Palestine = *al-jabhah al-dimuqratiyyah li-tahrir filastin*) ② 팔레스티니안 인민당(Palestinian People's Party = *hizb al-sha'b al-filastini*)
기타	① 와아드(Wa'ad) ② 4개의 무소속

출처 : http://en.wikipedia.org/wiki/Palestinian_legislative_election,_2006(/9/10/2006)

40) PLO 주도의 PA에게 정당성을 부여하지 않기 위해서, 그리고 이스라엘과의 협상에 반대했기 때문에 1996년 선거에 참여하지 않았던 하마스는 2006년 총선에 처음으로 참여했다. 2005년의 지방자치 선거에서 큰 성공을 함으로써 2006년 총선에 참여하는 계기가 마련되었다.

41) 중도-좌파-민족주의 정당인 파타는 1996년 선거에서는 88석 중 68석을 차지했었으나 2006년 선거 직전에는 전통적인 지도 세력(the Old Guard)과 다흘란(Mohammad Dahlan), 사형선고를 받고 이스라엘 감옥에 투옥 중인 바르구티(Marwan Barghouti) 같은 젊은 세대의 지도자 간에 내홍을 겪었다. 젊은 세대들은 파타의 부패 척결과 내적인 지도자 선정방식의 개선을 요구했다. 다흘란과 바르구티는 알-무스타끄발(*Al-Mustaqbal* = the Fuure)이라는 당명으로 명부를 작성하기도 했으나, 2005년 12월 28일, 신-구 양 세력은 바르구티의 지도 하에 단일 명부를 작성하기로 합의했다.

되었으나, 2006년 입법의회 선거에서 하마스계 '변화와 개혁'이 승리함으로써 양 정파 간 연정을 구성해야 하는 상황이 되었다. 2006년 9월 11일에 하마스와 파타는 이스라엘이라는 적에 대항하기 위해 연립정부를 구성했으나 2007년 6월에 양 정치세력 간 폭력적 대결을 하는 등 내전 양상을 보이기도 했다. 2006년 총선의 특징을 보면 다음과 같다.

첫째, 하마스 등 기존의 무장 독립운동 조직들이 대거 선거에 참여하여 의석을 획득함으로써 제도권에 진입했다. 둘째, 변화와 개혁을 주장하는 하마스가 처음으로 선거에 참여하여 다수 의석을 차지함으로써 정권 획득에 성공했다. 셋째, 여러 조직들이 정치적 이해관계에 따라 연합하여 새로운 정당을 창설하고 선거에 참여했다. 넷째, 정당명부식 비례대표제를 채택하여 다양한 전문가를 수혈할 수 있었다. 다섯째, 다른 중동 아랍 국가들에 비해 비교적 자유롭게 선거 캠페인을 했고, 선거를 실시했다. 여섯째, 선거 직전의 여러 차례의 여론 조사 모두에서 파타가 하마스를 앞지르는 것으로 나타났으나 선거 결과는 반대로 나타났다. 일곱째, 지역구에서는 하마스가 압승했으나 정당명부식 비례대표에서는 하마스가 파타를 박빙으로 승리했다.

2006년 하마스의 승리에 대해 이스라엘, 미국, 유럽 국가들은 '테러조직과는 대화도 지원도 없다'는 원칙을 천명하고, 갈등관계에 있다. 또한 파타계와 하마스계 간에 무력 충돌까지 빚는 등 이스라엘이라는 적전에서 내전 양상을 보이기도 했다. 이러한 내외적 도전에 하마스가 대응할 것인가가 큰 관심거리가 되고 있다. 창설 이후 하마스는 이스라엘과 PLO 정부에 대해 폭력적 '지하드'를 해왔지만, 제도권에 진입함으로써 상당히 온건화 될 것으로 판단된다. 그러나 대화와 폭력 수단이라는 양날의 '지하드'를 통한 독립 이슬람 국가 건설 이상을 포기하지는 않을 것이다.

IV. 결론

알-카삼, 무슬림 형제단, 하마스 등 팔레스타인 정치 이슬람 세력은 '이슬람 국가(Islamic state)' 건설을 목표로 반이스라엘, 반정부(반아라파트, 반PLO) 무장투쟁을 해왔다. '정의롭게 행동하라'는 샤리아의 지상명령은 전쟁 시에도 지켜져야 한다. 샤리아는 '전쟁을 먼저 시작하지 마라. 그러나 적 또는 비무슬림 지역(*dar al-harb*), 즉 이교도의 이슬람 세계(*dar al-Islam*)에 대한 공격에 대해서는 지하드를 행하라.'고 명령한다. 또한 비전투원인 노약자, 여성, 어린이의 인권뿐 아니라 전쟁 죄수의 인권도 보호해 줌으로써 정의를 실천하라고 명령한다. 하마스는 창설 이후, 지속적으로 무장독립투쟁을 해왔다. 이슬람 세계를 침범한 유대인에 대항해 지하드를 실행한 것은 '정의로운 전쟁'이라고 할 수 있다. 그러나 그 과정에서 비전투원인 민간인, 여성, 어린이 등의 희생을 초래하기도 했다. 정의롭지 못한 행위를 한 것이다. 하마스의 이슬람 '정의' 실행은 사례별로 판단해야 할 것이다.

하마스는 창설 이전(팔레스타인 무슬림 형제단)이나 이후, 그리고 2006년 입법회의 총선에서 승리함으로써 집권한 이후에도 이슬람의 '정의', 특히 '전쟁에서의 이슬람 정의' 실현을 위한 '지하드'는 포기하지 않을 것으로 판단된다.

[참고문헌]

Hroub, Khaled. *Hamas: Political Thought and Practice.* Washington D.C.: Institude for Palestine Studies, 2000.

Milton-Edwards, Beverly. *Islamic Politics in Palestine.* New york: I.B.Tauris, 1999.

PASSIA. *Diplomacy&Conflict Resolution in the Middle East.* Jerusalem: PASSIA Publication, 1997.

PASSIA. *The Palestine Question in Maps 1878-2002.* PASSIA Publication, 2002.

Rudolph Peters. *Jihad: In Classical and Modern Islam.* Princeton: Markus Wiener Publishers, 1996.

Watzal, Ludwig. *Peace Enemies: The Past and Present Conflict between Israel and Palestine.* PASSIA, 1999.

Zilberman, Ifrah. "The Development of the Extreme Islam in the Occupied Territories since 1967." in Moshe Maoz ed., *The Palestinian National Movement: From Confrontation to Reconciliation?* the Ministry of Defense, Jerusalem, 1996.

http://www.islamonline.net/english/intrducingislam/politics/System/article03.shtml (Oct. 10 2007).

http://www.islamreligion.com/articles/376(Oct. 10 2007).

http://www.islam-guide.com/ch3-12.htm(Oct. 15 2007).

http://www.islam-guide.com/ch3-12.htm#footnote5(Oct. 15 2007).

http://www.islamonline.net/english/intrducingislam/politics/System/article02.shtml (Oct. 15 2007).

http://www.islamonline.net/english/introducingislam/politics/System/article05.shtml (Oct. 15 2007).

http://en.wikipedia.org/wiki/Palestinian_legislative_election_2006(Sep. 10 2006).

이집트의 정치 변동과 이슬람의 역할

서정민

I. 서론

2011년 10월 이집트 당국은 한국인 유학생 두 명을 출국 조치하였다. 아랍어 공부를 하러 이집트를 방문한 한국의 J대학과 D대학의 학생 두 명은 지난 10일 카이로 대학교 내에서 현지 무슬림 학생 다섯 명과 종교 관련 논쟁을 벌이다가 "이슬람교를 비방한다."는 신고를 받고 출동한 현지 경찰에 체포되었다. 주 이집트 대사관은 두 학생이 종교를 모독하고 카이로 대학에 허가 없이 들어간 혐의 등으로 체포하였으며, 경찰 조사 과정에서 가방에 든 소지품 중 종교 관련 책자가 발견됐다고 전하였다. 이집트 당국은 이들을 기소하지 않는 대신 출국 조치를 내렸다.[1]

---

1) 연합뉴스 10/15/2011. http://www.yonhapnews.co.kr/international/2011/10/15/0605000000AKR20111015066400079.HTML.

이집트의 시민 혁명은 성공하였다. 정권이 교체되었고 자유와 평등을 가치로 하는 새로운 국가 건설에 많은 단체들이 참여하고 있다. 그러나 이집트가 실질적으로 자유민주주의에 바탕을 둔 평등한 사회로 나아가는 데는 적지 않은 시간이 걸릴 것이라는 분석이 지배적이다. 특히 이슬람과 정치의 관계를 재설정하는 데는 역경이 있을 것으로 보인다. "혁명에는 성공했으나 민주화 과정은 이제 시작일 뿐"이라는 9월 30일 범아랍 위성방송 알-자지라 방송의 분석처럼 이집트의 미래는 명확치 않다.[2] "이집트의 시민 혁명 성공은 민주주의의 시작을 알리는 전환점이나 향후 많은 과제와 걸림돌을 맞이할 것이다." 이집트의 후스니 무바라크(Husni Mubarak) 대통령의 퇴진이 발표된 3월 12일 이집트 카이로에 소재한 알-아흐람 전략정치연구소 이마드 가드 정치부장은 "이집트에서 민주화의 봇물이 터진 것만은 틀림없지만 개혁의 열풍이 민주주의로 정착하기 위해서는 수십 년이 걸릴 수도 있다."고 예측했다.[3]

무바라크 대통령 하야를 요구하였던 민주화 시위의 성지 알-타흐리르(*al-Tahrir*, 해방) 광장에는 아직도 군부 퇴진 등을 촉구하는 '2차 혁명'의 물결이 이어지고 있다. 수십 개의 정당이 등장해 각각의 요구를 실현시키기 위해 거리를 장악하고 있다. 올해 말로 예정되었던 총선이 연기될 가능성이 높고, 이에 따라 대선 일정도 아직 확정되지 않고 있다.[4]

여기에 종파 간의 갈등이 다시 불거지는 모습이다. 10월 9일에는 카이로 도심 방송국 주변에서 콥트 기독교인 수천 명이 군인 및 이슬람 교도와 충돌해 26명이 숨지고 500명이 부상당했다.[5] 유혈 충돌과 기독교인들의 분

2) *Al-Jazeera* 2011년 9월 30일 방송 시청 내용 중.
3) 2011년 3월 12일 필자의 전화 인터뷰.
4) 2011년 필자의 현지 조사.
5) Mona Anis, "An Egyptian Bloody Sunday," *Al-Ahram Online* (Oct. 12 2011). http://english.ahram.org.eg/NewsContentP/4/23988/Opinion/An-Egyptian-Bloody-Sunday.aspx.

노와 슬픔 속에서도 이집트 남부의 한 법원은 10일 의미심장한 판결을 내렸다. 남부의 최고행정법원(Supreme Administrative Court)은 1990년대 이집트의 폭력사태를 주도하였던 알-가마 알-이슬라미야(al-Gama al-Islamiyya, 이슬람 단체)가 차기 총선에서 정치정당을 창립해 참여할 권리가 있다고 판결하였다.[6]

중동의 최대 정치 강국 이집트의 변화는 향후 중동의 민주화 여정에 시금석이 될 것으로 보인다. 따라서 이 글은 이집트 정치 변동의 배경과 성격 그리고 향후 전망을 조망할 것이다. 이 과정에서 이슬람이 정치 변동에 어떤 역할을 수행하였고, 또 앞으로 어느 정도의 영향력을 행사할지에 대해서도 가늠해 보고자 한다. 특히 향후 기독교-이슬람 관계에 이번 정치 변동이 어떤 영향을 줄 것인지에 대해서도 진단하여 볼 것이다.

본 논문은 이집트의 정치 변동에서 이슬람의 역할이 '예상보다는' 크지 않았다는 점을 바탕으로 한다. 이집트의 정치 변동은 상당히 세속적이고 민족적인 성격을 가지고 있다는 것이다. 이슬람의 가치와 정치적 역할이 혁명과정에서는 두드러지지 않았다. 큰 틀에서 보면 정치적으로 이집트인들의 정치의식의 바탕에 깔린 범아랍민족주의(Pan-Arab Nationalism)와 범이슬람주의(Pan-Islamism)가 약화하고 개별국가민족주의(Nation-State Nationalism)가 부상할 것으로 보인다. 이집트 내 여론이 친서방 혹은 반서방으로 분열하는 것이 아니라 친자유주의 그리고 반자유주의로 나뉘게 될 것이다.

그러나 이 글은 향후 민주화 작업에서 이슬람의 영향력이 점차 불거질 것이며 이 과정에서 적지 않은 사회적 갈등과 충돌이 야기될 것이라는 가설에 근거를 두고 있다. 이 가설을 설명하기 위해 본 글은 필자의 현지조사

---

6) Patrick Martin, "Egypt overturns political ban on Islamist group with terrorist past," *The Globe and Mail Update* (Oct. 11 2011). http://license.icopyright.net/user/view-FreeUse.act?fuid=MTQxNzc3MDA%3D.

결과와 다양한 인터뷰 내용을 이용할 것이다.[7]

II. 이집트 정치 변동의 원인과 배경

2011년 1월 25일 카이로에서 발생한 대규모 반정부 시위는 전국적으로 확산되기 시작하였다. 청년 실업자, 정치인, 인권운동가, 노동자, 노조원, 학생, 교수, 법조인 등이 이들 시위에 참가하였다. 보름간의 대치상황이 지속되는 중 2월 10일 군 최고위원회(Supreme Military Council)는 정치 불안으로 주요 산업인 관광산업의 타격, 오일 가격의 상승, 수에즈 운하의 교통량 감소 등을 고려해 빠른 사태 해결에 합의하면서 시위자들의 요구를 지지하였다. 군 최고위원회의 결정은 무바라크 대통령의 하야 결심을 유도하였다. 결국 2월 11일 무바라크 대통령은 시위 18일만에 정치 일선에서 물러나 휴양지 샤름 알-셰이크(Sharm al-Sheikh)로 향했다. 이어 재임 중 부정 혐의로 법정에 서게 되었다.

18일이라는 짧은 기간 내에 30년 무소불위의 독재 권력을 행사하여온 무바라크 정권을 퇴진시킬 수 있었던 배경에는 오랜 기간 동안 누적된 국민의 정부에 대한 불신과 분노가 있었다. 정치적, 경제적, 그리고 사회적 불만이 포괄적으로 그리고 상호적으로 작용해 군을 장악한 무바라크 정부의 붕괴를 가져왔다. 이 글은 다양한 그리고 상호교차적인 이집트 정치 변동의 원인과 배경을 사회경제적 그리고 정치적 두 분야로 나누어 고찰할 것이다.

7) 필자는 2011년 7월 8일에서 16일까지 이집트를 방문하여 설문조사와 인터뷰를 행하였다.

1. 경제적 피폐와 삶의 질 저하

중동에 있어 비산유국 혹은 저산유국의 경우 지역 내 여타 다른 국가에 비해 현저하게 낮은 삶의 질로 인한 정권에 대한 국민의 불만이 점증적으로 누적되어 왔다. 이집트의 경우 2010년 말부터 시작된 곡물 및 연료 가격 상승 및 전반적 소비자 물가 급등으로 인한 서민의 불만이 고조되고 있었고 인구폭증으로 인해 청장년층의 인구비율이 급등하면서 실업률도 급상승하고 있었다. 2007-2008년 세계 경제 위기 이후 시작된 극심한 경제난이 사실상 최고점에 다다르고 있었다.[8]

국가 주도의 경제체제가 비효율적으로 가동되어 왔고, 이 때문에 오래 전부터 경기 침체와 고실업 문제가 국가 현안으로 떠올랐지만 정부는 주민들의 생활고에 무관심하였다. 이러한 상황에서 일자리가 없는 젊은 청년들이 카이로 시내의 타흐리르 광장은 물론 전국의 주요 도시에서 시위를 주도하였다. 시위대의 일차적 요구는 빵 문제 해결을 위한 경제적 그리고 사회적 개혁 조치였다.

이런 맥락에서 '민중의 빈곤'이 이집트 시민 혁명의 가장 직접적인 원인으로 볼 수 있다. 실제로 이집트의 1인당 GDP는 예멘, 수단, 소말리아 등 사실상 내전에 시달리고 있던 나라들을 제외한 다른 중동의 대부분 국가에 비해 현저하게 낮았다. 지난 5년간 이집트의 1인당 GDP의 추이는 〈표 1〉과 같다.

---

8) Dina Shehata, "The Fall of the Pharaoh: How Hosni Mubarak's Reign Came To an End," *Foreign Affairs 90* (May/Jun. 2011), 27-28.

〈표 1〉 이집트의 1인당 GDP (USD)

구 분	2006	2007	2008	2009	2010	평 균
금 액	1,282	1,771	2,160	2,450	2,771	2086.8

자료 : International Monetary Fund (IMF)

1) 사례 : "도시의 청소는 우리가 담당합니다."[9]

정부 통계 1,700만, 비공식 통계 2,000만의 인구를 가진 이집트 수도 카이로를 밤마다 누비는 세 형제의 말이다. 맏형 조르지(13살)와 쌍둥이 동생 아미르와 마르쿠(12살)가 매일 당나귀 두 마리가 끄는 수레를 타고 향하는 곳은 인근의 이슬람 지역인 칼아 주택지대이다. 해가 지기 전에 출발을 해야 차량이 늘어나기 시작하기 전인 동틀녘에야 돌아올 수 있다. 밤새 카이로 여러 지역을 돌아다니며 이들이 모아오는 것은 종이, 빈병, 플라스틱 조가리 등 폐품이다. 운이 좋으면 낡았지만 입을 만한 옷 혹은 쓸 만한 전자제품도 주워올 수 있다. 우리 식으로 말하면 예전에 있었던 소위 넝마주이이다.

기독교인인 이들 형제가 사는 곳은 카이로 동부 외곽에 위치한 무캇탐(Muqattam) 언덕 아래의 마을이다. 시내에서 오래된 무덤 지역을 지나면 나타나는 돌산 지역으로 예전에는 사람이 살지 않았다. 하지만 시내에서 주택을 구하지 못한 사람들이 이 산 밑으로 하나 둘 모여 살기 시작했다. 처음에는 텐트에서 시작해 이제는 벽돌로 된 4-5층 건물도 들어섰다. 돌산 밑에 옹기종기 모여 있는 수천 채의 집들이 마을을 이루고 있다. 이 마을에는 기독교인 15여만 명이 모여 산다. 7,800만 이집트 인구의 약 10%를 차지하

9) 서정민, 『인간의 땅, 중동』 (서울: 중앙북스, 2009), 213-217에서 요약.

는 기독교인들 중 카이로 내 상당수 빈곤층 기독교인들이 '넝마주이 마을'이라 불리는 이곳에 집중돼 있다.

동트기 전에 돌아와 잠깐 쉬고는 바로 폐품 분리작업을 해야 한다. 3-4일 모아 재활용 공장에 넘기기 위해 종류에 따라 모아놓는다. 폐품에 묻어 있던 각종 쓰레기들이 악취를 풍긴다. 그래도 이런 쓰레기 속에서 태어나 자라왔기 때문에 아이들은 악취에 둔감한 듯하다. 모은 폐품을 팔아 버는 돈은 하루 2달러 정도다. 이 돈은 정부가 보조금을 지원하는 빵, 쌀, 설탕, 차 등 기초 식량을 구입하는 데 거의 쓰인다. 조르지 형제는 학교도 다니지 않는다. 이집트는 중학교까지의 교육을 의무화했지만 빈곤층은 정부의 정책에 따르지 않는다. 아니, 따를 수가 없다. 일단 입에 풀칠하는 것이 급선무이기 때문이다.

"이 동네 대부분 친구들이 학교에 다니지 않아요. 좋은 대학 나와도 직장을 다녀도 우리가 버는 수입과 별 차이 없지요."

조르지는 학교를 보내지 않는 부모들의 마음을 이해한다고 말한다. 사회 유동성이 극히 미약한 이집트에서 조르지와 같은 빈곤층 서민들이 현재의 상황을 탈피할 수 있는 길이 많지 않기 때문이다. 공부를 잘해서 좋은 대학을 나와도 일자리가 부족하기 때문에 연줄이 없으면 취직하기도 쉽지 않다. 정부가 대졸자의 취직을 보장하고는 있지만 그 순번을 기다리려면 7-8년이 걸린다. 정부가 마련한 직장의 초봉은 대략 한화로 5만 원 정도다. 조르지와 형제들이 현재 웬만한 초급 공무원보다 더 벌고 있는 것이다. 하지만 조르지의 말에는 아픔이 묻어 있다. 아버지에게 물려받은 폐품 수집 가업을 자기 대에서 끝내기를 이미 포기한 듯하다.

2) 국가주도형 경제의 실패

이집트의 경제는 사회주의와 '지대(地代)추구형 경제(rentier economy)'에 영향을 받은 국가주도형 산업구조를 가지고 있다. 사회주의의 경우 1952년 혁명에 성공한 가말 압둔 나세르(Gamal Abd al-Nasser) 대통령이 주요 산업을 국유화하면서 시작되었다. 쉬하타(Dina Shehata)는 "1950년대와 60년대 나세르 정권은 중산층 그리고 저소득 노동자들과 일종의 대타협에 성공한 권위주의적 그리고 대중주의적 거래를 성사시켰다."고 기술한다.[10] 즉 정부가 주요산업을 주도하면서 이로 발생하는 이익을 바탕으로 국민의 삶을 책임진다는 것이다. 하지만 혁명에 성공한 중산층 군부가 국가 경제를 장악하기 위한 수단으로 국유화를 동반한 사회주의를 시작한 것이라는 분석도 있다.

국가가 경제와 주요 생산시설을 이끌어나가면서 나세르 정권 당시에는 과거와는 다른 상당한 국민에 대한 교육 및 의료복지가 실현되었다. 그러나 점차 인구가 증가하면서 안와르 사다트(Anwar Sadat) 정권 시절부터 국가 재정이 국민의 복지를 떠받칠 수 없는 상황으로 바뀌어 갔다. 더불어 공공부문이 생산을 주도하는 국가주도형 사회주의체제에서는 효율성을 기대할 수 없었다. 생산성은 급락하고 시상에서도 경쟁력을 잃어가는 산업이 더이상 이집트인들의 기본적인 욕구를 충족시킬 수 없게 된 것이다.[11] 결국 사다트가 암살당한 이후 집권한 무바라크는 특히 1990년대 서민 무슬림들이 주축이 된 알-가마 알-이슬라미야 등의 테러 공격을 접할 수밖에 없었다.

10) Shehata, "*The Fall of the Pharaoh : How Hosni Mubarak's Reign Came To an End*," 27.

11) Ragui Assad, "An Analysis of Compensation Programmes for Redundant Workers in Egyptian Public Enterprises," in Merich Celasun, ed., *State-Owned Enterprises in the Middle East and North Africa* (Cairo: The American University in Cairo Press, 2001), 150-153.

이후 근대에 들어와 석유를 생산하기 시작하면서 이집트 경제도 아랍 경제가 갖는 독특한 특성, 즉 '지대(地代)추구형 경제(rentier economy)'의 틀에 묶이게 되었다. 즉 이집트 경제는 월세를 받듯 뽑아내는 석유, 즉 지대(rent)에 의존하게 된 것이다. 유전이나 가스전이 국부를 창출하는 중요한 생산수단으로 부상하였다. 이집트 전체 GDP와 수출에서 석유가 점차 비중을 확대해 가면서 중요한 외화 획득의 수단이 되었다. 문제는 이 석유와 가스의 소유권은 국가에 있다는 점이다. 결국 사회주의체제와 더불어 이집트 정부는 석유라는 국가 경제의 중요한 생산수단을 차지하게 되었다. 공기업과 더불어 석유자원이 덧붙여지면서 국가주도형 경제구조가 더욱 강화되었다.[12] 여기에 이집트 국민들이 걸프 지역 산유국에서 일해서 번 해외근로자 송금이 또 다른 중요한 외화 획득원이 되었다. 또 아랍 산유국들의 자본이 이집트의 최대 투자 세력이 되었다.

국가주도형 경제의 전반적인 실패와 더불어 20대 이하의 인구비율이 급등하는 인구폭증 현상으로 인해 이집트의 불안정은 이미 오래전부터 악화되어 왔다.[13] 높은 실업률과 저임금으로 인해 상당수의 이집트 청년들은 결혼을 할 수 없는 상황으로까지 몰리게 되었다. 25세에서 29세까지의 이집트 남성 중 약 절반 정도가 결혼을 하지 못한 것으로 집계되고 있다.[14] 국가경제의 지속적 실패는 이처럼 젊은 층을 중심으로 한 사회경제적 불만을 장기적으로 누적시키는 결과를 가져왔다.

12) Marsha Posusney, "The Middle East's Democracy Deficit in Comparative Politics," in Marsha Posusney and Michele Angrist, *Authoritarianism in the Middle East: Regimes and Resistance* (London: Lynne Rienner Publishers, 2005), 5-7.

13) A. Korotayev and Zinkina J., "Egyptian Revolution: A Demographic Structural Analysis," *Entelequia, Revista Interdisciplinar 13* (2011), 141-142.

14) Shehata, "*The Fall of the Pharaoh : How Hosni Mubarak's Reign Came To an End*," 28.

2. 독재와 부패에 대한 불만

대부분 아랍 국가들은 왕정이든 공화정이든 정권이 바뀌지 않는 독재의 형태다. 더불어 장기 집권으로 인한 부패가 만연한 곳이다. 이집트도 예외가 아니다. 장기 독재 집권과 세습이 시도되어 왔고, 국가 전체에 권위주의가 만연하고 있었다. 따라서 이집트의 시민 혁명은 장기 독재와 부정부패에 대한 주민들의 불만의 폭로로 해석될 수 있다. 이집트 정부는 그간 비상계엄법(emergency law)을 운영하면서 정당정치의 제한, 언론 장악, 의사 표현과 언론 및 집회 자유의 제한, 인권 침해 등을 통해 국민들을 정치적으로 탄압해 왔다.

특히 독재국가 지도자들은 국민들의 기아와는 상관없이 초호화 생활을 영위해 왔다. 국제투명성기구가 발표한 「2010년 부패인식지수(Transparency International 2010 Corruption Perception Index)」 순위에 따르면 이집트는 전체 178개 국가 중 98위를 차지하였다.[15] 석유 및 가스 수출, 관광, 수에즈 운하 통관료 등으로부터 얻어진 국가의 부(富)가 장기 독재 집권층의 수중에서 머물 뿐, 공정한 분배가 이뤄지지 않고 있는 현실에 젊은 층은 분노하며 반발하고 있는 것이다. 따라서 절대 빈곤 그 자체보다 상대적 박탈감(relative deprivation)이 시민 혁명에 중요한 심리적 원인으로 작용하였다고 볼 수 있다.

1) 사례 : "그래도 투표는 하지 않았습니까?"

경찰서를 나오면서 사미르(44살)는 겸연쩍은 듯 씩 웃는다. 그가 나온 경찰서는 이집트에서 선거 장소로 자주 쓰이는 동네 경찰서다. 공안요원이 있

15) http://www.transparency.org/policy_research/surveys_indices/cpi/2010.

는 공립학교와 경찰서가 주로 투표 장소로 이용된다. 이렇게 후스니 무바라크 대통령은 30년 철권통치를 유지했다. 2005년 직선제 이전까지 치러진 네 차례 대통령 선거에서 매번 90% 이상의 찬성표를 얻었다. 그는 매번 단독 후보로 나왔고, 투표방식도 찬반을 묻는 국민투표였다.

불법을 행하지는 않았다. 유권자 등록 절차도 있었다. 투표 일 년여 전에 일간신문 구석에 조그맣게 유권자 등록 공고가 나온다. 인구의 30%는 문맹이고, 40%는 하루 2달러 미만으로 생활해 신문을 사보거나 구독할 수 없다. 나머지 30%도 대부분 조그맣게 나오는 유권자 등록 공고를 보지 못하고 지나친다. 반면 찬성표를 던질 집권당 당원, 군인 및 경찰 등은 집권 세력이 알아서 등록을 해준다. 투표일이 가까워오면 재등록 기간도 있다. 그런데 재등록 장소는 경찰서다. 친정부 경찰 간부의 따가운 시선과 불필요한 의심을 사면서까지 재등록하는 사람은 거의 없다. 그리고 정부가 통제하는 공립학교와 경찰서에서 투표를 행한다. 대부분 경찰서에서는 커튼이 드리워지지도 않는다. 반대표를 던질 분위기가 아니다.

2) 권력 세습은 NO!

이집트 국민이 힘을 결집할 수 있었던 가장 중요한 계기는 무바라크 일가의 권력 세습 시도이었다. 이집트 정권이 붕괴한 배경에는 권력 세습에 대한 국민의 불만이 불꽃처럼 타오른 것이라고 볼 수 있다. 생활고와 부패도 근본적인 원인이었지만, 이집트의 민심은 물론 기득권층의 반발을 가져온 사안은 아들에게 대통령직을 세습하려는 무바라크의 움직임이었다. 이미 2005년부터 '키파야(kifaya, 충분해!)' 세습 반대 저항 운동이 시작된 것도 이 때문이었다. 카이로에 위치한 알-아흐람 전략정치연구소 이마드 가드 정치 부장은 "아들에게 권력을 물려 주는 것은 이집트의 자존심을 무너뜨리는 행위다."라고 강조했다.[16] "최소한 아들에게 정권을 넘기는 것이 불가능하다는 메시지를 이집트는 물론 다른 공화정국가에 전해진 것이 이번 시민혁명의 가장 큰 성과 중 하나"라고 그는 평가했다.

무바라크 전 대통령은 둘째 아들 가말 무바라크(Gamal Mubarak)에게 정권을 물려 주기 위해 물밑작업 중이었다. 차남은 집권여당인 국민민주당의 사무총장이었다. 사실상 여당의 제2인자 자리에 올라 있었다. 정당은 물론 국내외 정부 업무를 상당부분 장악하면서 정권의 핵심으로 이동하고 있었다. 공화정으로 헌법에 따라 대통령 선거를 치러야 하지만 큰 어려움은 없었다. 상징적인 직선제 혹은 간선제 찬반투표를 거치기 때문에 선거를 치를 경우 아들의 당선은 기정 사실이었었다.

무바라크 정권은 2005년 9월 초 야당을 포함한 국제 사회의 정치 개혁 요구에 따라 2005년 9월 최초 직선제 대선을 실시하였으나 여러 제한사항을 두어 무바라크 대통령이 압도적으로 당선(5선)되는 등 사실상 정부의 정권 연장을 꾀하였다. 당시 투표율도 25% 이하로 상당히 저조하였다. 또 무바라크 대통령은 집권 이후 헌법상의 직책인 부통령직을 계속 공백으로 두고 있었으며 공식적으로 후계자를 선정하지 않고 있었다.

대통령이 당수로 있던 집권여당은 정치 개혁이라는 명목으로 2007년 3월 헌법 211개 조항 중 34개 조항에 대한 개헌안을 통과시켰다. 헌법 개정 국민투표의 투표율은 27%로 저조했으나, 75.9%의 높은 찬성률을 기록하였다. 개헌안 중 핵심쟁점은 5조(정당 설립), 76조(대통령 후보), 82조(유고 시 통치위임), 179조(반테러) 등으로 요약될 수 있다. 헌법 개정의 핵심은 점차 세력이 커지고 있는 무슬림 형제단의 합법적 정치 진출을 차단하고 대통령의 차남인 가말에게 정권을 이양하기 위한 사전조치로 풀이될 수 있으며, 정

16) 2011년 7월 이집트 현지조사 중 인터뷰.

치권에서 민감하게 받아들여지는 정권 이양 문제에 대해 정치 시스템의 표면적 합리화를 통해 집권당에 대한 불만 해소의 목적도 내포하고 있었다.

정당 설립 조항에는 '종교에 근거한 정당 설립이 불가능하다'고 명시해 사실상 이집트의 최대 야권인 무슬림 형제단의 원내 정당 등록을 원천적으로 봉쇄하였다. 더불어 반테러 조항에는 테러와의 전쟁에 대한 대통령의 권한을 강화하여 야당을 탄압할 수 있는 더욱 확실한 근거를 확보하였다. 유고 시 통치 위임 조항에서는 대통령의 일시적 유고 시 대통령은 자신의 통치권한을 부통령이나 부통령이 지정되지 않는 경우 총리에게 위임할 수 있다는 내용을 담고 있어, 대통령이 자신의 차남인 가말을 총리로 지명한 뒤 권력을 이양할 수도 있다는 시나리오가 제기되었다. 대통령 후보에 관한 조항에서는 대통령의 후보의 자격으로 하원 65명, 상원 25명, 지방의원 140명을 포함한 총 250명 이상의 선출직 의원으로부터 추천을 받아야 하는 것으로 규정되어 있다. 집권당 외에는 추천이 가능한 정파가 없는 상황을 만들려 하였다는 의도가 분명히 담겨 있었다.

III. 2011년 이집트 정치 변동의 성격과 특성

"이집트 시민 혁명은 21세기의 가장 아름다운 혁명으로 기록될 것이다. 이집트와 아랍 근대사는 물론 세계사에도 결정적인 전환점이 될 것이다."

이집트의 후스니 무바라크 대통령의 퇴진이 발표된 2월 11일 존스홉킨스 대학교 중동학과 푸아드 아자미(Fouad Ajami) 교수는 CNN에 나와 이렇게 말했다. 레바논 출신 미국인으로 서방의 중동학을 이끌고 있는 아자미 교수는 또 "이번 아랍 민주화 열풍이 수그러들지 않을 것"이라고 전망했다.

아랍권 22개국 모두가 영향을 받을 것이라는 예측이었다.[17]

1980년대 말 냉전의 상징이었던 동구 공산권이 붕괴됐을 때 많은 정치 학자와 세계 언론은 '중동이 다음 차례'라고 지적하였었다. 예를 들어 이집트의 저명한 사회학자이자 시민 사회 활동가인 사아드 알-딘 이브라힘(Saad Eddin Ibrahim)은 "아랍의 시민 사회가 지난 20여 년 동안 활력을 되찾고 있어 권위주의 정권에 도전할 여력을 점차 갖추어 가고 있다."고 설명하였다.[18] 그러나 이슬람 과격 세력의 준동이 약간 있었을 뿐 아무런 정치적 변화는 없었다.

그로부터 20여 년이 지난 2011년, 튀니지와 이집트를 시작으로 아랍권이 심각한 정치 변동을 겪고 있다. 또한 이번 시민 혁명은 튀니지와 이집트의 벽을 넘어 전 아랍권으로 확산하고 있다. 따라서 이번 혁명의 성격을 명확히 파악하는 것이 필수적이다. 특히 100여 년 이상 아랍의 정치 및 문화 중심지 이집트의 변화는 '리트머스 테스트' 역할을 할 것이다. 본 글은 이집트 혁명의 성격을 심리구조를 바꾸는 혁명, 이슬람 권위주의에 도전하는 혁명, 그리고 리더가 없는 혁명, 이 세 가지의 틀에서 분석할 것이다.

1. 심리구조를 바꾸는 혁명

"이집트 혁명은 아랍인의 심리구조(mentality)를 바꾸어 놓았다. 수년 혹은 수십 년이 걸리겠지만 아랍 내 민주화의 봇물이 터진 것만은 틀림없다."

미 해군대학원 중동학과 로버트 스프링보그(Robert Springborg) 교수는

17) CNN, 2011년 2월 12일 시청.

18) Saad Eddin Ibrahim, "Democratization in the Arab World," in Jullian Schwelder, Eds., *Toward Civil Society in the Middle East* (London: Lynne Rienner Publishers, 1995), 37.

이번 민주화 혁명의 성격과 파장을 이렇게 규정하였다.[19] 민주화 혁명의 상황이 이집트에서 끝나지 않을 것이라는 전망이었다. 현재 다른 아랍 국가들이 앞다퉈 민주적 조치의 이행 공약 그리고 국민복지 정책을 내거는 등 자구책을 내놓고 있는 이유도 여기에 있다.

외면상으로 이집트의 시민 혁명 현상은 베를린 장벽 붕괴로 상징되는 1980년대 말 동유럽 공산권 몰락과 비슷하다고 할 수 있다. 수십 년간 지속된 독재 정권의 압정을 시민의 힘으로 떨쳐내고 민주화 시대를 열고 있다는 점에서 그렇다. 그러나 동구의 민주화보다 더욱 강력하고 포괄적인 사상적 성격을 갖는다. 이집트는 물론 아랍인의 심리구조와 인식체계를 상당히 바꾸어놓고 있다는 점에서이다. 튀니지에 이은 이집트의 시민 혁명은 '남성 중심의 가부장적 인식체계'에 정면으로 도전하고 있다. 이를 바꾸기 위해 이집트의 세속주의 지식인들도 20세기에 수많은 계몽적, 개혁적 성향의 글을 내놓았다. 이런 노력이 현재 시민 주도 민주화 혁명의 밑거름이 되었다.

남성 중심의 가부장적 인식체계는 특히 오랫동안 이집트의 중요한 전통이 되었고, 따라서 이집트인의 심리구조에 자리잡았다. 가부장적 권위주의는 중동에 뿌리박힌 유목민 문화에 기인한다. 유목 문화의 가장 큰 특징은 물리력 혹은 무력을 바탕으로 한 권위주의에 바탕을 둔다. 유목민들은 정착 문명과는 달리 생사를 결정하는 우물 혹은 오아시스를 보호하기 위해 무장을 해야 했다. 남성이 칼을 지니는 것은 당연했고, 유사 시에는 우물과 재산을 지키기 위해 모두 나가 싸워야 했다. 전투를 위한 명령체계까지 갖춘 강력한 권위주의적 리더십이 필요한 사회였다. 가장 강한 가문 혹은 집안의 남자 어른에게 모든 지도력과 권력이 주어졌다. 부족원은 부족장의 명령과 권위에 절대 복종해야 한다. 지도자는 '아버지'와 같은 권위를

19) *Al-Arabiyya* 방송. 2011년 2월 12일 시청.

갖는다. 아버지에게 도전하는 것은 터부시 돼 왔다. 아랍의 부족을 일컬을 때 '바누(Banu)+부족장 이름'라는 표현을 사용한다. 바누는 아들의 복수다. 따라서 아버지 역할을 담당하는 부족장의 아들들이 부족의 이름이다. 남성 중심의 가부장적 권위주의체제는 이처럼 유목 사회의 가장 중요한 세계관이었다.

물리력에 기반을 둔 가부장적 권위주의 전통은 현재까지도 이집트 사회를 지배하고 있다. 때문에 이집트는 '죽어야 바뀌는 정권'의 특징을 가졌다. 아버지는 죽어야 그 지위를 상실한다. 군부 쿠데타 세력 출신인 나세르(Jamal Abdan-Nāṣer), 사다트(Anwar Sadat), 그리고 무바라크 대통령 모두 죽을 때까지 집권하였다. 선거는 있지만 이름뿐이었다. 정권 교체가 없었고, 장기 독재가 이어졌다. 반정부 비무장 시민들에 대해 이집트군이 혁명 초기 물리력을 동원해 지도자의 권위를 끝까지 지키려고 무차별 진압을 펼치기도 하였다.

물리력을 중시한다는 것은 '강력한 물리력'에는 약한 속성과 연결된다. 역사적으로도 그렇다. 7세기 초 등장한 이슬람이 수십 년만에 스페인 남부까지 점령하는 과정에서 큰 전투는 거의 없었다. 새로 등장한 이슬람 국가를 둘러싼 두 제국 혹은 다른 민족과의 전투가 가장 치열한 전투였을 뿐이다. 페르시아 사산 제국과 펼친 카디시야(현재의 이라크 중남부) 전투, 동로마 비잔틴 제국과 싸운 야르무크(현재 요르단 북부) 전투였다. 그 외 지역에서는 이슬람 대군이 진군해 오면 대부분 부족은 항복 서약을 행했을 뿐이다. '이기지 못할 싸움'은 하지 않는 것이 유목민들의 마인드라고 할 수 있다.

이집트의 독재 정권들은 이런 마인드를 정치적으로 이용해 왔다. 군부 출신의 대통령은 자주 군복을 입고 대국민 연설을 행하였다. 군은 물론 군 출신이 대거 포진한 정보부 그리고 경찰까지 최고 권력을 호위하는 세력으로 만들었다. 이집트군은 1952년 혁명으로 이집트 왕정을 붕괴시킨 나세르가 상위 계급 장교들을 정부의 고위직에 임명하면서 본격적으로 정치에 영향을 미치기 시작하였다. 이집트에서 군부는 단순한 물리력 사용의 집단이 아니다. 이집트군은 일반 기업까지 소유하고 있다. 히터, 의류, 약품 등 일상 생활용품을 민간 시장에 공급하고 있으며, 건축업에서 상당부분 독점을 행사하여 왔다. 때문에 이들 군 관련 기업이 이집트 경제의 5~20%를 통제하고 있다는 주장도 있다.[20] 특히 무바라크 대통령은 군이 경제활동을 통해 얻은 이윤과 10억 달러 이상에 달하는 미국 군사 원조를 중앙정부의 간섭 없이 사용할 수 있도록 허용하여 군의 자율성을 최대한 보장하였다. 따라서 이집트군은 다른 직종에 비해 높은 임금, 양호한 주거시설, 양질의 의료혜택을 누리면서 무바라크 정권을 지지하여 왔다.

하지만 2011년 이집트의 대규모 시위 당시 시민들은 군의 탱크에 맞서 타흐리르 광장을 떠나지 않았다. 경찰의 발포에도 불구하고 반정부 시위의 규모를 더욱 확대하여 나갔다. 물론 튀니지의 시민 혁명에 영향을 받아 고무된 부분도 있으나 물리력을 장악한 정권에 대규모로 저항하기 시작하였다. 이처럼 이집트의 시민 혁명은 과거 수천 년 동안 가부장적 권위에 순종하여 왔던 이집트인의 심리구조를 바꾸어 놓았다. 파라오 문명 시대부터 시작된 중앙집권정부에 대해 단 한 번의 시민 혁명도 성공한 적이 없었지만, 2011년의 상황은 달랐다. 물리력을 장악한 세력에 대한 저항을 할 수 있다는 '자신감'이 이집트인들에게도 생겨났다는 것이다.

20) Stephen H. Gotowicki, "The Role of the Egyptian Military in Domestic Society," *Foreign Military Studies Office Publications*, http://fmso.leavenworth.army.mil/documents/egypt/egypt.htm.

2. 이슬람 권위주의에 도전하는 혁명

"믿는 자들이여, 알라께 복종하고 사도 무함마드와 그리고 너희 가운데 책임이 있는 자들에게 순종하라."

이슬람의 경전 꾸란 4장 59절의 내용이다. 아랍권이 그 어느 지역보다 정부 혹은 지배 세력의 정통성에 절대적 가치를 부여하는 종교적 배경이다. 이슬람은 아랍어로 '복종'을 뜻한다. 알라에 대해 복종하는 것과 더불어 이슬람 공동체의 종교지도자이자 정치지도자였던 무함마드에 대한 복종이다.

권위주의 체제를 정당화하기 위해 1,400여 년 전 계시된 이 꾸란 구절들은 현재까지도 정치적으로 이용되고 있다. 사우디아라비아의 최고이슬람학자위원회는 3월 6일 "시위는 이슬람 교리에 위배되며 개혁 청원에 동참하는 것은 신의 명령을 거역하는 것"이라는 입장을 천명하였다. 위원회는 또 성명에서 "개혁과 조언은 시위나 갈등·분열을 조장하는 방법을 통해서는 안 되며 과거부터 현재까지 이 나라의 율법학자들이 이를 금지하고 경계하였다."고 강조하였다.[21]

이 성명은 하루 전 발표된 정부의 시위 불허 방침에 대해 지지 의사를 표한 것으로 풀이된다. 사우디 내무부는 5일 성명을 통해 "사우디 현 형법상 어떤 형태의 시위도 불법에 해당한다."며 시위를 막기 위해 모든 수단을 동원할 것이라고 밝힌 바 있다. 반정부 시위를 촉구하는 온라인상의 움직임이 확산되자 이를 막기 위한 정부와 종교지도부의 공조 노력이다. 3월 3일에는 사우디 동부 지역에서 시아파의 소규모 시위가 발생했고, 수니파 지식인들도 절대왕정을 최소한 입헌군주국으로 바꾸어야 한다는 목소리가 높

21) "The Government React Strongly," *Al-Ukaz Newspaper* (Mar. 3 2011).

아지고 있었다.

이슬람이 이처럼 권위주의 체제를 갖게 된 것은 창시자 무함마드의 독특한 지위에 기인한다. 이슬람은 중동의 다른 양대 종교, 즉 유대교 그리고 기독교와 태동에 있어 상당히 다르다. 모세와 예수는 하나님의 메시지를 전하는 종교적 사명을 마치고 삶을 마감했다. 그러나 이슬람의 사도 무함마드의 역할은 알라의 메시지를 전하면서 종교를 정착시키는 데 끝나지 않았다. 그는 메카에 입성해 이슬람 공동체를 만들고 이슬람 제국의 기틀을 다졌고, 약 2년간 통치하고 죽었다. 그는 종교지도자인 동시에 정치지도자였다.

이슬람 공동체의 지도자로서 무함마드는 국가를 유지하고 사회를 통제하기 위한 여러 제도와 장치를 만든다. 때문에 이슬람은 유교와 상당부분 유사한 점을 가지고 있다. 유교와 마찬가지로 이슬람도 일종의 통치철학적인 특성을 상당부분 보여 주고 있다. 또 국민의 삶을 통제하는 데 용이한 생활종교 형태를 갖추고 있다. 하루에 다섯 번 예배를 보도록 규정한 것도 국민의 삶을 이슬람의 통치철학에 맞추기 위함이었다. 중국에서 유교가 아직도 영향력을 가지고 있는 것처럼, 이슬람이 아직 중동의 가치관과 세계관에 중추적인 역할을 하는 것도 이 때문이다.

그러나 이번 아랍권 시민 혁명은 이슬람 종교의 권위주의에도 적잖은 충격파를 던지고 있다. 최근 아랍권 민주화 사태에서 가장 긍정적인 현상 중 하나는 시위대의 구호에 이슬람적인 내용이 상당히 미약하다는 점이다. 현재 아랍권에서 일어나고 있는 반정부 시위는 민족적 그리고 세속적 성향을 가지고 있다. 종교적인 것이 아니다. 따라서 미국 등 서방이 우려하는 이란 모델의 이슬람 혁명화 가능성은 크지 않다고 볼 수 있다. 민주화 혁명이 이슬람 혁명화할 수 있다는 우려는 다소 확대 과장된 것이다. 이집트의 경우 무슬림 형제단은 시위 분위기에 편승하였을 뿐이다. 물론 공정한 선거가 치러진다면 무슬림 형제단의 후보 혹은 이 단체가 지지하는 후보가 적지 않은 표를 얻을 것이라는 점을 부인할 수는 없다. 하지만 성직자 계급을 인정하는 시아파 국가 이란과 같은 신정 체제가 이집트에 등장할 가능성은 크지 않다고 할 수 있다.

무함마드는 자신의 종교적 그리고 더 나아가 정치적 권위에 도전할 세력을 용인하지 않았다. 때문에 이슬람 전체 인구의 약 90%를 차지하는 수니파에서는 성직자 계급이 존재하지 않는다. 무함마드가 자신의 권력을 확고히 유지하기 위해서였다. 따라서 이론적으로 수니파 이슬람에서는 누구나 예배를 인도하고 설교할 수 있다. 더불어 이슬람의 다섯 의무 중 하나인 자카트(*Zakat*, 희사)도 누구에게나 줄 수 있도록 규정하였다. 돈이 종교기관에 모이는 것을 막기 위해서였다. 상식적으로 사람과 돈이 없는 종교기관이 왕권 혹은 권력층에 도전하거나 위에 올라설 수 없을 것이다. 무함마드가 추구한 것은 백성의 도전이 존재하지 않는 권위주의 사회였다. 따라서 시아파와 달리 수니파에서는 1,400여 년 역사에서 선지자 무함마드와 그의 정통 칼리파 네 명의 시대를 제외하고는 단 한 차례도 이슬람이 권력을 차지한 적이 없다. 이슬람은 권력과 권위주의를 유지하고 사회와 개인을 통제하는 데 정치적으로 가장 동원하기 쉬운 수단이었다.

3. 리더가 없는 혁명

앞서 언급한 바와 같이 1980년대 말과 1990년대 초 동구의 공산권이 붕괴하였을 당시 아랍에는 특별한 정치 변동이 발생하지 않았다. 알제리에서 내전이 발생하였지만 정권 교체에는 실패하였다. 당시에도 이집트를 포함한 대부분 중동 국가는 독재였고, 실업률도 높았고, 빈부 차이도 심했고, 부패도 극에 달해 있었다. 그러나 시민의 힘을 결집할 수 있는 수단이 없었다. 알-자지라와 같은 위성 TV도 없었고 인터넷도 거의 보급되지 않았다. 때문에 2011년 이집트와 튀니지의 혁명 성공의 배경을 언급하면서 뉴미디어의 역할을 빼놓을 수 없다. 2010년 12월 17일, 튀니지 소도시의 노점상 무함마드 부아지지(Mohammad bu Azizi)의 분신은 휴대폰 동영상으로 촬영되어 인터넷을 탔다. 그리고 현재 22개 아랍국 중 카타르를 제외한 21개 국가에서 정권 붕괴, 크고 작은 시위, 혹은 정치 개혁 요구가 발생하고 있다. 소셜네트워크서비스(SNS)가 자유라는 판도라 상자를 열었다고 볼 수 있다.[22]

아랍권 최대 정치, 문화 강국 이집트가 무너진 날, 22개 아랍 국가 대다수 수도 중심가에 모여든 인파는 자국의 일인양 환호했다. 압제에 저항할 수 있다는 자신감의 표출이었다. 이번 아랍의 시민 혁명으로 과거와는 다른 새로운 틀의 혁명이 자리잡고 있다. 인식체계 혹은 심리구조가 바뀌면서 발생한 시민 봉기이기에 튀니지 대통령도 축출된 지 한 달도 되지 않아 이집트 대통령도 같은 운명을 맞이했다. 또 동시에 예멘은 물론 리비아에서도 유사한 상황이 발생하고 있다.

심리구조의 변화가 이처럼 아랍 전역에 빠르게 확산되는 데는 위성방송과 SNS와 같은 뉴미디어 역할이 지대했다.

"리더가 없는 혁명이었다. 시민들이 진정한 영웅이다. 이제 더이상 나의 역할이 없다. 나는 일터로 돌아갈 것이다. 혁명의 불길이 다음에는 어느 나라로 옮아 붙을지는 페이스북에 물어보면 알 것이다."

구글의 직원이자 이집트 혁명에서 가장 큰 역할을 담당했던 와일 구

---

22) Lisa Anderson, "Demystifying the Arab Spring: Parsing the Differences between Tunisia, Egypt, and Libya," *Foreign Affairs 90* (May/Jun. 2011), 6-7.

님(Wael Ghoneim)은 알-자지라 방송과의 인터뷰에서 위와 같이 밝혔다.[23]

큰 틀로 보면 20세기와 21세기의 통신기술 발달이 이집트 시민 혁명에 중요한 역할을 했다. 특히 위성방송, 인터넷, SNS 등 뉴미디어가 확산되면서 가부장적 권력을 도전할 수 있는 힘을 결집할 수 있었다. 산유국을 제외하면 이집트를 포함한 대부분 아랍 국가는 50여 년 동안 독재와 부패, 미진한 경제 발전의 부의 불공평한 분배, 높은 실업률 아래에서 살아왔다. 텔레비전과 신문은 수십 년 전부터 존재했지만 대부분 정부가 소유하거나 통제해 왔다. 불만은 있었으나 지금처럼 결집할 수 있는 매개체가 없었다. 왕정국가를 제외하고 공화정 체제 하에서 뉴미디어가 가장 발달한 튀니지와 이집트가 다른 국가보다 빠른 변화를 달성했다는 것이 이를 반증한다.[24]

실제로 위성 TV와 SNS는 튀니지와 이집트의 시민 혁명 성공에 결정적인 역할을 했다. 튀니지의 노점상 무함마드 부아지지가 분신하는 모습이 휴대폰 동영상에 잡히지 않았다면 이번 시민 혁명 전체의 불씨는 없었을 것이다. 특히 이집트에서는 튀니지 혁명의 영향으로 부아지지의 분신자살을 모방한 분신 시위가 잇따라 발생했다. 1월 17일 카이로의 의회 건물 앞에서 50세의 압두 알-문임(Abdu al-Munim)이 식품 배급 쿠폰을 얻을 수 없게 된 것에 불만을 품고 분신하였다. 이튿날인 18일에는 알렉산드리아에서 25세의 아흐마드 히샴 알-사이드(Ahmad Hisham al-Sayyid)가 분신자살하였다.

이집트에서 반정부 시위가 발생한 것은 이번이 처음은 아니다. 그러나 계엄령 체제 하에 자유로운 정치활동이 불가한 이집트에서 수만 명의 국민이 참가한 대규모 시위가 발생했다는 점, 그리고 이것이 끝이 보이지 않았

---

23) *Al-Jazeera* 방송. 2011년 2월 12일 시청. 와일 구님은 페이스북에 '우리 모두 칼리드 사이드이다'란 계정을 만들어 이집트 민주화를 촉발시킨 청년이다.

24) Jack A. Goldstone, "Understanding the Revolutions of 2011: Weakness and Resilience in Middle Eastern Autocracies," *Foreign Affairs 90* (May/Jun. 2011), 9-11

던 장기 독재 체제를 실제로 무너뜨리는 초석이 되었다는 점에서 이번 사건은 기존의 크고 작은 반정부 시위와는 또 다른 의미를 갖는다. 1월 25일 발생한 당시 최대 규모의 시위가 있기까지 페이스북과 트위터는 쉬지 않고 시민들의 목소리와 움직임을 실어 날랐다. 이집트 야권과 시민단체는 페이스북과 트위터를 이용해 시위를 독려하였다.

이에 이집트 정부는 1월 25일 트위터를 차단하고 26일 구글과 페이스북을 차단하는 것으로 대응하였다. 그러나 이 같은 이집트 정부의 통제에도 불구하고 1월 28일 카이로뿐 아니라 수에즈, 알렉산드리아, 아스완 등지에서 '분노의 금요일'이라 불리는 동시다발적 시위가 발생하였다. 이집트 보안당국은 무장 경찰을 투입해 최루탄과 물대포로 시위대 해산을 시도하였고, 카이로에 탱크를 진입시키는 등 군 병력을 시위 진압에 투입하였다. 이로 인해 이날 최소 5명의 사망자가 발생하였으며 1,030여 명이 부상을 당하고 1,200여 명이 경찰에 연행되었다. 이러한 소식 역시 페이스북과 트위터를 통해 이집트, 나아가 아랍 세계 전역으로 삽시간에 퍼져나갔고, 사태가 점점 격화되자 무바라크 대통령은 개각 단행, 차기 대선 불출마 선언 등 일련의 사태 수습책을 발표했다. 그러나 시위는 더욱 가열되었다. 결국 그는 2월 11일, 사임을 발표하고 대통령 궁을 떠나게 된다.

사실 SNS의 정치적 역할에 대해서는 이미 여러 차례 논의가 되어 왔다. 독재·반민주 국가의 경우, 온라인 공론장을 통해 기존에는 막혀 있었던 소통의 장이 열리게 됨으로써 소셜 미디어가 민주주의로의 이행에 긍정적 역할을 끼친다는 의견과 더불어, 반대로 이것이 독재 정권을 자극해 오히려 더욱 강화된 감시와 통제를 야기할 것이라는 전망 또한 이어져 왔다.[25] 그러나 최소한 이집트와 튀니지의 정권이 붕괴함에 따라 많은 이들이 '피플 파

25) 이기형, 『인터넷 미디어: 담론들의 '공론장'인가 '논쟁의 게토'인가?』 (서울: 한국언론재단, 2004)

워(People Power)'를 이끌어낸 SNS의 긍정적 역할에 주목하기 시작하였다는 점이 이번 혁명의 한 특성이다. SNS가 시민들의 손바닥 안에 들어온 21세기에 국민의 불만은 더이상 가슴 속에만 존재하지 않는다는 점을 보여 준 사례가 2011년에 튀니지와 이집트에서 나타난 것이다. 과거와는 달리 불만을 표출하고 그 힘을 정치적으로 결집할 수 있는 소통수단이 이제 대중에게도 생겼다고 볼 수 있다.[26]

IV. 급격한 정치 변동 속에서 이슬람 세력의 역할

"이집트의 시민 혁명 성공은 민주주의의 시작을 알리는 전환점이나, 향후 많은 과제와 걸림돌을 맞이할 것이다."

카이로 아메리칸 대학 정치학과 왈리드 카지하 교수는 이와 같이 이집트의 불확실성을 지적하였다.[27] 카지하 교수는 또 "이집트에서 민주화의 봇물이 터진 것만은 틀림없지만 개혁의 열풍이 민주주의로 정착하기 위해서는 수십 년이 걸릴 수도 있다."고 예측했다.

현재의 이집트 상황이 그렇다. 이집트의 미래는 명확치 않다. 무바라크 대통령 하야를 요구했던 민주화 시위의 성지 알-타흐리르(해방) 광장에는 아직도 군부퇴진 등을 요구하는 '2차 혁명'의 물결이 이어지고 있다. 수십 개의 정당이 등장해 각각의 요구를 실현시키기 위해 거리를 장악하고 있다. 올해 말로 예정되었던 총선이 연기될 가능성이 높고, 이에 따라 대선 일정도 아직 확정되지 않고 있다. 그럼에도 불구하고 중동의 최대 정치 강국 이

26) Scott Peterson, "Egypt's revolution redefines what's possible in the Arab world," *Christian Science Monitor* (Feb. 11 2011).

27) 2011년 7월 현지조사 인터뷰.

집트의 변화는 향후 중동의 민주화 여정에 시금석이 될 것으로 보인다. 따라서 이집트 정치 변동의 미래와 이 과정에서 가장 중요한 변수 중 하나로 부상하고 있는 이슬람 세력의 역할을 진단하여 볼 것이다.

1. 포스트 무바라크 시대 주도 세속주의 세력

이집트의 향후 정치 일정에서는 크게 군을 중심으로 한 기존의 정치 세력, 무슬림 형제단을 중심으로 한 실질적 야권인 이슬람 세력, 그리고 청년 운동을 포함하는 세속주의 야권 세력이 주요 행위자가 될 것으로 보인다. 이중 현 집권 군부 세력과 세속주의 야권인 청년 운동과 민족주의 세력을 먼저 다루어보겠다.

1) 집권 정치 세력 군부

무바라크의 하야 이후 권력을 이양 받은 세력은 이집트군 최고위원회였다. 무바라크 정권 종식이 일차 목표였던 반정부 시위대는 일단 군의 권력 장악을 수용하였다. 또한 이집트군은 1952년 혁명 이후 영국 식민 세력을 축출하였다는 점에서 국민들로부터 그간의 권력 장악에도 불구하고 나름대로의 신뢰를 받고 있다. 더불어 시위과정에서 경찰과는 달리 중립적인 입장을 취하였다는 점에서도 시민들은 군부의 중재적 역할에 반기를 들지 않았다. 여기에 군부와의 우호적인 관계를 유지하려는 미국 등 서방도 이런 변화에 크게 반대하지 않았다.

포스트 무바라크 시대를 주도하면서 군 최고위원회는 정치와 사회의 안정, 경제의 회복, 구정권의 청산, 부패 척결 등을 선언하였다. 특히 2월 13일에 발표된 다섯 번째 성명은 이집트의 미래에 대해 군 최고위원회의 포괄적 입장을 담았다. 의회 해산, 비상사태 해제, 헌법의 효력 중지와 새 헌법을 위한 개헌위원회 구성, 대통령 선거와 총선 실시 방안과 일정 등에 대한 명확한 입장을 표명하였다. 더불어 군 최고위원회가 주도하는 과도정권이 6개월 시한이라는 점도 못 박았다.

하지만 6개월이라는 시한이 지났음에도 불구하고 군 최고위원회가 언급했던 정치 일정이 제대로 진행되지 않고 있는 상황이다. 30여 년 동안 쌓여왔던 불만이 동시에 분출되고 다양한 정치 세력이 등장해 향후 정치 일정은 물론 국가체제에 대한 합의가 도출되지 않으면서 군부의 입장도 상당히 어려워지고 있다. 안정적인 민간정부를 수립하고 권력을 이양하겠다고 약속하였지만 당장 곳곳에서 분출되는 사회 불안과 범죄 증가에 대응하기도 힘겨운 상황이다.

군부 내부에서의 갈등도 등장하고 있다. 군 내부에서는 군 출신 민간인에게 권력을 이양하여야 한다는 목소리가 나오고 있다. 야권 출신의 민간정부가 권력을 이양받을 경우 그동안 자신들이 누려왔던 기득권이 일거에 사라질 수 있다는 관료집단의 집단적 이기심이 팽배하고 있다. 위원장을 맡고 있는 국방부장관 무함마드 후세인 탄타위(Mohamed Hussein Tantawi)는 20여 년간 무바라크 정권에서 국방을 담당한 구정권의 핵심인사였다. 부위원장인 사미 하피즈 아난(Sami Hafez Anan)도 무바라크 전 대통령과 같은 공군 출신 인사다. 여기에 군 최고위원회에 속하고 있지는 않지만 무바라크의 최측근 우마르 술레이만(Omar Suleiman) 전 정보부장도 막후에서 계속 영향력을 행사하고 있는 상황이다.

이들 모두 과거 정권 출신이지만 현재의 권력을 장악하고 있어 향후 새 정권에서의 지위를 유지하기 위한 권력 투쟁에 몰입하고 있어 이들 중 누가 최후의 승자가 될 것인가의 여부도 이집트 정국의 중요한 변수가 될 것으로 보인다. 그럼에도 불구하고 뉴욕의 국제평화연구소는 2011년 3월 행한 설문조사 결과에 의거하여 "이집트 군부가 아직도 상당한 인기를 누리고 있다."고 지적하였다.[28]

2) 새로운 파워, 세속주의 야권 세력

시민 혁명을 전후로 이집트에는 상당히 다양한 세속주의 세력들이 새로운 정치집단으로 등장하고 있다. 이집트에서 반정부 대중적 시민 운동의 시작은 키파야 운동이다. 2004년 9월 무바라크의 재선을 반대하기 위해 느슨하게 결성된 범시민 세력으로서 2004년 12월 대규모 반정부 시위를 주도하였다. 키파야 운동에는 무슬림 형제단 계열의 이슬람주의자, 세속주의자, 공산주의자, 민족주의자 등 다양한 이념을 가진 인사들이 참여하였다. 이로 인한 내부 통합과 단결이 극히 약하여 정당이나 단체로 발전하지 못하였다. 하지만 키파야 운동에 참여한 많은 청장년층이 시민 혁명에서 적극적인 반정부 운동을 주도하였으며 새로운 정치 세력들의 근간이 되었다.

시민 혁명 이후 본격적으로 모습을 드러낸 세속주의 야권 세력은 크게 네 그룹으로 나눌 수 있다. 첫째, 시민 혁명을 현장에서 주도한 4·6 청년 운동(the April 6 Youth Movement)이다. 2008년 4월 6일부터 SNS를 통해 산업도시 알-마할라 알-쿠브라(al-Mahalla al-Kubra)에서 파업을 계획하면서 반정부 투쟁을 시작하였다. 초창기 강력한 탄압을 받았음에도 1년 이상 파업을 이끌면서 조직적인 청년단체로 부상하였다. 이 단체 소속 블로거들과 시민기자들은 페이스북, 트위터, 블로그 등 다양한 뉴미디어 수단을 이용하여 파업의 진행상황, 경찰의 움직임, 법적 대응 등에 관한 정보를 주고받으면서 결속력을 다졌다. 정치적이지 않은 그러나 교육받은 청년층이 단체를 주도

28) http://www.ipacademy.org/images/pdfs/egypt-poll-keyfindings.pdf.

하면서 언론의 자유, 정실주의 타파, 경제 개혁 등을 주창하였다.[29] 4·6 운동의 창립자 아흐마드 마히르(Ahmed Maher)와 여성 지도자 아스마 마흐푸즈(Asmaa Mahfouz)는 타흐리르 광장에서의 시위 참여 촉구를 주도한 인물로 알려지고 있다. 이집트 당국은 창립자 마히르를 2008년 5월에 체포하고 7월에는 그와 동료 14명을 다시 체포하는 등 초기 진압을 시도하였으나 뉴미디어를 통한 4·6 운동의 영향력은 더욱 확대되어 갔다. 시민 혁명이 절정에 다다를 무렵 4·6 운동은 거의 매일 100만 명 이상의 시민을 시위장소를 집결시키는 역할을 수행한 것으로 평가되고 있다.[30]

두 번째 그룹은 '변화를 위한 국민연합(National Assembly for Change)'이다. 무함마드 알-바라다이(Mohamed El Baradei) 전 국제원자력기구(IAEA) 사무총장이 주도하는 이 단체는 향후 이집트의 새로운 미래를 위해 세속주의적 자유민주주의를 추구하고 있다.[31] 변화를 위한 국민연합은 알-바라다이의 귀국을 기점으로 만들어진 조직으로, 민주주의 실현, 헌법 개정, 독재 타도를 주창하여 왔다. 알-바라다이는 IAEA에서 2010년 2월 귀국 후에도 온건한 노선을 보여 왔다. 무바라크에 대한 비판적 입장은 유지해 왔으나 직접적으로 집권당과 대립각을 곤두세우지는 않는 등 그는 여야 인사들과도 비교적 무던한 관계를 보여 왔다. 따라서 무바라크 퇴진 후 여러 야권 단체들이 알-바라다이 대표 옹립에 합의한 데에는 그가 국내외적으로 모두 크게 위협적이지 않은 인물이라는 점이 크게 작용했다.

시민 혁명이 발발한 지 이틀 후인 1월 27일, 급거 귀국한 알-바라다이는

---

29) Esam Al-Amin, "From Counter-Attack to Departure Day," *Counterpunch* (Feb. 4 2011).
30) David Wolman, "The techie dissidents who showed Egyptians how to organize on-line," *The Atlantic* (13 Feb. 2011). http://www.theatlantic.com/technology/archive/2011/02/the-techie-dissidents-who-showed-egyptians-how-to-organize-online/70734/.
31) Gamal Essam El-Din, "Rifts hit El-Baradei's NAC," *Al-Ahram Weekly* (Jun. 3-9 2010).

과도정부를 자신이 이끌 것이라고 천명하여 이집트 정국의 주도권을 잡아 나갔다. 이후 그는 연일 타흐리르 광장을 찾아 시위대 앞에서 반무바라크 연설을 행하여 적지 않은 야권 세력으로부터 지지를 얻기 시작하였다. 우마르 술라이만(Omar Suleiman)을 부통령으로 임명하여 정국을 수습하려던 무바라크의 시도에 대해서도 그는 "권력에 남아 있으려는 무바라크 정권의 부질없는 그리고 절망적인 시도일 뿐"이라고 비난하였다.[32] 시민 혁명이 성공한 지 약 한 달 후인 3월 10일 알-바라다이는 온(On) TV를 통하여 향후 대통령 선거에 출마할 것임을 공식적으로 밝혔다.

세 번째 그룹은 가장 늦게 반무바라크 시위에 참여한 아므루 무사(Amr Moussa)와 그를 지지하는 세력이다. 무사는 무바라크 정권 하에서 10년 간 외무장관을 지냈으나 그의 정치적 영향력 확대 경계한 무바라크에 의해 권력의 실세에서 배제된 인물이다. 1991년부터 외무장관직을 맡아온 무사가 2001년 아랍연맹 사무총장을 맡아 내정과 거리를 둔 것도 이러한 이유 중 하나라고 평가된다. 따라서 무바라크 정권의 피해자라는 인식이 국민들 사이에 널리 퍼져 있다. 그는 미국과 이스라엘에 비판적인 노선을 취해 대중적 인기를 끌어왔으며 이로 인해 무바라크의 분노를 사기도 하였다.

2월 1일 무바라크 대통령이 차기 대선에 출마하지 않겠다고 선언하자 무사는 CNN과의 인터뷰에서 "대통령 후보로 나설 것을 신중하게 고려하고 있다."고 밝혔다.[33] 무사는 국정 운영의 경험이나 국민의 인기에 있어 차기 대통령으로서 가장 적합한 인물로 평가받고 있다. 반정부 시위가 진행되던 기간 중 조사된 '누가 이집트의 차기 대통령이 되어야 한다고 생각합

32) Kevin Connolly, "Egypt protesters step up pressure on Hosni Mubarak," *BBC News* (31 Jan. 2011). http://www.bbc.co.uk/news/world-middle-east-12320959.

33) Mattew Weaver, "Egypt protests," *Guardian* (Feb. 1 2011). http://www.guardian.co.uk/news/blog/2011/feb/01/egypt-protests-live-updates.

니까?'라는 전화 인터뷰 여론 조사에서 무사는 26%의 지지를 얻어 선두를 달렸다.[34] 알-자지라 방송의 세이무어 허쉬(Seymour Hersh)도 그의 프로그램 엠파이어(Empire)에서 "무바라크 대통령이 사퇴할 경우 미국은 무사를 '플랜 비(Plan B)'로 고려하고 있다."고 보도했다.[35] 즉 무바라크를 대체할 차기 지도자로 미국이 그를 거론하고 있다는 설명이었다. 무사는 무바라크 사임 다음날인 2월 12일 이집트 청년단체들과 회동을 갖고 향후 대선에 대해 논의를 하였고 후보로 나설 것을 수용하였다고 이집트 일간 알-와프드는 보도하였다.[36] 실제로 대선 행보를 위해 무사는 6월 1일 아랍연맹 사무총장직에서 사임하였다.

네 번째 그룹은 아이만 누르(Ayman Nour)와 그의 지지 세력이다. 아이만 누르는 유명 정치인들 중 무바라크 정권에 의해 가장 극심한 탄압을 받은 정치인이라 할 수 있다. 그는 만수라 대학교 법대를 졸업하고 1984년 이집트 최고 야당인 알-와프드(Al-Wafd)당 기관지에 들어가 17년간 언론인으로 활동하였다. 와프드당에서 사무총장과 청년위원장을 지냈지만, 알-와프드 당수와의 불화 끝에 탈당하여 2004년 알-가드(al-Gad, 내일 혹은 미래)당을 창설하였다. 이집트 당국은 이례적으로 알-가드당을 승인해 18번째로 제도권 정당에 합류시켰고 그 결과 누르는 1년도 지나지 않아 거물급 야당 인사로 성장하였다. 그러나 2005년 대선 출마 후 알-가드당 창당 당시 위조 서류를 제출했다는 혐의로 체포되었다.[37] 누르에 대한 기소는 무바라크의 민주주의 탄압 사례 중에 가장 큰 사건으로 분류된다. 아이만 누르 사건에 배

34) *Al-Ahram* (Feb. 8 2011).

35) Seymour Hersh, "Empire," *Al-Jazeera* (Feb. 8 2011). http://www.youtube.com/watch-?v=gDp8TnY3IsA.

36) *Al-Wafd* (Feb. 13 2011). http://www.alwafd.org/index.php?option=com_content&view=article&id=15975.

37) *Al-Ahram* (Sep. 10 2005).

정된 판사는 무바라크의 수족 노릇을 하는 인사였으며 그에게 5년형을 선고하였다.[38] 누르는 건강상의 문제로 2009년 2월 18일 석방되었다. 무바라크 정권의 붕괴 이후 누르는 대통령 선거에 출마할 것을 선언하였다.[39]

2. 실질적 야권, 이슬람 세력

무바라크 정권 붕괴 이후 이집트 정치에서 캐스팅보드를 쥐고 있는 세력은 단연 무슬림 형제단을 중심으로 하는 이슬람 세력이다. 1928년에 결성된 무슬림 형제단은 샤리아에 근거한 이슬람 국가 수립을 목표로 사회의 이슬람화를 추진하고 있는 온건 이슬람 사회 운동이다. 그 세력이 확대되자 나세르 대통령은 1954년 정부 전복 혐의로 무슬림 형제단의 활동을 금지시켰다. 이 같은 조치는 무바라크 정권까지 이어졌다.

청년 교사 하산 알-반나(Hassan al-Banna)가 창설한 무슬림 형제단은 초기 민족주의적 성격을 띠고 있었다. 제1차 세계대전 이후 이집트는 1922년 영국으로부터 외형적 독립을 쟁취했으나, 수에즈 운하 운영권, 국가 방위 등은 영국의 손에 여전히 남아 있었다. 이집트의 국왕은 실질적으로 영국의 하수인에 불과했다. 이런 상황에서 영국과 결탁한 세력의 독재와 부패는 만연했다. 국민들은 이들에 대항할 새로운 야당 세력을 갈구했다. 무슬림 형제단이 당시 많은 영국군이 주둔하던 도시 이스마일리야(Islmailiyya)에서 출범한 것도 이런 배경과 맞물린다.

무슬림 형제단은 초기 토론과 자선을 행하던 소규모 집단이었다. 하지만 1930년대 중반에는 카이로에 본부를 만들고 1940년대에는 전국에 500

38) *Al-Akhbar* (May. 10 2006).

39) "Ruling Egypt After Mubarak: Presidential Contenders Emerge," *Time* (12 Feb. 2011). http://www.time.com/time/world/article/0,8599,2048789,00.html,2]

여 개의 지부를 둔 이집트 최대 사회 운동으로 성장했다. 외세의 지배와 고통스런 삶에 방황하는 이집트 대중에 간단하면서도 강력한 메시지를 전달한 것이 성공의 비결이라고 할 수 있다. 즉 알-반나는 망가진 국가의 자존심과 힘을 다시 일으켜 세우는 것은 이슬람으로 돌아가는 것과 이슬람 법 샤리아의 실행이라고 주장했다.

사회 운동으로 시작된 무슬림 형제단은 농민과 저소득층을 주요 지지 세력으로 확보하면서 점차 정치성을 띠기 시작했다. 이런 정치적 성향은 알-반나의 설교와 글에서 점차 정립되고 있었고, 1945년에는 조직의 목표와 행동양식이 담긴 정관이 마련되었다. 정관에 따르면 무슬림 형제단은 꾸란을 근거로 한 평등하고 부유한 그리고 자유로운 이슬람 사회를 건설하는 것을 목적으로 한다. 또 이 목표를 달성하기 위해 제시된 네 가지 행동양식은 첫째, 설교, 팸플릿, 신문, 잡지, 서적 등을 통해 무슬림 형제단의 견해를 알리는 전도(*al-dawu'a*); 둘째, 추종자와 대중을 위한 교육(*al-tarbiyya*); 셋째, 샤리아의 원칙의 의무화(*al-tawjib*); 그리고 넷째, 이슬람 사원, 학교, 병원 등을 통한 봉사(*al-amal*)다.

무슬림 형제단은 빠르게 성장했다. 지나친 과격주의가 아니라 사회를 우선 개혁하는 점진적인 이슬람화를 추구하면서 1940년대 중반에는 50만에 달하는 단원을 확보한 정치 세력으로 부상했다. 이에 위협을 느낀 정부의 탄압에 맞서 무슬림 형제단은 비밀무장단체(*al-jihaz al-sirri*)도 조직했다. 1948년 이스라엘의 독립 선포 이후 벌어진 제1차 중동전쟁에는 이집트 정규군과 함께 전투에도 참여했다. 결국 이런 군사적 활동과 이슬람 국가 건설이라는 정치적 목표는 당시 파루크(Farouk I) 국왕과 영국을 자극할 수밖에 없었다. 정부는 무슬림 형제단의 해체를 발표했고 직후 알-반나는 암살

당했다.[40]

불법단체이지만 무슬림 형제단은 그 사회 운동을 이어가면서 조직원들의 기부로 다양한 사회활동을 펼쳐왔다. 기부자들 중 상당수는 사우디아라비아 등 걸프 지역에서 일하고 있는 근로자 혹은 사업가들이었다. 식자율을 높이기 위한 무료교육 제공, 저소득층을 위한 병원과 고아원 및 탁아소 운영, 재해 지역에 대한 긴급 구호활동 등을 펼치면서 사회 저변의 지지를 지속적으로 이끌어냈다.[41]

정치적으로도 무슬림 형제단은 무소속 혹은 다른 정당(들)과 연합하여 꾸준히 총선에 참여하여 왔다. 2005년 총선에서는 무소속으로 출마하여 전체 득표율의 약 20%, 의회의 88석을 차지하여 이집트의 실질적 최대 야권임을 입증하였다. 2010년 총선에서 무슬림 형제단은 대부분의 의석을 상실하였으나 당시 아들 가말에 대한 권력 승계를 목표로 하는 집권당과 정부가 심각한 선거 부정과 조작을 펼친 것으로 알려졌다. 따라서 시민 혁명 세력이 무바라크 정권에 요구하였던 사안 중 하나가 2010년 총선 무효화와 재선거였다.

시민 혁명 기간 초기 무슬림 형제단은 정부와의 협상을 일체 거부하였었다. 그러나 2월 6일 무슬림 형제단 대변인이 당시 부통령이던 우마르 술라이만과의 협상에 응하였다. 이후 특히 무바라크 정권 퇴진 이후에는 정부는 물론 다른 세속적 야권 세력과도 적극적인 대화에 나서고 있다. 이는 이슬람 국가 수립 목표에 대한 국내외 우려를 불식시키기 위한 조치였다고

40) Ladan Boroumand and Roya Boroumand, "Terror, Islam, and Democracy," in John Davenport, ed. *Democracy in the Middle East* (New York: Chelsea House, 2007), 190-208.

41) Barry Rubin, *Islamic Fundamentalism in Egyptian Politics* (London: Macmillan, 1990), 28-33.

할 수 있다. 무슬림 형제단은 혁명 기간과 이후 민주주의를 표방하면서도 지나친 입장 표명 및 단원 동원을 자제하였다. 더불어 무슬림 형제단은 차기 대통령 선거에 후보자를 내지 않을 것이며, 의회선거에서 과반수 의석을 확보하는 노력도 하지 않을 것이라고 선언한 바 있다.[42]

무슬림 형제단은 이집트 민주화 봄의 진행과정에서 전면에 나서지 않았고, 민주화 혁명에 전면에 나서서 직접 가담하지 않았다.[43] 따라서 향후 정치 일정이나 적절한 인물 추천에 관한 논의에서 한걸음 뒤로 물러나 있다. 이는 적어도 무슬림 형제단이 현재 진행되고 있는 이집트 민주화 논의가 불안전하고 향후 정치 일정이 불확실하다는 견해를 가지고 있기 때문이다. 아울러 무슬림 형제단은 이집트에서 가장 강력하고 조직화된 집단임에도 불구하고 민주화 운동의 주도 세력인 SNS 세대와 다른 야권 세력들의 세속주의적 성향에 대해서도 조심스런 입장을 취하고 있다.

그러나 큰 틀에서는 정치 전면에 나서고 있다. 2011년 혁명 직후 무슬림 형제단은 합법화되었다. 이후 4월 30일 자유정의당(Freedom and Justice Party)을 창당하였다. BBC 방송은 무슬림 형제단이 이 정당의 활동을 기반으로 향후 총선에서 절반 정도의 의석을 차지할 수도 있을 것이라고 전망하였다.[44] 정당의 지도자로 선출된 무함마드 무르시(Muhammad Mursy) 당수는 "여성이나 콥틱 기독교인이 이집트의 대통령이 되는 것을 거부한다."고 밝히고 있다. 그러나 그는 "내각이나 당의 요직에 타 종교인이나 여성이 참여하는 것을 반대하지는 않고 있다."며 "자유정의당은 무슬림과 기독교 간

---

42) "An Interview with the MB's Mohamed Morsy," *Arabist* (May. 18 2011). http://www.arabist.net/blog/2011/5/18/an-interview-with-the-mbs-mohamed-morsy.html.

43) Michael Hudson, "Egypt on the Brink: The Arab World at a Tipping Point," *Middle East Insights 1* (Jan.- Mar. 2011), 5.

44) "Egypt: Muslim Brotherhood sets up new party," *BBC* (Apr. 30 2011). http://www.bbc.co.uk/news/world-middle-east-13249434.

그리고 남성과 여성 간의 차별을 반대한다."고 언급하였다. 무르시 당수는 또 "라피크 하비브(Rafiq Habib) 등 콥틱 기독교 지도자들도 당원으로 등록하였다."며 "기독교인이 당의 부총재로 선출될 가능성이 있다."고 지적하였다.[45] 이처럼 무슬림 형제단은 혁명 이후 새로운 이집트에서 어떠한 정체성을 가져야 하는지에 대한 집중적인 논의를 진행하고 있다.

가장 중요한 것은 종교와 국가 간의 관계를 어떻게 설정하는가이다. 무슬림 형제단의 기본적인 이념은 꾸란과 하디스를 근간으로 하는 샤리아(이슬람 법)에 기초한 국가다. 무슬림 형제단 지도부는 여기에 서방과의 새로운 관계 정립, 여성 권리 인정의 범위 등 정치적 및 사회적 사안들에 대해서도 시대에 걸맞은 절충안을 마련하기 위해 노력하고 있다.

우선 서방과의 관계에 있어서 무슬림 형제단은 자주적인 국가 건설을 주창하고 있다. 외세의 개입 없이 민주화 혁명을 성공시킨 것과 같이 이집트인들은 이제 스스로 향후 정치 일정을 만들어 갈 수 있다고 굳게 믿고 있다. 미국, 영국, 프랑스 등 서방 강대국의 개입을 거부하는 동시에 캠프데이비드 협정 등 이스라엘과의 외교관계도 재고하여야 한다고 강조하고 있다. 무슬림 형제단의 최고지도자 무함마드 바디(Muhammad Badie)에 이은 2인자인 라샤드 무함마드 알-바유미(Rashad Muhammad al-Bayumi) 부의장은 연합뉴스와의 인터뷰에서 "이집트와 이스라엘 간 평화협정은 국민의 동의 없이 체결된 것"이라며 "국민의 의견을 다시 물어보고 판단해야 할 문제"라고 언급하면서 이스라엘과의 평화협정에 대한 재검토가 이뤄져야 한다는 뜻을 내비쳤다.[46] 그러나 무슬림 형제단 내 온건파들은 미국과 이스라엘 등 서방세계의 우려와 걱정을 불식시키기 위해 무슬림 형제단의 종교적 기

45) "Freedom and Justice Party Open to Copt as Deputy," *Ikhwanweb* (May. 11 2011). http://www.ikhwanweb.com/article.php?id=28554.
46) "인터뷰 이집트 무슬림 형제단 알-바유미 부의장," 연합뉴스 (2/9/2011).

본 노선과는 별도로 정치적으로 이스라엘과의 평화조약을 존중하고 평화의 지속적인 유지에 동의하고 있다는 의사를 표명하고 있다.

무슬림 형제단이 정치활동을 본격화하면서 이에 대한 경계의 목소리도 일고 있다. 특히 서방 국가는 무바라크 퇴진 이후 등장할 수도 있는 이슬람주의를 표방하는 무슬림 형제단 중심의 이슬람 정권 등장에 대해 두려움을 가지고 있다. 미국 등 서방은 앞으로도 이슬람 원리주의에 대한 뿌리 깊은 불신 때문에 이집트의 정치가 친이슬람 성향으로 움직이는 것에 대한 경계심을 늦추지 않을 것으로 보인다. 그럼에도 불구하고 무슬림 형제단이 정당을 구성하고 영향력을 공고히 하기 시작하자 미국은 2011년 6월 29일 무슬림 형제단과 공식적 접촉을 재개할 것이라고 발표하였다. 바로 다음날 무슬림 형제단 지도부도 미국의 이 같은 움직임을 환영한다고 답하였다.[47]

3. 새로운 정치환경과 무슬림 형제단

현재 이집트의 정치적 상황은 상당히 복잡하게 전개되고 있으며 이에 따라 미래를 정확히 예측하기는 어렵다. 정권의 공백을 잠정적으로 채운 군부는 야권과 다양한 협상을 통해 이집트의 새로운 미래를 모색하고 있다. 하지만 야권은 상당히 분열되어 있는 상태다. 다양한 집단들이 다양한 목소리를 내면서 각각의 정치 일정을 주장하고 있다. 혼란이 장기화할 수 있다는 우려도 나타나고 있다. 따라서 이집트 국민은 민주화 혁명 이후 대중의 목소리를 대변하고 스스로를 조직화할 수 있는 활동적인 집단을 요구하고 있다.

---

47) "Egypt's Muslim Brotherhood welcomes idea of U.S," *Haaretz* (Jun. 30 2011). http://www.haaretz.com/news/international/egypt-s-muslim-brotherhood-welcomes-idea-of-u-s-contacts-1.370446.

〈표 2〉 국제평화연구소의 이집트 차기 대통령 선호도 조사

후 보 성 명	지지율
아므루 무사(Amr Moussa) 전 아랍연맹 사무총장	37%
무함마드 탄타위(Muhammad Tantawil) 군 최고위원회 의장	16%
아흐마드 주와일(Ahmed Zewail)	12%
이삼 샤라프(Essam Sharaf)	7%
우마르 술라이만(Omar Suleiman)	5%
와일 구님(Wael Ghoneim)	2%
무함마드 알-바라다이(Mohamed El Baradei)	2%
아이만 누르(Ayman Nour)	1%
기타	0%
투표하지 않을 것임	0%
설문 거부	5%
모르겠다	14%

자료 : International Peace Institute

이를 위해 야권 세력들은 핵심인물을 중심으로 다양한 방안들을 모색하고 있다. 거론되고 있는 대표주자들은 무사 아랍연맹 전 사무총장, 알-바라다이 국제원자력기구 전 사무총장, 이삼 샤라프(Essam Sharaf) 총리, 우마르 술라이만 전 정보부장, 아흐마드 주와일 미국 캘리포니아 공대 교수, 누르 가드당 대표, 와일 구님 구글(Google) 직원 등이다. 현재 이집트인들이 차기 대통령 후보로 가장 선호하고 있는 인물은 전 아랍연맹 사무총장 아므루 무사인 것으로 나타나고 있다. 이집트인들을 대상으로 한 여러 설문조사에서 가장 높은 지지를 얻고 있다.

〈표2〉는 뉴욕의 국제평화연구소(International Peace Institute)가 2011년 3월에 시행한 이집트 여론조사 결과 중 차기 대통령 호감도 조사의 결과다.[48]

48) 국제평화연구소는 2011년 3월 9일에서 20일까지 615명의 이집트 성인들과 전화인터뷰를 행하였다. 오차범위는 +/-4%라고 연구소는 밝혔다. http://www.ipacademy.org/images/pdfs/egypt-poll-results-april2011.pdf.

질문은 "오늘 대통령 선거가 열릴 경우 누구에게 표를 던지겠는가?"였다.

하지만 2011년 10월 기준 대통령 선거 일정이 확정되지 않은 상황에서 대통령 후보군들 사이의 갈등과 반목이 불거지고 지속적으로 야권의 분열 상황이 이어진다면, 군부와 무슬림 형제단의 역할이 증대될 가능성이 있다. 이런 상황이 발생한다면 무슬림 형제단은 차기 이집트 의회 및 대통령 선거에서 주도권을 장악할 가능성이 있다. 무슬림 형제단은 현재 가장 많은 수의 지지자를 동원할 수 있는 네트워크를 구축한 최대 정치조직이기 때문이다. 이러한 잠재력과 가능성을 잘 알고 있는 다른 야권 세력, 특히 세속주의 세력이 무슬림 형제단을 견제하고 있는 상황이다.

반면 필자가 7월 이집트 방문 시 행한 설문조사에 따르면 300명의 응답자 중 54%가 군부를 그리고 38%가 이슬람 세력을 '민주화의 걸림돌'이라고 언급했다. 현실적으로는 가장 집권 가능성이 큰 정치 세력에 대해 시민들은 가장 반대하고 있는 현상이 나타나고 있는 것이다. 이는 이집트의 향후 민주화 작업이 쉽지 않다는 것을 명확히 반증한다. 이집트 정치 일정에서 지금까지 명확하게 입장을 밝히지 않았던 무언의 대다수, 특히 세속주의 야권 세력도 이제 더 이상 침묵하지 않고 구정권 세력뿐만 아니라 이슬람 세력에게도 적극적으로 반대 의사를 표명하고 있다. 조직도 약하고 네트워크도 확고히 구축되지 않았지만 다수의 세속주의 야권 세력은 무바라크 정권에 저항하였던 것처럼 이슬람 세력에게도 강력히 도전할 가능성이 있다. 따라서 무슬림 형제단 내부에서도 이들 세속주의 야권 세력을 포함한 서방과의 관계를 정립하는 데 있어서 급진파와 온건파 사이에 내부 갈등이 이어지고 있다. 무슬림 형제단 내 개혁주의자들은 보수주의자들과는 달리 서구와 동맹관계를 맺고 경제적으로 전략적 관계를 유지하여야 한다고 주장하고 있다.[49] 이를 위해 개혁주의자들은 이스라엘과의 평화협정도 유지하면서 서방과 협력적인 관계를 구축하고 있는 터키의 모델이 최적이라고 지적하고 있다.[50] 이와 더불어 정치의 다원화, 시민 사회의 활성화, 여성의 사회 참여 확대 등이 이집트의 자유와 민주주의에 기여할 것이라고 설명하고 있다.[51]

그러나 이와 같은 내부의 분열현상에도 불구하고 이미 무슬림 형제단은 여러 여론 조사에서 의회에서 가장 많은 의석수를 차지할 수 있는 정치사회조직으로 평가받고 있다. 2011년 9월 26일 알-아라비야 방송의 분석에 따르면 현 상황에서 총선을 실시할 경우 무슬림 형제단이 전체 의석의 약 40%를 차지할 것으로 예상된다.[52] 덴마크 정당 및 민주주의 연구소(DIPD : Danish Institute for Parties and Democracy)와 이집트의 알-아흐람 정치전략연구소(ACPSS : Al-Ahram Centre for Political and Strategic Studies)가 2011년 8월에 공동으로 실시한 여론조사에서도 무슬림 형제단이 가장 많은 지지를 얻었다(〈표 3〉 참고).[53]

---

49) Leila Fadel, "Egypt's Muslim Brotherhood Could Be Unraveling," *Washington Post* (Jul. 7 2011). http://www.washingtonpost.com/world/egypts-muslim-brotherhood-could-be-unraveling/2011/07/06/gIQAdMZp1H_story.html.

50) Haroon Moghul, "Turkey and Egypt: Islam's Future?," *Religion Dispatches* (Jul. 13 2011).

51) 무슬림 형제단 내 이런 개혁주의자들이 적지 않게 존재한다는 이유에서 전직 CIA 요원이자 현재 브루킹스연구소(Brookings Institution)의 사반(Saban) 센터 선임연구원인 브루스 리델(Bruce Riedel)은 "무슬림 형제단의 영향력이 향후 이집트의 미래에 큰 문제나 걱정거리가 되지는 않을 것"이라고 전망하였다. Steven Emerson, "Egypt's Future and the Chameleon Muslim Brotherhood," *IPT News* (Jan. 31 2011).

52) Al-Arabiyya (Sep. 26 2011) 시청.

53) 알-아흐람 정치전략연구소가 21개 이집트 전역 행정구역에 거주하는 18세 이상 이집트 성인들을 대상으로 실시한 설문조사이다. http://dipd.dk/wp-content/uploads/2011/08/Egypt-Survey-1-August-2011.pdf.

〈표 3〉 DIPD/ACPSS 정당 선호도 조사

정당	지지율
자유정의당(무슬림 형제단)	31.5%
혁명청년연합(Revolutionary Youth Coalition)	17.2%
와프드당(Wafd)	14.8%
자유 이집트인들(Free Egyptians)	7.5%
알-누르(Al-Nour)[54]	6.0%
이집트사회민주당(Egyptian Social Democratic Party)	5.2%
나세르주의당(Nasserites)	3.7%
정의당(The Adl PArty)	2.6%
타감무으(Tagammu)	2.2%
카라마당(Karama, Digmity)	1.9%
이집트자유당(Egypt Freedom Party)	1.6%
와사트(Wasat)	1.6%
국민전선(National Front)	1.4%
가드당(Gad Party)	1.4%
인민민주연합(Popular Democratic Alliance)	0.6%
국민민주당(National Democratic Party)	0.4%
알-움마당(Al-Umma Party)	0.1%
아흐라르당(Ahrar Party)	0.1%
아랍정의평등당(Arab Party for Justice and Equality)	0.1%
아나-마스리당(Ana-Masri Party)	0.1%
결정하지 않음	57.1%
투표 의사 없음	17.7%

자료 : DIPD/ACPSS

이처럼 유리한 고지를 점령하고 있는 무슬림 형제단은 향후 상당히 신중하면서도 외교적인 입장을 견지하면서 상황을 주시할 것으로 보인다. 여러 무슬림 형제단 지도부들은 현재까지의 여러 인터뷰들에서도 '애매모호

54) 누르당은 혁명 직후 등장한 이슬람주의 보수파 정당이다. 종교와 관련 없이 모든 이집트인들의 권리를 존중한다고 약속하고 있지만 이는 이슬람 종교의 틀에서 이루어질 것이라고 주창하고 있다. 지도자는 이마드 알-딘 압둘가푸르(Emad Eddine Abdel-Ghaffour)이다.

한(ambiguous)' 주장을 내놓고 있다.[55] 그럼에도 불구하고 무슬림 형제단의 향후 행동 및 정책방향을 다음과 같이 정리해 볼 수 있다.

첫째, 비폭력 온건주의다. 폭력 사용을 배경하여 이슬람 세력의 과거 이미지에서 탈피하는 동시에 중도주의를 표방하면서 극한 대립을 회피할 것이다. 과거 폭력적 이미지로 인한 정치적 탄압을 너무나 오래 경험한 무슬림 형제단은 또 다시 서방과 국내 세속주의 야권 세력으로부터 따돌림 당하는 상황을 피하고자 할 것이다. 따라서 세속적 민주주의를 전반적으로 포용하는 모습을 보일 것이다. 무슬림 형제단의 자유정의당이 모든 계층, 모든 종교, 모든 분파를 당원으로 받아들이겠다고 선언한 것도 이 때문이다. 자유정의당의 정관은 대통령의 권한을 축소한 의회제도와 개인의 자유를 보장한다고 언급하고 있다.[56] 더불어 군 최고위원회와 대화 채널을 유지하고 있는 것도 군부와의 갈등을 피하고 더 이상 정치의 희생양으로 전락하지 않겠다는 의지의 표현이었다.

둘째, 서민을 위한 포퓰리즘(populism)을 추구하여 나갈 것이다. 무슬림 형제단은 혁명과정에서 시위를 주도한 세력이 실업자를 포함한 저소득층과 일반 서민계층이었다는 점을 너무나 확실히 인식하고 있다. 이를 위해 실업문제 해소, 식료품 가격 안정, 삶의 질 향상, 무상 교육, 정부보조금 확대 등의 정책을 제시할 것이다. 이미 과거 수십 년 동안 각종 봉사 및 구호단체를 운영하여 온 경험을 적극적으로 살릴 것이다. 특히 향후 다양한 정파들이 이해다툼을 벌이고 정치적 혼란이 고조될 경우, 무슬림 형제단의 구

55) 텔레비전 토크쇼에 등장하는 무슬림 형제단 지도자들은 "술을 금지할 것인가?"라는 질문에 대해 "아직 그럴 시점이 아니다."라며 "만약 그런 날이 오더라도 국민의 투표에 의해 정해질 사안"이라며 애매한 답변을 내놓고 있다. Lee Keath, "Muslim Brotherhood Key to Egypt's Future," *AP* (Jun. 25 2011).

56) Lee, "Muslim Bortherhood Key to Egypt's Future."

호 및 민생 지원활동은 큰 호응을 얻을 것으로 보인다.

마지막으로 이슬람 국가 건설의 이념을 포기하지는 않을 것이다. 현재 무슬림 형제단은 새로운 헌법에 이슬람 국가 수립을 명시하되 정치와 종교를 분리한다는 정교 분리 이념을 추가하는 방안을 제시하고 있다.[57] 국내의 세속주의 야권과 서방 국가들이 제기하고 있는 이집트의 지나친 이슬람화 우려를 불식하기 위한 절충안이라고 할 수 있다. 그러나 향후 이집트 정치에서 주도 세력으로 확고히 자리잡기 전까지는 중도적인 입장을 보이겠다는 계산된 전략일 가능성이 크다.

V. 결론 : 무슬림 형제단과 이집트의 미래

무바라크 정권이 붕괴하였지만 이집트의 정치 안정과 민주화 작업에는 걸림돌이 많다. 민주화 경험의 미미, 시민 사회의 경험 부족, 경제 회복의 여건 미비, 종파주의 등 여러 상황을 고려해 볼 때 시민 혁명 이후에도 상당한 시행착오와 혼란이 이어질 것으로 예상된다. 또한 혁명과정에서 민주화 이념보다는 독재 종식, 부패 청산, 기본권 향상, 삶의 질 향상 등 실질적인 개혁 요구가 주를 이뤘다는 점에서 민주주의 정착에는 시간이 걸릴 것으로 보인다.

이를 반증하듯 2011년 3월 발표된 정치 일정이 늦어지고 있다. 9월 총선은 2011년 말, 11월 대선도 2012년 초로 미뤄지고 있는 상황이다. 이마저도

57) 아라비스트와의 인터뷰에서 자유정의당 당수 무함마드 무르시는 "이슬람 국가는 그 정의에 있어서 현대국가(modern state)이며 민간국가(civic state)"라며 "의회, 사업부, 행정부에 대한 삼권분립은 이슬람에서 인정하는 기관이다."라고 강조했다. 더불어 그는 "알라가 아닌 국민이 권련의 근원이며 이것 또한 이슬람 정신에 어긋나는 것이 아니다."라고 설명하였다. "An Interview with the MB's Mohamed Morsy," Arabist (May. 18 2011)

실현이 어렵다는 분석이 지배적이다. 현재 타흐리르(Tahrir) 광장에서 지속적으로 시위를 벌이고 있는 야권단체들은 총선 이전에 제헌의회 구성을 위한 또 다른 선거가 필요하다고 주장하고 있다. 현재의 상황에서 총선을 실시할 경우 과거의 기득권 세력이나 이슬람 세력이 의회를 장악하여 포괄적 정치 개혁 자체가 어렵다는 주장이다.[58] 하지만 군부와 보수 세력은 3월에 발표된 정치 일정의 추진을 주장하면서 대립각을 세우고 있다.

결과적으로 이집트에서는 '신권위주의'의 등장 가능성이 상당히 크다고 할 수 있다. 정권이 붕괴했지만 명확한 대안 세력이 존재하지 않다는 것이다. 이집트의 경우 군부가 정권을 이양받았으나 최근 군부의 퇴진까지 요구하는 '2차 혁명'이 진행되고 있다. 때문에 질서 회복과 사회 안정이라는 명분으로 새로운 권위주의 체제가 들어설 분위기가 마련되고 있는 상황이다. 군부와 협력하는 세력이 새로운 정부를 구성하는 군부 지배 연합 체제의 등장 가능성이 크다.

더불어 새롭게 들어설 정부에게 가장 큰 과제인 경제회복은 비산유국의 경우 쉽지 않은 과제일 것으로 보여 국민의 불만을 빠르게 잠재우기 어려운 상황이다. 이집트 시민 혁명과 한국의 민주주의 경험에서 가장 큰 차이점이 여기서 나타난다. 한국의 경우 경제성장이라는 환경적 요소가 긍정적으로 작용했다고 볼 수 있다. 그러나 인구의 40% 이상이 하루에 2달러 미만의 돈으로 생활하고 있는 이집트에서 진정한 정치의식과 시민 사회가 등장하는 데는 상당한 시간이 걸릴 것으로 보인다.[59]

---

58) 예를 들어 케네디 스쿨(Kennedy School)의 행정학과 타리크 마수드(Tarek Masoud) 교수는 "이집트 총선을 연기하자고 주장하는 일부 정치인들의 바람은 이집트 내 가장 조직적인 정치 세력인 무슬림 형제단에 대한 두려움 때문"이라고 지적하였다. Zidong Liu, "Egypt Experts Examine Islam's Role," *The Harvard Crimson* (Mar. 31 2011).

59) "A Nile Insurgency and Uncertain Egyptian Future," *Spiegel Online* (Jan. 30 2011). http://www.spiegel.de/international/world/0,1518,742458-3,00.html

여기에 종파 간의 갈등과 이슬람 세력의 도전이 큰 과제다. 인구의 약 10%를 차지하고 있는 기독교인과 무슬림들의 충돌은 과거에도 있었지만, 최근 자유화의 바람을 타고 다시 고개를 들고 있다. 현재까지는 대다수 정치지도자들이 종교를 이념으로 하는 정당 설립을 불허한다는 데 이견을 보이지 않고 있다. 하지만 실질적 야권 세력인 무슬림 형제단의 경우 이미 정당을 설립하였다. 이에 대한 대응으로 일부 기독교 단체들도 정당 설립의 움직임을 보이고 있어 향후 이집트의 통합에 이와 같은 종파 간의 견제와 갈등이 큰 변수로 작용할 가능성이 크다.

이런 분위기 속에서 이집트의 실질적 야권이자 가장 강력한 정치 세력인 무슬림 형제단은 물론 이슬람 과격주의 단체들은 외부로부터의 선교 사업에 강하게 반발할 것으로 보인다. 물론 현재와 같은 혼란기에는 전략적으로 이에 대해 강력한 조치를 취하지 않을 것이지만, 향후 무슬림 형제단 등 이슬람 세력이 주도하는 새로운 정부가 등장할 경우 선교활동은 더욱 큰 어려움에 봉착할 것이다. 이슬람이 단순한 개인의 종교가 아니라 사회 시스템이라는 점에서 선교 자체가 이슬람 사회를 붕괴시키는 시도라고 보는 것이 이슬람주의자들의 주장이다. 따라서 향후 이집트는 물론 대 중동 선교는 보다 '간접적인' 전략으로 나아갈 필요가 있다. 직접 접촉에 의한 선교보다는 이집트의 기독교 단체와의 협력 강화 그리고 병원, 고아원, 교육 시설, 직업교육 등의 사회시설에서의 봉사활동과 지원을 확대할 시점이다.

[참고문헌]

서정민. 『인간의 땅, 중동』. 서울: 중앙북스, 2009.
이기형. 『인터넷 미디어: 담론들의 '공론장'인가 '논쟁의 게토'인가?』. 서울: 한국언론재단, 2004.

Al-Amin, Esam. "From Counter-Attack to Departure Day." *Counterpunch* (Feb. 4 2011).
Anderson, Lisa. "Demystifying the Arab Spring: Parsing the Differences between Tunisia, Egypt, and Libya." *Foreign Affairs 90* (May/Jun. 2011), 2-7.
Anis, Mona. "An Egyptian Bloody Sunday." Al-Ahram Online (Oct. 12 2011) http://english.ahram.org.eg/NewsContentP/4/23988/Opinion/An-Egyptian-Bloody-Sunday.aspx.
Assad, Ragui. "An Analysis of Compensation Programmes for Redundant Workers in Egyptian Public Enterprises." In Merich Celasun, ed. *State-Owned Enterprises in the Middle East and North Africa.* Cairo: The American University in Cairo Press, 2001, 149-188.
Boroumand, Ladan and Roya Boroumand. "Terror, Islam, and Democracy." In John Davenport, ed. Democracy in the Middle East. New York: Chelsea House, 2007, 190-208.
Connolly, Kevin. "Egypt protesters step up pressure on Hosni Mubarak." BBC News (Jan. 31 2011). http://www.bbc.co.uk/news/world-middle-east-12320959.
Emerson, Steven. "Egypt's Future and the Chameleon Muslim Brotherhood." IPT News (Jan. 31 2011).
Fadel, Leila. "Egypt's Muslim Brotherhood Could Be Unraveling." Washington Post 7 Jul. 2011.http://www.washingtonpost.com/world/egypts-muslim-brotherhood-could-be-unraveling/2011/07/06/gIQAdMZp1H_story.html.
Goldstone, Jack A. "Understanding the Revolutions of 2011: Weakness and Resilience in Middle Eastern Autocracies." *Foreign Affairs 90* (May/Jun. 2011), 8-16.
Gotowicki, Stephen H. "The Role of the Egyptian Military in Domestic Society." *Foreign Military Studies Office Publications.* http://fmso.leavenworth.army.mil/documents/egypt/egypt.htm
Hersh, Seymour. "Empire." Al-Jazeera Feb. 8 2011. http://www.youtube.com/watch?v=gDp8TnY3IsA.
Hudson, Michael. "Egypt on the Brink: The Arab World at a Tipping Point." *Middle East Insights 1* (Jan-Mar. 2011), 3-9.
Ibrahim, Saad Eddin. "Democratization in the Arab World." In Jullian Schwelder. eds. *Toward Civil Society in the Middle East.* London: Lynne Rienner Publishers, 1995, 37-38.
Korotayev, A. and Zinkina J. "Egyptian Revolution: A Demographic Structural Analysis." Entelequia. *Revista Interdisciplinar 13* (2011), 139-169.
Martin, Patrick. "Egypt overturns political ban on Islamist group with terrorist past." The Globe and Mail Update (Oct. 11 2011) http://license.icopyright.net/user/viewFreeUse.act?fuid=MTQxNzc3MDA%3D.

Peterson, Scott. "Egypt's revolution redefines what's possible in the Arab world." *Christian Science Monitor* (Feb. 11 2011).

Posusney, Marsha. "The Middle East's Democracy Deficit in Comparative Politics." In Marsha Posusney and Michele Angrist. *Authoritarianism in the Middle East: Regimes and Resistance*. London: Lynne Rienner Publishers, 2005, 1-18.

Rubin, Barry. *Islamic Fundamentalism in Egyptian Politics*. London: Macmillan, 1990.

Shehata, Dina. "The Fall of the Pharaoh: How Hosni Mubarak's Reign Came To an End." *Foreign Affairs 90* (May/Jun. 2011), 26-32.

Weaver, Matthew. "Egypt protests." Guardian 01 Feb. 2011. http://www.guardian.co.uk/news/blog/2011/feb/01/egypt-protests-live-updates.

Wolman, David. "The techie dissidents who showed Egyptians how to organize online."

The Atlantic. 13 Feb. 2011. http://www.theatlantic.com/technology/archive/2011/02/the-techie-dissidents-who-showed-egyptians-how-to-organize-online/70734/.

EVANGELICALS, ISLAM AND THE ISRAELI-PALESTINIAN CONFLICT

Colin Chapman

I. INTRODUCTION

In the minds of many Christians, it seems that the vacuum created by the implosion of the Soviet Union and the demise of Communism has been filled by the religion of Islam. If the Soviet Union and Communism during the decades of the Cold War were seen as 'Enemy Number One', 'the Great Satan', the most serious threat to the West and the Christian world, Islam has taken their place, because it seems to threaten the peace of the world and want to destroy the state of Israel. If the Jewish people are still the people of God, we are told, and if the state of Israel has a special role in God's economy, the conflict between Israel and the

Palestinians has cosmic proportions, and Christians need to be aware of the serious threats that are posed by Islam. I suspect that this is the wider context in which many evangelical Christians (particularly in the West) will want to think about the Islamic dimensions of this conflict.

II. MY OWN JOURNEY IN UNDERSTANDING THE CONFLICT AND ISLAM

Before I attempt to evaluate the role that Islam plays alongside all the other political factors that are at work in the conflict, I need to tell something of my own story in order to explain how I came to be interested in this conflict and in the world of Islam.

I first went to live and work in Egypt in 1968, a year after the Six-Day War in June 1967. In 1971 during my time in Egypt, I married Anne who had been working as a nurse in Zerqa in Jordan and had lived through the Civil War, Black September, the year before. It was through her that I began to understand what the Palestinian problem was all about.

In 1975 we went to work in Beirut, Lebanon, and arrived there six months after the Lebanese civil war had started. I was working with the International Fellowship of Evangelical Students as Regional Secretary for Islamic Lands, trying to develop work among Christian students anywhere between Morocco and Pakistan, and between Turkey and the Sudan.

I very quickly realised that, for many historical reasons, Christians in the Middle East don't always have warm feelings towards Muslims. So it was my work with Christian students which forced me into the academic study of Islam. And this eventually became a major part of my work when I was teaching in seminaries and mission colleges both in the UK and during a further spell in Beirut. It was in these contexts that I wrote Cross and Crescent: Responding to the Challenges of Islam.

As we lived through the civil war in Lebanon, we were constantly trying to work out what the conflict was all about. It soon became obvious that it wasn't a straightforward clash between Muslims and Christians, but that the presence of Palestinian refugees in Lebanon had upset the delicate balance between the different religious communities and drawn in other parties–both regional and international–who then fought it out against each other on the streets of Beirut.

When I was back in the UK during the worst of the conflict, I read some of the books written by evangelical Christians about the Israeli-Palestinian conflict, and found that they simply didn't make any sense of what I was seeing on the ground in the Middle East. I therefore wrote an article for a Christian monthly magazine outlining my understanding of the conflict and my way of relating the Bible to it. And it was the angry letters of readers in the following months which led to further study and eventually to the publication of Whose Promised Land? in 1983.

These then were the contexts in which I have come to be interested both in Islam and the Israeli-Palestinian conflict. Living between the Middle East and the UK, I've been trying to see the big picture, to make sense of the history and politics, to understand the Islamic dimension of the conflict, and to relate all this to my understanding of scripture and theology.

Ⅲ. SOME STARTING POINTS FOR UNDERSTANDING THE ROLE OF ISLAM IN THE CONFLICT

Let me now suggest some basic principles that may help us to separate politics and religion and understand the role of Islam in the conflict.

1. We have to understand the nature of the conflict in its own terms

The Jewish community in Palestine in 1880 was 5% of the total population and began to grow in numbers and power with the arrival of Jewish immigrants from Europe. The root of the conflict, I suggest, is dispossession–dispossession which resulted from a clash of nationalisms. Two people have been claiming the same piece of land for different reasons, with Jewish nationalism and Palestinian nationalism developing side by side and Jewish nationalism stimulating Palestinian nationalism. It's not a conflict between Judaism and Islam. Since the majority of Palestinians happen to be Muslims, it is inevitable that they turn to their scriptures, their religious beliefs and their history to find the language and the ideology to motivate them to continue the struggle. But the root causes of the conflict are political, not religious.

2. History and politics are important

When I realized that Christians in the West are generally abysmally ignorant about the history leading up to the establishment of the state of Israel or have only been exposed to one-sided interpretations in Christian literature, I decided to devote the first third of Whose Promised Land? To explaining the different stages of the conflict before and after 1948. To underline the point about our ignorance of history and how it affects what is happening even today, it would be interesting to know how many people in this audience know that in 1953 the CIA and MI6 engineered a coup which brought down the first democratically elected government in Iran under Mossadeq. That coup led to the return of the Shah, and the Shah's dictatorial rule led to the Islamic Revolution under Ayatollah Khomeini in 1979. The USA and its allies have made much of the fact that they want to restore democracy in Iraq and elsewhere in the region. But in 1953 it was western interference which brought down a democratically elected government and thus set in motion the whole series of events which has led to the potential crisis that we face over Iran today.

3. Islamic fundamentalism or Islamism is a complex phenomenon and can never be reduced to a simple formula

It developed in the 20th century partly as a response to three centuries of European imperialism and partly as a response to the decline of

Islam in the Muslimworld. In resisting the ideologies and cultures of the West, Islamists have wanted to recover the identity and political power of the Muslim world by rediscovering the rich resources of their own religion and history. Islamist Palestinian movements therefore need to be seen in the broader context of a wide variety of nationalist movements which have fought for independence and sought to establish their own national identity. Islamists are impatient with pietistic Islam; they are painfully aware of the economic and political weakness–if not humiliation–of Muslim countries, and they really want to change the world.

4. We need to recognize the diversity of view among Muslims

There is no single Islamic view about the land and the conflict. Alongside the more strident Islamist voices dominating the media, there are moderate Islamic voices putting forward a much more eirenic approach and challenging the anti-semitism which is often found in Islamist rhetoric. Thus, for example, an Islamic college in Dundee, Scotland, the al-Maktoum Institute, has coined the word 'Islamicjerusalem' (written as one word) for a vision of Jerusalem, based on Islamic scripture and tradition, which recognizes its role as a place of blessing for all people and for conflict resolution. And a young British Muslim scholar, Muhammad al-Husseini, believes that it is possible to reconcile Old Testament and Quranic teaching about the land: 'Until now there has been no proper dialogue about these founding texts. But a dialogue is possible, first by recognizing that the *Quran* does, in fact, confirm the Biblical promise, then by re-reading the commentaries on the Quranic text where the Jewish claim is strengthened. Beyond that, although the Jews come in for severe criticism in the works of Muslim apologists and theologians, there are no grounds in religious law to entertain the conceit that God's promise to the Children of Israel has been broken, and none to support the view that Israel is now the property of the Muslims' (Middle East Quarterly, Fall, 2009, 9-14).

5. We need to understand the many other challenges presented to Christians by Islam

So-called 'Islamic terrorism' has brought the ideological challenge of Islam to the streets of Europe and the USA. And Christians in the West have felt increasingly unsettled by the growing size of Muslim communities in their midst and by their growing power and demands. Here is a missionary religion, whose numbers are not far behind the total number of Christians in the world, a religion that has much in common with Christian beliefs and yet denies the most fundamental Christian beliefs about Jesus. It's understandable therefore that Christians want to think about the challenge or the threat of Islam in spiritual terms as well as political terms. But it can be very dangerous for us to allow all our fears and prejudices about Muslims which have developed in other western contexts and Islam to colour and distort our understanding of the conflict between Israel and the Palestinians.

IV. THE SCRIPTURAL AND HISTORICAL BASIS FOR ISLAMIC THINKING ABOUT THE LAND AND THE CONFLICT

I believe it is important for us to be aware of this since many in the West are either totally ignorant of the religious basis of the claims made by Muslims or are extremely scornful and dismissive about them. 'They have Mecca and Medina,' we are told, 'So why should they also want Jerusalem and Palestine?' If we are familiar with the scriptural and historical basis for Jewish and Christian thinking about the land, we really need to know and understand the basis for Islamic thinking.

1) According to Islamic tradition the Prophet Muhammad visited Syria and Palestine during his trading expeditions as a young man. For the first thirteen years of his ministry he and the other Muslims said their prayers facing in the direction of Jerusalem. They also believe that, at a very discouraging time in his ministry in Mecca soon after his first wife Khadijah and his uncle Abu-Talib had died, he experienced the so-called 'Night Journey' (*isra*) in which he was transported during the night on a winged steed (either physically or in a vision) from Mecca to Jerusalem. From here he ascended to heaven and met with former prophets like Abraham, Moses and Jesus (*the mi'raj*). The Night Journey establishes for Muslims a clear link between the Prophet and Jerusalem, and is therefore regarded as an extremely significant event. It demonstrates

the continuity between Judaism, Christianity and Islam, and proves a kind of spiritual conquest of Jerusalem by Islam. Jerusalem therefore became the first qiblah and the third of the holy places (*ula-lqiblatain wa thalith al-haramain*). It was conquered by a Muslim army under 'Umar ibn al-Khattab and thus came under Muslim rule in 637, just five years after the death of the Prophet.

2) There are three clear references to the land in the *Quran* :

A. Speaking about the deliverance of Abraham and Lot, God says about Abraham

'We saved him (Abraham) and Lot [and sent them] to the land We blessed for all people (al-ard allati barakna lil'alamin)…' (21:71 M.A.S. Abdel Haleem)

B. Moses encourages the Children of Israel to enter the land with the words:

'My people, go into the holy land (*al ard al-muqaddassah*) which God has ordained for you–do not turn back or you will be the losers.' (5:21)

C. Another verse refers to the Prophet's Night Journey:

'Glory be to Him who made His servant travel by night from the sacred place of worship (in Mecca) to the furthest place of worship (in Jerusalem), whose surroundings We have blessed (*alladhi barakna hawlahu*), to show him some of Our signs.' (19:1)

There are therefore good Quranic reasons for Muslims to describe the land as 'the holy land' and to believe that it has real significance not only for Jews but also for Muslims and for the whole world.

3) Palestinian Muslims often quote a verse about the first Muslims who were forcibly driven from their homes and inevitably relate this verse to their own experience:

> 'Those who have been attacked are permitted to take up arms because they have been wronged–God has the power to help them–those who have been driven unjustly from their homes only for saying, 'Our Lord is God.'"
>
> (22:39-40).

4) The early biographies of the Prophet show that he had a very difficult relationship with the three large Jewish tribes in Medina. He probably hoped and expected that they would recognize him as a prophet in the line of the OT prophets and was no doubt disappointed when they refused to recognize him and actively plotted against him, even siding with the pagan Meccans. Some of the harshest verses in the *Quran* are directed towards the Jewish people; for example: 'You will find the most hostile people to the believers to be the Jews and the polytheists···.' (3:64; cf 4:155; 5:64; 5:82-83) For centuries Jews and Christians lived relatively peacefully under Islamic rule throughout the Middle East and North Africa as *dhimmis*. But what seems to have happened is that the bad experience of Palestinian Muslims with Zionist immigrants after

1880 has reminded them of Muhammad's bad experience with the Jews of Medina, encouraging them to apply the harsh verses about Jews in the *Quran* to Israeli Jews today. It must seem to Palestinian Muslims as if Jews of the modern period were simply repeating the hostile behaviour of Jews many centuries earlier towards the Prophet.

5) There are a number of reported sayings of the Prophet which attach special sanctity to Jerusalem : e.g. 'Whoever dies in the Jerusalem sanctuary it is as if he has died in heaven.' 'Whoever goes on pilgrimage to the Jerusalem sanctuary and worships there in one and the same year will be cleared of his sins.' In later traditions there are vivid accounts of how the events of Judgement Day will unfold in the city of Jerusalem. Muslims have their eschatologies which are sometimes almost as detailed and graphic as those of many Christians, and Shi'ites have their own distinctive eschatology which revolves around the return of the Hidden Imam.

6) The land and Jerusalem have played a very significant part in later Islamic history. The Dome of the Rock was built in 691, and the al-Aqsa Mosque around 810. Jerusalem was recaptured from the Crusaders by Saladin in 1187, and Muslim beliefs about Jerusalem were beautifully summed up in the famous letter which Saladin wrote to Richard the Lionheart in response to his outrageously bold suggestion about power-sharing: 'Jerusalem is ours as much as yours. Indeed it is even more sacred to us than nit is to you…' The late Zaki Badawi comments that

'It was the Crusaders who transformed Jerusalem into a potent symbol of Islam once again.' But the most important point that Muslim want to make is that Palestine and Jerusalem were in Muslim hands for around 1,300 years and under Arab rule for around 900 of those years.

These arguments, based on scripture, tradition and history, influence the thinking of Muslims to a greater or lesser degree. And if we want Muslims to understand and respect what Jews and Christians believe, we have an obligation to understand and respect these views which are so significant for Muslims.

V. THE ISLAMIC DIMENSION OF THE CONFLICT IN RECENT YEARS

Here are some simple observations on the way the Islamic dimension of the conflict has developed in recent years and how it has in some cases encouraged violence.

1. There are strong similarities between Islamic Fundamentalism and Jewish Fundamentalism

So whenever we speak about 'Islamic Fundamentalism' in this context, we ought at the same time to draw attention to 'Jewish Fundamentalism'. There is little difference in principle between Jews who claim the West Bank for themselves on the basis of God's promise of the land to Abraham and his descendants and Muslims who claim that the whole land is a *waqf,* a sacred trust that has been given to them by God. Here I want to commend the book Jewish Fundamentalism in Israel Shahak and Norton Mezvinsky. We might almost say that Islamic Fundamentalism in the Palestinian context has been a carbon copy of Jewish Fundamentalism.

2. Islamic Fundamentalism or Islamism in the Palestinian context has developed gradually over the years

The first clashes between Palestinian Arabs and Jews after 1880 had nothing to do with religion; they were the natural response of people who felt threatened by the growing numbers and power of an immigrant community. Organised Muslim opposition to Zionist plans, including a number of calls for *jihad,* began in the 1920s; and the Mufti of Jerusalem, al-Hajj Amin al-Hussayni was one of the leaders of the Arab Revolt in 1936. But the first occasion when any Arab government invoked the doctrine of *jihad* was in 1969 when, following an arson attack by an Australian Christian on the al-Aqsa Mosque, King Faisal of Saudi Arabia called for *jihad* in order to liberate Jerusalem. The PLO Covenant in 1964 said nothing about Islam, and Hamas didn't come into existence until 1987. Its constitution was unashamedly Islamic and quoted many Quranic verses. Hizbollah was created in the mid 1980s in the context of Israel's occupation of Southern Lebanon.

3. All of these developments have to be understood in the context of Israel's illegal occupation of the West Bank, Gaza and Southern Lebanon and its unwillingness to negotiate with the Palestinians

In 1994, for example, as part of an attempt to stop the Oslo negotiations, Barukh Goldstein gunned down 23 men and wounded 120 others worshiping in the Mosque at Hebron. In response Hamas launched a serious of terrorist attacks. In 1995 Yigal Amir assassinated Rabin–'on God's order'(in his own words)–because he was seeking to make some kind of peace with the Palestinians. Israel invaded Lebanon in 1992 in order to destroy the PLO, but failed to achieve this goal. It withdrew to the Litani River in 1985, but kept control of southern Lebanon through the forces of its Lebanese Christian allies. In the words of Arnold Meyer in *Plowshares into Swords: from Zionism to Israel*, Israel's failure to defeat the PLO in Lebanon 'quickened the radicalization of the nationalist movement, especially among the younger generation in the refugee camps and their sympathizers, and began to change its dynamic from secular and Marxist to Islamist and fundamentalist'. Could we not say, therefore, that if Israel had complied with the UN Security Council Resolution 242, Hamas would probably never have come into existence? And if Israel has not invaded Lebanon in 1982 and stayed on as an occupying power, there would probably be no Hizbollah today.

4. Terrorism and suicide bombings

Sayyid Qutb was probably the first Islamist leader in the modern period to take the crucial step of declaring that it is legitimate for Muslims to use violence in order to overthrow governments which are unjust or unislamic. Suicide had always been regarded as *haram*, totally forbidden, in Islamic law. But now some Muslims started to believe that suicide in the context of *jihad* could be seen as martyrdom and therefore justified and even commendable.

Acts of terrorism carried out by Palestinians have certainly brought their cause to the attention of the world, but have not brought an end to the occupation. Most observers and many Islamists have finally realized that terrorism has actually played into the hands of Israel because it has provided a pretext for building the Separation Wall and pushed Israelis to elect governments further and further to the right.

5. The recourse to violence has been an expression of despair

If you believe that your own leaders have let you down; if the whole Arab world has let you down; if the EU, the USA and the UN have let you down because they have not resolved the conflict but actually allowed it to get worse, where else do you have to turn? I have to say that I think I can understand what motivates a person to be a suicide bomber. If my situation were intolerable and couldn't get any worse, and if my religious teachers told me that by blowing myself up and killing some of the enemy in the process I would be guaranteed instant access to Paradise, I might think seriously about going down that road. But then I would have given up hope and given in to despair.

6. Even the most strongly Islamist groups are capable of genuine pragmatism

The Constitution of Hamas and the documents of Hizbollah are uncompromising in the way they state their objectives and the Islamic principles on which they are based. But from my reading of books about these organisations and recent press reports I am sure that there is a strong pragmatic streak in every Islamist leader.

In the context of decades of violence in Northern Ireland, the breakthrough came when the British government stopped talking only with the moderates and started drawing the so-called extremists into the negotiations. It is desperately important that the outside world allows the space and time for Islamist ideology to be softened and modified by pragmatism.

In making these points I am not in any way condoning or justifying terrorism. I am simply trying to understand how this particular expression of Islamism has developed and why it has often turned to violence. Part of the tragedy of the West's response to 9/11 is that instead of stopping to ask 'why are these people so angry, and do they have good reason to be angry,?' we have put all our energy into the 'war on terror.' I am convinced that if the West (and especially in the USA) had understood the anger of the Palestinians, Arabs and Muslims and tried to deal with the root causes of this conflict in a more even-handed way, we would have gone a long way towards defusing the anger that is felt towards the West. If we could separate the religious and political issues, and if on reflection we could admit–at first to ourselves and perhaps gradually to others–that at least some of the anger may be justified, then it would be possible for serious and effective dialogue to begin.

VI. CONCLUSIONS

1. Our response to this issue has profound implications for our Christian witness to the House of Islam. If this is a justice issue, it is also a gospel issue. One-sided Christian support for Israel in recent years has become a major stumbling block for the gospel. Many Muslims are not willing to listen to the gospel because they cannot understand how so many Christians are supporting something that seems to them to be so fundamentally unjust.

2. While it is important to understand the religious dimension of the conflict because it affects all the different parties, a political solution can be found only by putting religion on one side and dealing with the

fundamental issues in terms of human rights and international law. If religion has become part of the problem, it can be part of the cure, but only when it does three things: (a) enable each party to understand and respect the beliefs of the other parties; (b) help us to discover principles of peacemaking and reconciliation in all religious traditions; and (c) then clear the floor to enable face to face meetings and negotiations to take place between equals on the basis of law.

3. Many who are sympathetic to the Palestinian cause in the West fear that the more the Palestinian cause is argued and fought in Islamic terms, the more it is likely to lost support from the rest of the world. The stronger the emphasis on Islam, the less empathy they can expect from non-Muslims. In challenging Muslims in this way we are not asking them to give up their Islam. We are simply saying that the Palestinian cause is strong enough to stand on its own as a cause that is based on internationally accepted understandings of human rights. It does not need the underpinning of Islamic ideas in order to be supported in the West, and is likely to be weakened by too close association with Islam.

4. This is a challenge to all Christians–not just Christian Zionists. If some of the presentations at this conference have been presenting a challenge to Christian Zionists, dare I suggest that when we're thinking about the Islamic dimension of this conflict, we need to be challenging all evangelical Christians and not just Christian Zionists, and eventually not just evangelicals but all Christians of all kinds. 'Lord, is it I?'

[References Cited]

Bernard Lewis. *What Went Wrong? The Clash Between Islam and Modernity in the Middle East.* Weidenfeld&Nicolson, 2002.

______. *The Crisis of Islam: Holy War and Unholy Terror.* Phoenix, 2004.

Burgat Francois. *Face to Face with Political Islam.* I.B. Tauris, 2003.

Chapman Colin. *Whose Promised Land?* Lion 2002, Baker, 2002.

______. *Whose Holy City? Jerusalem and the Israeli-Palestinian Conflict.* Lion, 2004

______. 'Israel as a Focus for the Anger of Muslims Against the West' in R. Geaves, T.

El-Awaisi Abd al-Fattah M. *Introducing Islamicjerusalem.* Monographh of Islamic Jerusalem Studies, no. 5, Al- Maktoum Academic Press, 2006.

Esposito John. *Unholy War: Terror in the Name of Islam.* OUP, 2003.

Gorenberg Gershom. *The End of Days: Fundamentalisms and the Struggle for the Temple Mount.* Oxford University Press, 2002.

Haddad Gabriel and Y. and Smith J.I. eds., *Islam and the West Post 9/11. Ashgate.* 2004, 194-209.

______. *'Islamic Terrorism': Is There A Christian Response?* Grove Books, 2005.

______. 'Christian Responses to Islam, Islamism and 'Islamic Terrorism.' *Cambridge Papers,* 16, No. (Jun. 2 2007). The Jubilee Centre, Cambridge. www.jubilee-centre.org/cambridge_papers.

Halliday Fred. *Islam and the Myth of Confrontation: Religion and Politics in the Middle East.* I.B. Tauris, 1995.

Jabbour Nabeel T. *The Crescent Through the Eyes of the Cross: Insights from an Arab Christian.* NavPress, 2008.

Kepel Gilles. *The War for Muslim Minds: Islam and the West.* Harvard University Press, 2004.
Jihad The Trail of Political Islam. I.B. Tauris, 2002.

Mayer Arno J. *Plowshares into Swords: From Zionism to Israel.* Verso, 2008.

Mishal Shaul and Sela Avraham. *The Palestinian Hamas: Vision, Violence, and Coexistence.* Columbia University Press, 2000.

Nazir-Ali Michael. *Conviction and Conflict: Islam, Christianity and World Order.* Continuum, 2006.

Nusse Amndrea. *Muslim Palestine: the Ideology of Hamas.* Routledge, 2002.

Riddell Peter. 'From Quran to Contemporary Politics: Hamas and the Role of Sacred Scripture,' in Christopher H. Partridge, ed. *Fundamentalisms.* Paternoster, 2001, 52-74.

Roy Olivier. *The Failure of Political Islam.* I/B/ Tauris, 1994.

Saad-Ghorayeb Amal. *Hizbu'llah: Politics and Religion.* Pluto, 2002.

Sahahk Israel and Mezvinsky Norton. *Jewish Fundamentalism in Israel.* Pluto, 1999.

Shlaim Avi. *War and Peace in the Middle East: A Concise History.* Penguin, 1995.
Israel and Palestine: Reappraisals, Revisions, Refutations. Verso, 2009.

이슬람 금융의 이해와 한국적 확산에 대한 전망

심의섭

I. 서론

경제제도에는 자본주의와 사회주의라는 양단적인 체제만 존재하는 것은 아니다. 소위 제3의 경제제도랄까, 대안 경제제도도 있다. 다양한 인종이 살고 다양한 종교가 존재하듯 세상은 참 다양하다. 삶의 모습처럼 경제활동도 다양한데 독재 국가와는 달리 자유 민주국가에서의 다양성은 바로 존재의 알맹이(眞髓)이다.

근간에 이슈화된 이슬람 금융, 우리들의 무지의 소산인가, 아니면 발전의 고통인가? 이슬람 금융의 한 기법인 수쿠크 도입 관계로 매일 많은 지면과 논객이 주장을 피력하고 있다. 어느 시대나 갈릴레오(Galileo Galilei)도 존재하였고, 최만리(崔萬理)도 존재하는 것이다. 분명 변화가 몰고 오는 현상이다.

이 글에서는 이슬람 경제와 이슬람 금융, 이슬람 금융의 글로벌화, 한국의 무슬림과 이슬람 금융 도입 문제를 차례로 다루어보기로 한다.

II. 이슬람 경제와 이슬람 금융

1. 다양한 경제제도

경제제도, 경제체제를 나누는 데에는 다음과 같은 몇 가지 기준을 둘 수 있다.

하나는, 토지 소유 문제이다. 국유, 사유, 신유(神有), 공유(共有)가 기준이 된다. 국유와 사유는 설명을 생략하더라도 신유는 이슬람권에 해당된다. 그리고 공유는 원시 사회에 해당되지만, 아프리카나 유목 사회에는 오늘날에도 존재한다.

둘은, 이자를 허용하느냐 허용하지 않느냐의 문제이다. 이는 종교와도 밀접히 관련되어 있다. 대체로 서양의 기독교, 이슬람교, 유대교에서는 이자를 허용하지 않고, 동양의 불교나 유교에서는 이자를 허용하였다.

셋은, 사업에서의 손실 처리 문제이다. 손익 분담이냐 아니냐이다. 이익의 분담을 어떻게 할 것인가, 손실의 분담을 어떻게 할 것인가도 기준이 된다.

넷은, 시장의 허용이냐 아니냐의 문제이다. 경쟁이냐 보호냐도 기준이 될 수 있다. 시장은 경쟁을 허용하는 것이므로 시장에 대해 우려하는 바는 약육강식과 자연도태이다.

다섯은, 부의 상속을 허용하느냐 않느냐에 따라 사회제도가 달라질 수 있다. 사유를 인정한다 하더라도 몇 대를 거치면 모든 상속 재산이 사라지도록 운영되는 제도도 있고, 왕조에서처럼 영원한 것도 있다. 빚도 마찬가지이다. 당대에 빚을 못 갚으면 자손 대대로 노예생활을 해서라도 갚아야 한다.

이처럼 다양한 기준에 의하여 경제제도를 결정하는데, 크게 나누면 자본주의와 사회주의로 나눌 수 있다. 우리에게 친숙하고 단순한 양분법이다.

그런데 세상은 다양하고 늘 변하고 있다. 우리에게 친숙한 자본주의와도 다르고, 사회주의로도 설명이 되지 않는 제도가 있다. 그것이 이슬람 경제제도이다. 없었던 것이 생긴 것이 아니라 예전부터 있던 것이지만 우리의 곁에 오게 되면서 혼란스러워지고, 새로운 질서의 출현이 요구되는 것이다.

2. 이슬람 경제제도

이슬람 경제제도는 다음과 같은 면에서 자본주의와 사회주의와 차이를 보이고 있다.

먼저 소유제도이다. 사유와 국유가 아닌 신유제도(神有制度)이다. 세상의 모든 것은 알라의 것이다. 내가 소유하고 있는 것은 내 소유가 아니라 신으로부터 사용과 처분을 위탁받은 것이다. 그래서 극단적으로 해석하면 서로가 위탁을 주장하면 대결로써 해결해야 하는 경우도 있을 수 있다.

다음으로는 이자관이다. 자본주의 사회에서 이자는 휴식도 없이 잠도 안 자고 늘어난다. 사회주의에서는 명목적인 이자가 허용될 수 있지만 자본주의와 같이 잔인한 식리(殖利)는 운용되지 않는다. 이슬람에서는 원칙적으로 이자를 금한다. 그러나 이자가 아닌 이윤의 발생에 대해서는 희사(喜捨)·자선(慈善)의 뜻으로 사용되는 자카트를 내어야 한다.

세 번째는 손익 분담 원칙(principle of profit-loss share system)이다. 자본주의에서는 사업이 망해도 차입금을 갚아야 하고 고정이자도 부담하여야 한다. 사회주의에서는 시장을 부정하기 때문에 자본주의에서처럼 이익 경영에 몰두할 필요가 없다. 하지만 이슬람에서는 계약에서부터 손익 분담을 원칙적으로 정하고 있다. 투자자와 차입자가 사업파트너로 참여해 손익을 분담하는 것은 허용한다.

이 밖에도 이슬람에서는 자본주의에서처럼 시장을 허용하므로 시장이 허용되지 않는 공산주의나 일부 사회주의 경제제도와는 다르다.

3. 이슬람 비즈니스 : 할랄 산업(*Halal* Industry)

'*Halal*' 이란 아랍어로 '허용된 것'이라는 뜻으로 이슬람의 계율(샤리아 율법)에 따라 지켜야 할 것을 말하며, 일반적으로 돼지고기와 그 부산물은 일체 금기하며 모든 축산물은 율법에 따라 도축한 것을 취한다. '할랄 식품(*Halal* Food)'은 이슬람 율법이 인정하는 방식으로 생산된 농수산식품으로 철저하게 할랄이 아닌 음식, 하람(*Haram*)[1]과 분리되도록 규정되어 있으며, 매우 청결한 음식 관리 수준을 자체적으로 요구하고 있다.

산단에[2] 따르면 할랄 산업은 식음료, 식품첨가물, 의약품/백신류, 화장품/세면용품, 보조식품/기능식품, 피혁제품 및 소비재, 음식서비스, 이슬람 금융, 보험, 미디어, 물류, 여행/관광산업 등의 2조 7,000억 달러에 달하는 글로벌 시장으로 단일국가 규모 시장으로는 동남아시아 국가 중 말레이시아, 인도네시아가 가장 큰 할랄 식품 시장 규모(약 800억 달러)를 가지고 있다. 특히 세계적으로 젊고 유능한 무슬림의 인구가 지속적으로 늘어나고 있음에 따라 구매력이 지속적으로 성장하여 시장이 확대되고 있는 추세이다.

1) *Haram*(허용하지 않는 것 : 금기)은 1) 육류의 종류와 상태, 2) 도축에 관한 조건, 3) 기타 금기 사항에 관한 것들이 있다(참조: Catherine Yoo, 유망중소기업을 위한 이슬람 Marketing&Halal 인증, '2011년 제2차 HALAL 인증 세미나-지역특성화산업의 이슬람 마케팅을 위한 전략산업 2차 세미나', 충남테크노파크, 부여 롯데리조트, 8/23~24/2011)

2) 한국산업단지공단 서부지역본부, *Halal* 인증의 개념과 진출기업의 우수사례 및 기술세미나, 안산(8/22/2011).

한국 기업은 2010년 말 한국이슬람중앙회로부터 87개사가 인증을 취득했으나 현재 한국이슬람교중앙회(KFM)의 할랄 증명서는 말레이시아 등 일부 정부로부터 인정받지 못하고 있음에 따라 세계 무슬림 국가에서 인정되는 말레이시아 현지의 할랄 증명서를 취득하는 것으로 권고하고 있다.[3]

한편, 세계적으로 할랄 식품에 대한 논란도 거세지고 있다. 예를 들면, 네덜란드에서는 이슬람 율법에 따르면 가축을 도살하기 전에 기절시키거나 마취시켜 의식이 없도록 해야 한다는 규정을 종교적 도축의 경우에 한해 면제하는 조항을 철폐하였다(6/28/2011).

4. 이슬람 금융

금융제도도 사회제도, 경제제도만큼 다양하게 존재하며 대안금융도 많다. 한국에도 제도권에서 허용하든 허용하지 않든 경제적 약자인 서민들은 살기 위해서 계, 미소금융 등의 대안금융을 활용한다.

국제 사회도 마찬가지이다. 유누스의 그라민 은행((Muhammad Yunus, Grameen bank)이 그렇고, 개도권에 번지고 있는 소액금융(micro-financing)이 그렇다. 또 커뮤니티의 속성에 따라 다양한 대안금융이 존재한다. 화폐를 부정하는 공동체 생활도 있다. 러시아[4]와 북한[5]과 같은 사회주의 국가, 말레이시아, 인도네시아와 같은 이슬람 국가, 호주에서처럼 이자는커녕 시간에 대한 보상개념으로써 받는 보관료 성격인 마이너스 이자도 있고, 엔캐리 트레이드(¥en Carry Trade)에서처럼 제로금리도 있다. 이러한 시각에서 보

3) 말레이시아의 할랄 로고는 세계적으로 인정되며 많은 국가가 말레이시아 할랄 인증을 인정하고 채택 중이다.
4) 서상덕, 『러시아 적인가 친구인가』 (030. 이자 대신 보관료?), 대산출판사, 2000.
5) 이병화, "화폐개혁, 1998년 러시아와 2009년 북한의 비교," 12/21/2009.

면 이슬람 금융은 유목 사회[6]와 무슬림 커뮤니티에서 활용되는 대안금융이 될 수 있다.

당연히 이슬람 금융은 이슬람 경제 운영에서 파생되는 것이다. 처음에는 이슬람 은행에서 출발했으나 금융시장이 커지고 금융수단과 기법이 발달하면서 은행뿐만 아니라 펀드나 보험 등 다양한 금융사업의 영역에서 이슬람 금융기법이 개발되고 운용되고 있다.

이슬람 금융은 이슬람 국가의 금융은 아니다. 일반금융(conventional banking)과 다르고, 주로 이슬람 국가에서 운영되기 때문에 이슬람 금융이라고 한다. 이슬람 금융은 이란이나 수단과 같이 모든 은행이 이슬람 금융 시스템을 운영하는 나라가 있고, 일반금융과 이슬람 은행을 함께 운영하는 이원적(二元的) 시스템, 그리고 이슬람 금융서비스를 전담하는 창구를 운영하는 이슬람 윈도우 시스템이 있다.

최근에 발전하고 있는 이슬람 금융서비스 산업은 기존의 이슬람 은행이나 이슬람 금융기구의 발전을 포함하며 샤리아(Shari'a)에 따라 무이자 이슬람 금융 매개수단(financial intermediation)을 의미한다.[7]

이슬람 금융은 이슬람 율법이 요구하는 사회적·도덕적 역할을 하기 위해 다음의 네 가지 금지사항을 준수해야 한다.[8]

첫째, 이슬람 금융은 이자(*Riba*)의 청구와 지급이 금지된다. 이슬람 법에서 화폐는 무형이기 때문에 이를 자산의 한 종류로 인정하지 않는다. 따라

6) イスラム銀行 - Wikipedia, ja.wikipedia.org/wiki/イスラム銀行.
7) Muhammad Amin Qattan, "Islamic Business in the Gulf States and the Korean Experience: An Urgent Strategic Partnership," *The 4th Korea-Middle East Cooperation Forum and the 15th Korean Association of Middle East Studies International Conference,* no. 29 (Dec. 2 2006, Seoul, South Korea)
8) 서강석, "이슬람 금융의 국내 도입 가능성에 관한 연구 : UAE의 제도와 수쿠크 운용 사례를 중심으로," 학위논문(박사), 명지대학교 대학원 일반대학원 (2011), 2: 9.

서 실물거래 없이 이자를 받는 것은 엄격히 금지되는 불로소득이므로 화폐는 자체로 수익을 얻지 못한다.

둘째, 현실에 없거나 가격 책정이 불확실한 것에 대한 대가 지급을 금지한다. 모든 참여 당사자 간에 공유되는 리스크 자체를 금지하는 것은 아니지만 일방의 참여자가 불균등한 리스크 책임을 져서도 안 된다. 따라서 미래의 현금 흐름이 불확실한 금융상품이나 우발적 채무 등의 거래는 금지한다. 이러한 이유 때문에 이슬람 금융에서 옵션계약은 투기로 간주된다.

셋째, 금융거래가 이슬람 법을 준수한 거래로 인정받기 위해서는 반드시 유형의 식별 가능한 자산에 의해 담보되어야 한다. 이 원칙 때문에 다양한 기초자산을 갖는 이슬람 채권이 개발되었다.

넷째, 도덕적·사회적·종교적 판단에 부합하지 않는 사업에 대한 투자는 엄격히 제한된다. 이러한 판단을 위해서 이슬람 법학자들로 구성되는 '샤리아위원회'의 승인이 필요하다. 이슬람 금융회사의 샤리아위원회 설치는 필수이다. 그러나 국가 차원의 샤리아위원회(예: 중앙은행 샤리아위원회)의 설치 여부는 그 나라의 재량이다.

5. 이슬람 금융의 종류

1) 이슬람 금융의 기본방식

이슬람 금융의 기본방식은 이자를 매개로 하지 않는 아래와 같은 상품 거래나 투자의 형태이다.

① 무라바하(*Murabaha*, 구매자 금융) : 이슬람 은행이 주택이나 물건을 사려는 사람과 계약을 맺고 이 사람을 대신해 대금을 매도자에게 지급한

뒤 매수자로부터 대금과 일정 비용을 상환받는 방식이다. 이슬람 금융거래의 약 75%를 차지하며 서방 국가들에서 흔히 볼 수 있는 구매자 금융과 유사하다.

② 무샤라카(*Musharaka*, 출자 금융) : 사모펀드와 비슷한 상품이다. 투자자를 모아 함께 사업에 투자한 뒤 수익이 나면 출자비율에 따라 수익을 배분한다.

③ 무다라바(*Mudaraba*, 신탁 금융) : 투자자가 특정 사업에 투자하기 위해 경영기법을 제공하는 사업가와 맺는 계약이다. 사업가는 해당 사업에서 수익이 발생하면 돈을 댄 투자자에게 이자가 아니라 계약 체결 시 미리 정해둔 이익배분율에 따라 배당금을 지급한다.

④ 이자라(*Ijara*, 리스 금융) : 무라바하 다음으로 이용도가 높은 방식으로 리스와 비슷하다. 금융회사가 설비나 건물 등을 구입해 투자자에게 임대료를 받고 대여해 준다. 만기가 되면 투자자는 자산을 은행에 반환하거나 재거래를 통해 취득할 수도 있다.

⑤ 이스티스나(*Istisna*, 생산자 금융) : 금융회사가 생산자에게 자금을 미리 제공하고 생산 완료 후 이를 수요자에게 판매하여 자금을 회수한다.

2) 이슬람 금융의 응용

응용금융은 이슬람 보험인 타카풀과 이슬람 채권인 수쿠크가 있다.

① 타카풀(*Takaful*, 보험) : 사고 발생 시 많은 금액의 보험금을 타는 것은 도박과 같고, 착실하게 보험금을 냈지만 무사고로 보험금을 받지 못하는 것도 비도덕적 사업에 해당한다. 보험금에서 발생하는 이자의 지급은 더더욱 샤리아에 어긋나므로 이슬람 금융에서는 전통적 보험은 존재할 수 없지만,

〈표 1〉 이슬람 금융의 기본 방식

명 칭	주요 내용	비 고
무라바하 (*Murabahah*)	금융회사가 상품판매자에게 구입자금을 제공하고, 제공자금과 수수료를 구매자로부터 할부로 회수	소비자 금융
BBA (*Bai'Bithaman Ajil*)	무라바하의 일종으로 대금 지급을 일시가 아닌 분납 형식	분납 매매
무샤라카 (*Musyarakah*)	금융회사가 거액 투자자를 모집하여 사업에 공동 출자 및 경영에 참여하여 출자비율에 따른 수익 배분을 통해 자금을 회수하는 Joint Venture 성격	공동 출자
살암(*Salam*)	구매자가 계약 시 전체 가격을 지불	선도계약
무다라바 (*Mudharabah*)	금융회사가 사업자에게 출자 형식으로 자금을 제공하고 수익 배분을 통해 자금을 회수, 사업 손실은 원칙적으로 자금 공여자가 책임	투자신탁
이자라(*Ijarah*)	금융회사가 건물이나 기계 설비 등을 구입하여 수요자에게는 사용권을 이전하고 사용료를 받아 자금을 회수	리스 금융
이스티스나(*Istisna*)	금융회사가 생산자에게 자금을 미리 제공하고 생산 완료 후 이를 수요자에게 판매하여 자금을 회수	생산자 금융
〈응용상품〉		
타카풀(*Takaful*)	상호부조의 개념	보험
와디아(*Wadiah*)	거래처의 귀중품·유가증권 등을 요금을 받고 보관	보호예수

출처 : INCEIF (International Centre for Education in Islamic Finance); 이선호, 이슬람 금융의 최근 동향과 우리의 활용방안, 대외경제정책연구원 중동분과 전문가풀 간담회, 2009.11.18 (재인용) 등을 참조 작성.

현대금융기법으로 발전시킨 것이 이슬람 보험인 타카풀이다. 타카풀은 샤리아를 기반으로 상호부조와 각출로 공동기금을 조성한 후 사고 발생 시 계약자에게 보험금 및 배당금을 지불하는 시스템으로, 상호협동보험이다.

② 수쿠크(*Sukuk*, 채권) : 이슬람 채권을 말한다. 투자자들에게 이자를 주는 대신 투자자금으로 벌인 사업에서 나오는 수익을 배당금 형식으로 지급한다. 꾸란이 이자를 받는 것을 금지하지만, 부동산 투자나 자산 리스 등 실체가 있는 거래에서 창출되는 이익을 얻는 것을 막지 않는다는 점을 이용해 무슬림들에게 채권 투자의 기회를 제공하고 있다.

6. 이슬람 금융의 한계점

이슬람 금융은 지난 2000년대 들어서 급성장하고 있다. 이는 아랍 산유국들의 풍부한 자금, 무슬림 인구의 증가, 자본주의 글로벌 금융 위기의 원인 제공에 의한 대안금융으로서 부상하였고, 글로벌화의 진행과 금융인프라정비[9]와 다양한 금융기법의 개발과 같은 요인에 바탕을 두고 있다.

하지만 최근 이슬람 금융의 성장은 고유가로 급증한 수요가 뒷받침하는 일시적인 현상인가, 아니면 석유시대 이후에도 지속될 수 있는 성장의 모멘텀이 있는가의 문제이다. 일반금융과 비교하여 이슬람 금융의 비교 열위도 지적되고 있다. 말하자면, 이슬람 금융의 결정과정이 시간이 더 걸리므로 일반금융거래보다 거래 비용이 비싸다. 또 학자에 따라 샤리아 해석이 다르고 거래의 적법성도 달라지므로 거래의 불확실성이 적지 않다는 점이다.

그러나 이슬람 금융은 빠른 성장세를 유지하고 있다. 따라서 이러한 이슬람 금융의 한계를 극복하기 위해서는 해결해야 할 과제도 많다. 예를 들면, 이슬람 경제 윤리의 정립이 필요하다. 복잡하게 발전하고 있는 현대금융기법과 경쟁하기 위해서는 이슬람 율법에 대한 논리의 개발과 적용이 뒤

9) 今平和雄, 経済グローバル化とイスラム金融, 如水会講義資料 (2005.11), 2.

따라야 한다. 예를 들면, 이슬람 금융의 제도 및 규제의 체계화가 필요하다. 신용보장제도의 지속적인 개발, 유동성 리스크에 대한 대비, 그리고 제도의 표준화가 필요하다.

III. 이슬람 금융의 글로벌화

1. 이슬람 국가와 이슬람 금융

이슬람 교도의 규모는 전 세계적으로 20억 명 이상으로 추산되는데, 이는 전 세계 인구의 25% 이상을 차지하는 수치이다. 현재 이슬람회의기구(OIC)에 등록된 회원국가의 수는 57개국이고,[10] 중동, 아프리카, 동남아시아 등에 널리 분포되어 있다. 특히 중동에 밀집되어 있으며 최대 이슬람 국가는 인도네시아이다.

이슬람 국가라고 해서 모두가 이슬람 금융이 발달한 것은 아니다. 가장 발달한 국가는 석유자원이 빈약한 바레인과 UAE로서 국제금융시장의 이슬람 자본의 집중지(collection center) 역할을 하고 있다. 비중동국가로는 말레이시아가 이슬람 금융의 관문 역할을 하고 있다. 그리고 풍부한 이슬람 금융의 활용을 위해 영국, 독일, 미국과 같은 선진권은 물론이고 중국과 인도와 같은 개도국도 이슬람 금융의 도입과 육성정책을 실시하고 있다. 중국의 현황을 보면, 중국 내 이슬람 사원은 3만 2,814곳, 종교지도자 이맘

10) 이슬람 회의 기구(Organisation of the Islamic Conference, OIC)는 이슬람교 국가들의 국제기구로 중동, 지중해, 중앙아시아, 캅카스(Caucasus), 발칸 반도, 북아프리카, 서아프리카, 동남아시아, 남아메리카 등지의 57개 회원국이 참여하고 있으며, 본부는 사우디아라비아 지다에 있다.

(아홍)은 4만여 명, 무슬림은 4,000만 명에 육박한다. 신장위구르자치구(新疆維吾爾自治區), 깐수성(甘肅省), 닝샤성(寧夏省) 등 서부 지역의 후이족(回族) 등 10개 소수민족의 주 종교가 이슬람이다.[11] 특히 국제무역도시로 탈바꿈된 저장성의 이우(義烏)는 비즈니스를 통하여 이슬람 커뮤니티가 빠르게 성장하고 있다.[12]

2. 이슬람 금융 시장 규모[13]

1) 이슬람 금융 시장(Islamic Finance)

최근 몇 년간 전 세계 이슬람 금융자산은 연평균 30%씩 급성장하고 있다. 그중에서도 중동 지역의 대규모 건설 프로젝트가 급증하면서 수쿠크 발행이 비약적으로 증가하였다.[14] 2000년 중반 이후 중동계 국부펀드인 '페트로 달러(petro dollar)'의 활용이 가속되었고, 이들 국부펀드들은 구미 선진국 사모펀드들의 고유 영역이었던 바이아웃(buy-out),[15] 인수합병(M&A) 시장에 본격 진출했다. 이슬람 금융의 자산 규모 2009년 말 기준 8,220억 달러로 전년 대비 29% 증가했다. 2010년말 기준이슬람 금융의 총자산 규모는 1조 달러 수준으로 2000년 이후 매년 15~20%의 가파른 증가세를 지속하

11) 隋平·张宝成, 伊斯兰金融在中国的现代意义及影响 (5/22/2010).
12) 국민일보, "중국 대륙 속 무슬림 '동진 중'… 이슬람 급속 확산." (3/28/2011).
13) 이 부분은 주로 다음을 참조하였다. 한국은행, "이슬람 금융의 최근 동향 및 전망," 『국제경제정보』, 제2011-17호 (4/25/2011).
14) 이러한 현상에 대해 그동안 세계 금융시장을 주도한 유태계 금융이 이슬람 금융으로 대체되리라는 전망까지 나오고 있다.
15) 바이아웃(buy-out)이란 기업의 지분 대부분을 인수하거나 기업 자체를 인수한 후 대상기업의 정상화나 경쟁력 강화를 통해 기업가치를 제고하는 것을 말한다.

〈그림 1〉 이슬람 금융 자산 규모

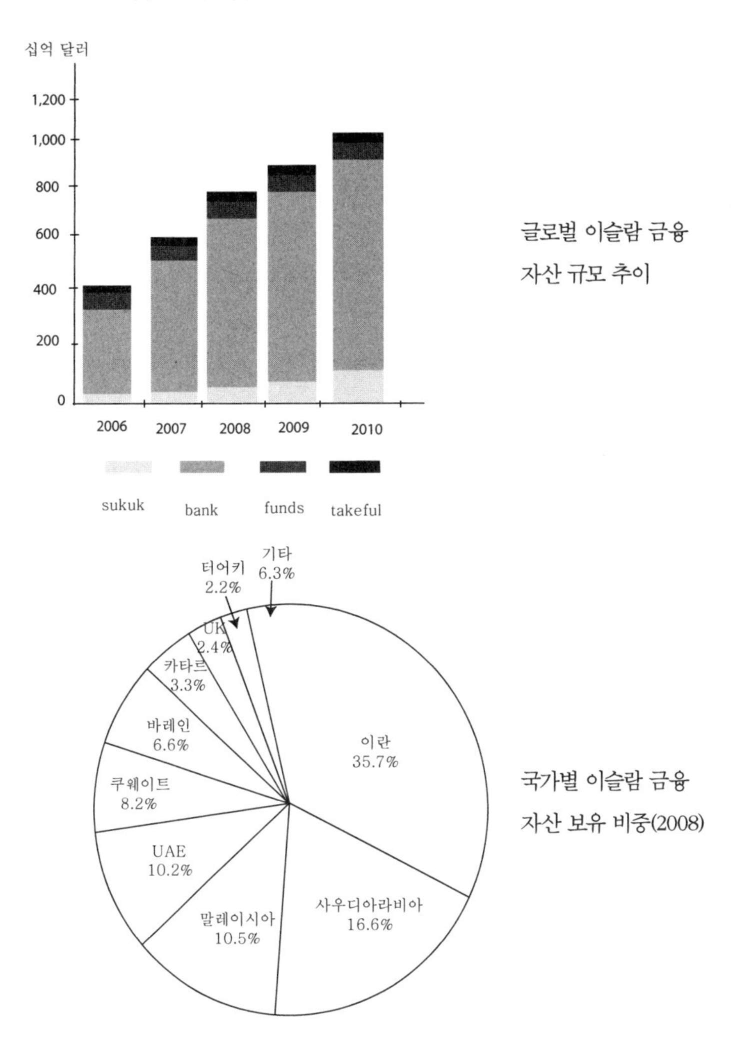

출처 : KFH(Kuwait Finance House), IFSL(International Financial Services London); 한국은행, "이슬람 금융의 최근 동향 및 전망," 『국제경제정보』, 제2011-17호(4/25/2011), 6에서 재인용.

고 있다.[16] 이슬람 금융의 성공 여부는 어디까지나 시장논리에 달렸다고 분석된다. 이중 이슬람 은행부문 자산이 전체의 80% 이상을 차지하고 있으며, 국가별로는 중동 국가와 말레이시아에 집중되어 있다.[17]

2) 이슬람 채권(*Sukuk*)

2010년 수쿠크 발행규모는 약 512억 달러이며[18] 2010년말 기준 누적 발행규모는 약 1,980억 달러 수준이다.[19] 수쿠크 발행규모는 2007년까지 급격히 증가하다가 2008년에는 글로벌 금융 위기로 크게 감소하였지만 2009년부터 다시 증가 추세이다. 2007년까지 민간부문이 수쿠크 발행을 주도해 왔으나 2008년 이후 정부 및 준정부기관의 수쿠크 발행 비중이 급격히 상승하였다.

그동안 말레이시아와 GCC 국가, 특히 UAE가 수쿠크 발행을 주도해 왔으나 2008년 글로벌 금융 위기 이후 GCC 국가의 발행 규모는 대폭 감소하였다. 1996년 이후 누적 발행 비중은 말레이시아와 UAE가 각각 62.8%와 15.8%이며, 사우디아라비아 7.8%, 바레인 4.3% 순이다. 2010년 국가별 수쿠크 발행 비중을 살펴보면 말레이시아가 전 세계 수쿠크 발행의 77.7%를 차지하였으며, 발행 화폐별로도 말레이시아 링깃화가 73.6%를 차지하였다.

발행형태별로는 이자라 수쿠크(26%), 무라바하 수쿠크(22%), 무샤리카 수쿠크(18%) 순이며 그 종류는 점차 다양화되는 추세이다.

---

16) IFSB(이슬람 금융서비스위원회) 발표, 이는 전 세계 헤지펀드 총액 2조 100억 달러(도이치방크 추정)의 절반 수준이다.

17) 2008년 말의 분포는 이란(35.7%), 사우디아라비아(15.6%), 말레이시아(10.5%), UAE(10.2%) 순이다.

18) S&P 추산이며 Zawya 추산은 516억 달러 규모.

19) 2010년 말 기준 수쿠크 잔액은 약 1,500억 달러 규모.

3) 이슬람 펀드(*Islamic Fund*)

이슬람 펀드는 규모는 2010년 상반기 현재 약 530억 달러 수준이며 최근 그 규모가 지속적으로 확대되고 있다. 펀드 수에 있어서도 매년 20% 이상 증가하여 2010년 상반기 기준 약 760여 개 수준이다. 주식형 펀드가 35%로 가장 비중이 높으며, 채권 14%, 단기금융상품 14%, 원자재 12%, 부동산 7% 등의 순이다.

4) 이슬람 보험(*Takaful*)

글로벌 타카풀 시장 규모는 2010년 말 기준 91.5억 달러 수준(총 수입보험료 기준)[20]이며 2011년에는 120억 달러로 성장 예상(이상 이란 제외)[21]된다. 지역별로는 2010년 말 기준으로 GCC 지역이 전체의 45.1%를 차지하며, 이란 35.2%, 말레이시아 등 동남아시아 지역 13.5%의 순이다.[22]

3. 이슬람 금융의 글로벌화

2000년대 들어 이슬람 금융은 연간 15% 이상 급성장하고, 비이슬람권으로 확산되어 국제 금융시장에서도 빠른 성장세를 지속하고 있다. 이러한 확산요인으로는 오일머니 축적, 무슬림 인구 증가, 인프라 정비, 높은 시스템 안정성 등을 들 수 있다.

글로벌화의 진전과 금융 수요의 증가에 부응하여 이슬람 금융은 이슬람 투자회사, 이슬람 투자기금, 이슬람 보험회사 등으로 진출하고 다양한 상

20) 일반보험과 비교하기 위해 타카풀의 갹출금(contribution)을 수입보험료로 간주.

21) Ernst and Young, 'The World Takaful Report,' 2011. 4.

22) 국가별로는 이란이 50억 달러(추정), 사우디아라비아가 38.6억 달러, 말레이시아가 11.5억 달러, UAE가 6.4억 달러 순이다.

품으로 개발되었다.[23]

가장 적극적인 말레이시아는 '이슬람 금융의 허브'로 육성할 것을 천명하고, 2000년대 중반부터 제도를 정비하기 시작하였으며 지금은 말레이시아에서는 기존 은행과 이슬람 은행이 공존하고 있다. 현재 이슬람 전업은행은 17개이다. 2010년 말레이시아에서 발행된 수쿠크가 전체 발행 채권에서 차지하는 비중이 약 6% 증가하였고, 이슬람 금융시장에는 수쿠크 이외에도 예금과 대출, 보험 등 일반금융상품 거래도 활발하다.

중동에서의 선도국가인 바레인은 이슬람 금융기관 회계감독기구(AAOI-FI), 국제 이슬람 금융시장(IIFM)[24]의 근거지이며, 이슬람 금융 전문인력을 양성하는 이슬람 금융센터도 운영하고 있다.

중동 지역뿐만 아니라 세계 각국은 이슬람 금융시장에 활발하게 진출하고 있다. 영국은 비이슬람 국가 가운데 가장 활발한 활동을 보이는 나라다. 영국 정부가 이슬람 금융을 본격적으로 연구하기 시작한 시기는 1990년대 후반이다. 기존 은행에 이슬람 창구가 마련되어 있으나, 별도의 이슬람 은행법이 마련되어 있지는 않다. 영국은 1990년대부터 정부와 재계가 협력해 비(非)이슬람권에서 가장 적극적으로 이슬람 금융을 육성한 결과, 서방의 이슬람 금융 허브로 자리매김을 하였다.[25]

---

23) Nagaoka Shinsuke, "The Emergence of Islamic Finance in the Modern World: Understanding its Theory and Practice, and Reconsidering Islamic Economics," *The 4th Korea-Middle East Cooperation Forum and the 15th Korean Association of Middle East Studies International Conference* (Seoul, Nov. 29–Dec. 2 2006).

24) 이슬람 금융기관회계감독기구(AAOIFI, Accounting and Auditing Organization for Islamic Financial Institution); 국제이슬람 금융시장(IIFM, International Islamic Financial Market).

25) 상대적으로 뒤늦게 이슬람 금융에 관심을 갖고 접근을 시도하였으나 기존 사법적 제약에 부딪혀 주춤하며 제한적으로 도입한 상태이지만 이슬람 금융을 활용하려는 업계는 국내에서의 사법적 제약에 대처하여 해외 진출을 통한 우회전략을 채택했다(최원근·안성학·최현우, 이슬람 금융 현황, 하나 금융정보, 제52호 (4/20/2010), 12.

싱가포르와 홍콩 등은 일찌감치 이슬람 채권 발행이 용이하도록 세제를 개편했으며 일본, 남아프리카공화국도 최근 중동 자금을 유치하기 위해 수쿠크를 발행하고 있다.

글로벌 기업들은 더 적극적이다. 미국 셸사와 일본 도요타 등이 말레이시아에서 수쿠크를 잇달아 발행하고 있으며, 일본의 오릭스 라싱, 다이와증권도 이슬람 국가와의 제휴를 통해 해외에 진출하는 방식으로 이슬람 금융 도입을 꾀하고 있다.[26]

4. 이슬람 금융의 급성장 이유

이슬람 금융이 급성장한 이유는 무엇보다도 풍부한 오일머니 때문이다. 중동의 아랍 국가들은 대부분 이슬람을 국교로 하고 있으며, 고유가를 바탕으로 막대한 오일머니로 투자활동을 하고 있다. 둘째로 이슬람 회귀와 샤리아에 따른 이슬람 인구 증가이다. 소득이 높아지면서 이슬람 정체성이 강조되고 더불어 무슬림의 인구 증가율이 높아지고,[27] 이슬람교로의 개종이 증가하기 때문이다. 셋째로 경제 합리성이다. 이슬람 금융을 이용하는 편이 비용이 더 적게 드는 경우가 존재하기 때문이다. 넷째로 다양한 금융 상품 및 금융서비스 개발이다. 수요의 확대에 따라 샤리아에 따라 이슬람 금융 관련 국제기구의 국제 기준 제정에 부합하는 금융인프라를 개발하였기 때문이다. 이밖에도 높은 시스템 안정성을 들 수 있다. 금융거래가 실물거래와 수반되고 있다. 자산운용 분야에서 사회책임투자 의식이 높아지는 상황이 관심을 높아지고 있기 때문이다.

---

26) "이슬람 돈 창구 말레이시아, 한국에 대출 거부," 조선일보 (3/3/2011).

27) 무슬림 인구는 약 17억 정도(2010년 추정)로 세계 인구의 25%를 차지하고, 평균 인구증가율이 1.8%로 세계 인구증가율 평균(1.1%)보다 높은 수준이다.

IV. 한국과 이슬람 금융

1. 한국의 이슬람

한국과 무슬림의 접촉의 역사는 삼국시대까지 거슬러 올라간다.[28] 백제의 상인이 페르시아에 진출하였고 페르시안 향로를 일본의 공주에게 선물했다는 기록이 남아 있으며, 9세기경에 많은 무슬림 상인들이 남방해로를 통해 신라와 활발한 교류를 하였다. 고려시대에는 수도 개성에는 무슬림 공동체와 예궁(禮宮)이라고 불리는 이슬람 성원(聖院)을 설립하여 이슬람 법과 관습에 따른 생활을 하였으며, 고려속요인 쌍화점에도 무슬림이 등장하고 있다.[29] 경제활동에서도 원나라에 소개된 알탈[30]은 원나라뿐만 아니라 원나라와 긴밀한 관계를 맺고 있는 고려에도 영향을 미쳤다. 무슬림상인조합인 알탈의 활동이 복매(僕買)라고 불리는 징세의 기능뿐만 아니라 고리대금업에도 깊은 관계를 가지고 있었다.[31] 그후 조선조의 세종 재위 시에는 궁중의 공식행사에 무슬림 대표나 종교지도자들이 초청되어 꾸란을 낭송하며 임금의 만수무강과 국가의 안녕을 기원하기도 하였다.

그후 한말 일제시대에는 명동에서 터키 상인이 포목점을 경영하기도 했

28) Catherine Yoo, "유망중소기업을 위한 이슬람 Marketing&Halal 인증", '2011년 제2차 *Halal* 인증 세미나-지역특성화산업의 이슬람 마케팅을 위한 전략산업 2차 세미나', 충남테크노파크, 부여 롯데리조트 (8/23-24/2011).

29) 쌍화점(雙花店)은 고려 충렬왕(재위 : 1275~1308) 때 지어진 고려속요이고, '쌍화점(만두집)에 만두 사러 갔더니만 회회(몽고인) 아비(회회 : 몽고인, 혹은 아랍 상인) 내 손목을 쥐더이다'라는 내용이 있다.

30) 알탈(斡脫)은 동업자를 뜻하는 터키어의 Ortaq의 음차이다. 초기에는 고리대 상업자본가들의 동업조합이었으나 그후 이슬람계 상인을 총칭하고 수전노를 상징하게 되었다.

31) 심의섭·김중관 "몽고 간섭기의 고려사회에 나타난 이슬람 경제사상," 김중관과 공동, 『경제학의 사와 사상』 창간호, 한국경제학사학회, 나남출판, 1998, 304~323.

다. 1950년대 한국전쟁에 참전한 터키 군인들이 이슬람교를 전파하였으며, 70년대에 들어 중동과 경제협력이 밀착되면서 중동에 다녀온 건설노동자 일부가 무슬림이 되었다. 80~90년대에는 아랍권에 유학한 지식인들이 각종 단행본을 통해 이슬람 문화를 알렸으며, 많은 이슬람 국가에서 무슬림들이 취업이민으로 들어오고 있다.

2000년대에 들어서면서 한국 젊은이들이 무슬림이 되고 있다. 현재 한국에는 귀화 무슬림이 1,600여 명, 한국인 배우자와 결혼한 체류 무슬림이 4,000여 명이나 된다.[32] 2011년 상반기에 한국에 거주하는 외국인은 약 150만 명이며, 이중 노동력은 130만 명으로 추산된다. 한국의 인구가 4,850만 명, 이중 노동력은 1,000~1,500만 명으로 추산되므로 한국인 일자리의 1/9~1/12을 외국인이 차지하는 셈이다. 한국의 무슬림은 외국인을 포함해 12만~13만 명으로 추산되며, 이중 한국인은 3만 5,000여 명이다.

이러한 상황 아래 한국의 기독교계에서는 이슬라모포비아(Islamophobia, 이슬람공포증)가 현안이 되고 있다. 이슬람에 대한 편견과 인종 차별을 뜻하는 이슬라모포비아는 1980년대에 처음 퍼지기 시작했고, 2001년 9·11 테러 사건 이후 전 세계로 확산됐다. 한국에서는 불과 3~4년 사이 이슬라모포비아가 개신교의 가장 큰 현안으로 자리잡았다.[33] 2010년 한 해 동안 국민권익위원회는 "고용허가제 송출국가에서 이슬람 국가를 제외해 달라."는 178건의 민원·제안을 접수했다. 2011년에는 "이슬람 국가의 유학생을 받지 말라.", "이슬람 사원 첨탑 건설을 승인하지 말라." 등의 민원·제안도 늘어났다.[34]

---

32) 한겨레, "젊은 영혼들 '샤하다'와 접속하다." (5/18/2011)

33) 2007년 선교를 위해 아프가니스탄을 방문한 샘물교회 배형규 목사가 피살된 사건이 결정적인 역할을 하였다는 견해도 있다.

34) 한겨레, "난 한국인 무슬림이다" 한국의 무슬림 ① 나의 두번째 선택 (5/16/2011).

2. 한국의 이슬람 금융

이슬람 금융에 관한 국내 연구는 중동 지역 경제학의 저변 확대가 안 된 상황에서 소수의 학자에 의해 이슬람 금융과 이슬람 채권에 대한 연구가 수행되었다.

한국에서 이슬람 경제학이 소개된 것은 심의섭·홍성민(1985)의 저서 『이슬람 경제학』이 최초이다.[35] 심의섭은 동양에서 최초로 요르단의 야르묵 대학교에서 개최된 이슬람 국제학술대회에서 이슬람 금융에 대해 발표한바 있다.[36] 그후 심의섭, 홍성민, 김중관, 한덕규 등의 학자들이 이슬람 은행과 이슬람 금융에 대해 학회와 학술지에 지속적으로 발표하게 된다. 2000년을 전후하여 이슬람 은행에 대해서는 한국의 은행계와 이슬람 사원 과 중동으로 유학한 학자들과 이슬람 학자들에 의하여 본격적으로 소개되기에 이르고, 이제 금융계에서도 관심을 갖고 도입하게 된다.

세계 각국이 이슬람 금융을 활용하기 위해 적극적인 데 반하여 한국은 상대적으로 미흡하다. 한국은행에 따르면 국내 금융기관들이 이슬람 금융에 참여한 실적은 2006년까지도 거의 전무한 것으로 드러났다. 2007년부터 해외 이머징펀드 시장에서 중동펀드가 투자 대상으로 떠올랐다.

한국의 금융당국(금융위원회·금융감독원 공동)은 2008년 이슬람 금융서비스위원회(IFSB, Islamic Financial Services Board)의 준회원으로 가입하였고, 2009년 1월에는 IFSB와 공동으로 이슬람 금융세미나를 개최하였으며, 5월

35) 심의섭, "한국에서의 이슬람 금융: 회고와 전망," 한국중동학회 제17차 국제학술대회 (한양대학교 국제문화대학 컨퍼런스룸 12/5-6/2008).

36) SHIM Ui Sup, "Zakhat and Korean Kye as a financial institution in the early communal society: a comparative approach," *International Seminar for Finance of the Moslem States at the Early Islamic Period, Center for Islamic Studies* (Yarmouk University, Ibid, Jordan, Apr. 2~11 1987).

〈표 2〉 국내의 주요 이슬람 금융 연구

학 자	연 도	주요 내용
심의섭·홍성민	1985	한국 최초로 이슬람 경제학, 이슬람 금융을 소개
김중관	2000	이슬람 금융과 이슬람 채권에 대해서 전반적인 지역 연구의 일환으로 개념 정리
심의섭	2001	
한덕규	2003	
김중관	2000	이슬람 경제이론과 현실적 적용
심의섭·김중관	1987·1997 2000·2004 2010	이슬람 금융의 사상, 기법 및 도입 가능성
홍성민	2006	산유국들의 고유가로 인한 막대한 자금 유입에 대비해 이슬람 금융과 이슬람 채권의 글로벌 불균형 가능성에 대해 연구
강우진·이재승	2007	이슬람 금융에 관한 연구-수쿠크를 중심으로
심의섭·김기수 옥진주·이준호	2008	글로벌 금융 위기, 이슬람 금융 도입 가능성 등에 대한 연구
고용수·김진홍	2009	주요 금융선진국의 이슬람 금융 대응전략과 시사점
남명수	2009	이슬람 금융과 사회적 책임투자, 생산성 연구의 신조류
안수현	2009	이슬람 금융과 각국의 금융법·제도 정비 현황
노창현	2010	이슬람 자금의 국내 도입 전략에 관한 연구
김중관	2010	이슬람 금융과 채권의 특징
정혜선	2010	이슬람 금융의 성장과 글로벌 금융 진입을 위한 연구
한정한	2010	이슬람 금융의 발전과정과 우리나라의 이슬람 금융 발전방안
서강석	2011	이슬람 금융의 국내 도입 가능성에 관한 연구- UAE의 제도와 수쿠크 운용 사례를 중심으로

출처 : 서강석, "이슬람 금융의 국내 도입 가능성에 관한 연구 : UAE의 제도와 수쿠크 운용 사례를 중심으로", 학위논문(박사), 명지대학교 대학원 일반대학원(2011) 2:5~5 참조, 필자 작성.

에는 싱가포르에서 열린 제6차 이슬람 금융 연차총회에서 한국 설명회를 하였고, 9월 이슬람 채권(*Sukuk*) 발행과 관련한 양도세, 부가가치세, 취득·등록세 등 세금 면제 혜택 부여 등을 주요 내용으로 하는 지원방안을 발표한 바 있다.[37]

2011년 2월 22일, 2월 임시국회에서 한나라당은 종교 갈등으로 확산되고 있는 이슬람 채권(조세특례제한법 개정안) 도입에 관한 법안 상정을 유보시켰다. 이슬람 채권(수쿠크)법의 국회통과를 둘러싸고 종교계와 정치권의 첨예한 공방이 계속되었으며 이로써 이슬람 채권법은 3년에 걸쳐 모두 6번 국회통과(임시국회 포함)가 좌절된 상황이다.

그동안 한국 정부와 증권사들의 노력은 채권 형태의 이슬람 자금을 도입하는 데 초점이 맞춰져 왔다. 수쿠크 발행을 통해 기업들의 자금 공급원을 보다 다변화하자는 취지에서 추진하였으나 상대적으로 이슬람 자금의 출자(equity)상품은 도외시 한 측면이 있다. 이슬람 금융을 새로운 수익원으로 개발하려는 국내 증권사들은 대부분 국내 기업의 수쿠크 발행 주관을 통한 수수료 수입 확보에 매달려 왔다. 출자 형태의 이슬람 자금 도입은 최근 논란이 되고 있는 수쿠크 법안과 달리 현행법상 문제될 소지가 없다. 다만, 이슬람 금융이 한국 시장에 생소해 투자를 꺼린다는 점이 아쉽다. 수쿠크 법안 마련 과정에서 드러났듯이 그들로서는 한국이 문화적, 종교적 이질감이 큰, 이해하기 어려운 나라이다.[38]

---

37) 이지언, "이슬람 금융 활성화 방안," 『주간금융브리프』 19권 12호 (3/13-19/2010).
38) 홍순재, "이슬람 금융 그것이 궁금하다 下," [이슬람 금융] 신성장 동력·벤처투자 유치산업, 『이코노믹리뷰』 (2/28/2011).

3. 수쿠크 법(*Sukuk*, 이슬람 금융 과세특례법) 현안

1) 수쿠크 법안

수쿠크는 예금자나 이슬람 채권 투자자들에게 이자가 아니라 그들이 맡긴 돈을 샤리아[39]가 금지하지 않는 사업에 투자해서 거둔 수익을 배당한다. 수쿠크는 돈을 빌려 주면서 건물과 같은 실물거래를 끼워 넣는 이슬람식 금융상품이고, 일종의 투자의 개념이다.

가령 기업이 채권을 발행하고 은행으로부터 일정 기간 돈을 빌리면서 기업 소유의 부동산 소유권을 은행으로 이전하면 특수목적회사(SPV, Special Purpose Vehicle)에서 그 물건을 활용해 수익을 창출한 뒤 은행에 이익금을 돌려 주고, 채권 만기 때 채무자 기업이 원금을 변제하면 기업의 부동산 소유권을 회복시켜 주는 방식이다.[40] 다시 말해, 수쿠크를 발행할 때는 부동산이나 자산 거래가 뒤따르며 다른 채권에서는 낼 필요가 없는 양도소득세와 법인·취득·등록·부가가치세 등이 붙는다. 이때 부동산 소유권이 오가는 사이에 생기는 양도세, 취·등록세 등의 세금을 면제해 주어야 채권에 대한 이자 지급 없이도 금융 차입과 변제 거래가 성사될 수 있다는 것이다. 한국에서 수쿠크를 발행해 이슬람 자본을 확보하려면 발생한 수익에 대해 취·등록세 등 각종 세금을 징수하게 되어 있는 현행 조세법을 일정 부분 개정해야 할 필요성이 생기게 되는 것이다.

이러한 문제를 해결하기 위해 기획재정부를 중심으로 민간합동 이슬람

---

39) 샤리아(*Shari'ah*)는 이론적으로 인간이 만든 것이라기보다 신의 계시에 근거한 것이고, ① 꾸란, ② 하디스(*Hadīth*: 언행록)에 기록된 순나(*Sunna*: 관습) ③ 이즈마(*ijmā*: 공동체의 합의), ④ 키야스(*qiyās*: 유추를 통한 추론법) 등 네 가지에 근원을 둔다.

40) 이 부분은 주로 다음을 참조하였다. "이슬람 채권법 논란, 떳떳하지 못한 개신교," 오마이뉴스 (2/25/2011).

금융 태스크포스팀이 조직되어 2009년 9월 '이슬람 금융 조세특례제한법 개정안'을 마련했다. 수쿠크는 상품 구조에 따라 현재 총 14종류가 존재하는데 이번 조세특례제한법 개정안의 대상이 되는 것은 이자라와 무라바하의 두 가지 수쿠크이다. 이 법안은 수쿠크 발행법인인 해외 SPV의 법인세 원천징수를 면제하고, 자산 이전에 따른 부가세 및 취·등록세를 면제하는 조세 지원을 담고 있다.

정부는 사실상 발행이 봉쇄된 이슬람 채권 발행을 유도하기 위해 수쿠크에 면세 혜택을 주는 법안을 만들었으나 개신교계의 반발로 국회에서 통과되지 못하고 있다. 만약 이 법안이 발효되지 못하면 수쿠크는 일반채권에 비해 조달 비용이 너무 비싸 사실상 발행이 불가능하다.

2) 찬반 이슈

2011년 2월 임시국회의 쟁점으로 떠오른 이슬람 채권법인 '이슬람 금융 조세특례제한법 개정안'을 놓고 기독교계가 반대 운동에 나섰다. 여기에는 한국기독교총연합회(한기총)와 한국장로교총연합회(한장련)가 앞장섰다.[41]

수쿠크란 이슬람 채권을 말하는 것으로, 이슬람 율법을 국내법보다 우선하는 금융상품을 말한다. 이에 대해 신중론자들은 '왜 굳이 과세특례까지 주어 이슬람 금융을 도입하려는가'라고 하고,[42] 적극론자들은 자본 유입의 다변화와 자본을 장기적으로 쓸 수 있어 안정성이 있다는 것을 강조한다.

이러한 이슬람 채권법에 대한 논란의 이슈는 다음과 같다.

첫째, 외화자금 조달원의 다변화 목적이다. 한국은 1997년 아시아 금융위기, 2008년 글로벌 금융 위기를 거치며 외환 도입처의 다변화를 실감하였

41) 2/17-18/2011 기간 중 각종 미디어 보도.
42) [한국교회언론회 논평] "이슬람 금융 과세특례 문제 있다," 크리스천투데이 (2/11/2011).

다. 한국 경제의 높은 성장잠재력과 무역대국으로서의 위상에도 불구하고 글로벌 외환 위험에 상시적으로 취약한 우리 경제이므로, 오일달러가 풍부한 중동에서 운용되는 이슬람 금융과 관련된 제도를 정비하여 유비무환(有備無患)의 전략적 접근을 하자는 것이다.

둘째, 대안금융론이다. 수쿠크의 발행 구조를 보면 종교적 율법은 무늬일 뿐이고 사실상 이자를 받는 일반채권과 다를 것이 없다. 경제논리에서 수쿠크는 이자를 받지 않는 대안금융의 일종일 뿐 종교문제가 아니고 우리 기업들의 필요에 의해서 예외적인 법률조항을 마련한 것인데 종교적 과민 반응이라는 것이다.[43] 현 세계 금융시장의 중심지가 뉴욕과 런던이라면 현재의 이슬람 금융시장의 중심지는 쿠알라룸푸르와 바레인인데, 한국이 이 나라들과 많은 일을 함께하기 위해서는 금융인프라의 정비가 필요하다는 것이다.

셋째, 금융산업 발전을 위한 유치산업 보호론이다. 국가마다 수쿠크 도입 초기에는 정부채 발행을 통해 육성한 후 기업들이 뒤따라올 수 있게 하고 있는데 한국도 정부채 발행이 어렵다면 공기업이라도 먼저 나서는 것이 바람직하다는 주장이다.[44] 말레이시아는 1983년 이슬람 금융법을 제정해 이슬람식 은행 설립을 허용하고, 2002년 세계 최초로 6억 달러 규모의 국채를 수쿠크를 통해 발행하여 이슬람 금융의 메카로서 자리를 잡아가고 있다. 선진권과 비이슬람권에서도 이슬람 금융의 육성을 위해 정책적인 배려를 하고 있다.[45]

---

43) 이달순, "이슬람 채권 도입에 종교계 두려워 말라," 수원일보 (3/28/2011).

44) 홍순재 (2011), "이슬람 금융 그것이 궁금하다 下."

45) 법적으로 수쿠크에 특혜를 주는 비(非)이슬람 국가는 영국(2003), 프랑스(2009), 싱가포르(2009), 홍콩(2009) 등이며 이 나라들은 이슬람 채권을 발행할 때 일반 채권의 이자와 동일하게 취급하여 이슬람 채권에 불이익을 주지 않는 방향으로 세제를 개편하여 이슬람 채권 발행을 정착시켰다(조선일보, "오일머니 겨냥한 '이슬람 채권법[이슬람 채권에 이자 소득세 등 면제하는 법안]' 논쟁 정치권 비화," 2/17/2011).

넷째, 형평성 문제이다. 정부는 이 상품을 들여오면서 각종 세제 혜택을 주려 한다. 이자소득세, 법인세, 취득세, 등록세, 부가가치세, 지방세 등을 면제해 주어 다른 금융상품과의 형평성에 문제가 있다.

다섯째, 이슬람 확산론이다. 이슬람 자금을 도입하는 나라에는 이슬람 율법에 의하여 무슬림 '이맘'들이 포함된 '샤리아위원회'를 만들어야 하는데, 금융과 기업, 경제계에 특정 종교의 영향력이 확대되는 결과가 된다. 따라서 자연스럽게 자본을 통한 특정 종교 포교도 따라온다고 보아야 한다.[46]

여섯째, 자카트와 테러자금의 연계문제이다. 이슬람 금융은 의무적으로 총수입의 2.5%를 '자카트'라는 희사금으로 내야 하는데, 그것이 테러단체의 자금원으로 쓰여질 수도 있지 않느냐는 논리이다. 이에 대한 반론으로는 중동을 비롯한 이슬람권과의 교역과 투자, 해외건설사업으로 인한 수익이 테러단체에 들어갈 수 있다는 개연성 때문에 그들과 거래를 하면 안 된다는 억지 논리와 다를 게 없다는 비유도 있다.

일곱째, 수쿠크 법은 종교적인 쟁점이 아닌 경제적인 문제일 뿐이다.[47] 현재 이슬람 은행은 51개국에서 300곳 이상이 영업을 하고 있으며, 매년 10~15%의 높은 증가율을 기록하고 있는, 현 국제 금융질서에서 성장이 가장 빠른 사업 부문이다.

여덟째, 이 법안이 UAE 원전 수주에 따른 자금 조달을 위한 전략이라는 주장이다. 이에 대해 원전 수주 이전에 입법 추진이 시동된 것으로 밝혀졌다.

---

46) "수쿠크 법은 이슬람이 한국에 심으려는 '트로이 목마'," (한국교회언론회 성명)라는 교계의 시각도 있다(조선일보, 이슬람 채권법 '강경발언' 조용기 목사 "심려 끼쳐 죄송," 2/28/2011).

47) 프랑스보다 영국이 이슬람 금융의 중심지가 되었는데 이는 프랑스가 이슬람 금융상품과 이슬람교를 동일시하는 오해에서 비롯된 것으로 보기도 한다(조선닷컴, 이슬람 돈 창구 말레이시아, 한국에 대출 거부, 3/3/2011).

4. 정책 대안

국제 금융산업으로의 발전적 합류에 저해되는 비경제적 소모적 논쟁으로 인한 수쿠크 법안의 표류는 한국적인 금융쇄국(金融鎖國)으로 얼룩질 수 있다. 국내에서 수쿠크 논란이 중동국가에서는 언론에 대서특필되고 있어 중동에서 괜한 반한(反韓) 감정만 불러일으키고 있다.[48]

수쿠크 법안의 국내 도입이 유보되었다 하더라도 이슬람 금융의 정책과 활용을 위해서는 우회정책이라도 활용하여야 한다. 예를 들면, 이슬람 금융권 역내에서 이뤄지는 국내 기업 주도의 프로젝트 파이낸싱에 수쿠크 활용을 검토해 볼 필요가 있다.[49] 중동 석유화학 콤플렉스 건설, 도로 항만 등 사회 간접 자본 시설 공사를 수주한 업체들의 경우 이슬람 금융을 통한 차입이 효과적일 수 있기 때문이다. 이밖에도 보험상품인 타카풀, 예금상품인 와디아(*Wadiah*, 보호예수), 이슬람 부동산펀드, 이슬람 사모펀드 등의 상품으로의 우회적 접근도 고려해 볼 만하다.

한국의 금융산업이 수쿠크 논란이라는 성장의 마디를 넘어 이슬람 금융이 활성화되기 위해서는 다음과 같은 노력이 필요하다.

첫째, 아직 국가별로 상이하고 정형화되지 않은 샤리아 율법의 정비가 시급한 상황이므로 이슬람 금융 활성화의 주역인 금융기관 차원에서는 이슬람 금융전담팀 구성과 전문인력의 확보가 필요하다. 둘째, 정부 차원에서 이슬람 금융의 활성화를 위해 조세관련제도 등 금융인프라를 정비하는 일이다. 셋째, 학계 차원에서 이슬람 금융에 대한 연구 및 전문가를 육성체제를 구축하는 것이 필요하다.

---

48) 이달순, "이슬람 채권 도입에 종교계 두려워 말라," 수원일보 (3/28/2011).
49) 홍순재 (2011), "이슬람 금융 그것이 궁금하다 下."

V. 결론

이슬람 금융의 글로벌화가 진행되고 있지만 이에 대한 전망은 다를 수 있다.[50]

먼저 비판적 견해로서 샤리아 해석의 국제적 표준화 미비, 지나친 종교적 성향으로 인한 금융거래 유연성 부족, 이슬람 금융상품, 서비스의 다양성 부족, 금융 선진국인 미국 금융 당국의 소극적 태도 등을 들 수 있다.

낙관적 견해로서는 급성장하고 있는 GCC 국가들의 프로젝트 파이낸스 시장과 수쿠크 시장을 통해 더욱 확대될 것이라는 전망이 우세하다. 그 까닭으로는 국제 기준 정립 등 제도적 인프라 구축이 진행되고 있으며, 이슬람 금융 수요의 증가와 금융기술 발전에 따른 이슬람 금융상품·서비스 확대를 통한 이슬람 금융 점유율 상승, 주요 이슬람 금융권 지역인 중동·아시아의 지속적 경제성장, 금융 위기 이후 새로운 투자대안으로 급부상하고, 오일머니와 더불어 선진권 글로벌 투자자본도 위험분산을 위한 포트폴리오 차원에서 이슬람 금융에 대한 투자 증가전망 등을 들 수 있다.

이러한 견해를 종합하면 비이슬람 국가로의 이슬람 금융 확산 여부는 해당국의 이슬람 금융에 대한 이해와 정부의 정책적 지원 및 규제 완화 정도 등에 따라 결정될 것으로 판단된다. 하지만 이슬람 금융의 도입 여부와 관계없이 오일머니 활용 및 외화자금 조달원의 다변화를 위해서는 이슬람 금융시장에 대한 지속적인 관심과 접근 노력이 필요하고, 이슬람 금융의 빠른 성장 추세를 감안하고 이슬람 금융시장에 진출하기 위해서는 면밀하고 신중한 접근방법이 요구된다.

이슬람의 본원지인 중동은 한국이 필요로 하는 석유와 천연가스 같은

50) 한국은행 (2011), "이슬람 금융의 최근 동향 및 전망."

에너지의 90%를 안정적으로 공급해 주고, 한국 기업의 해외건설과 플랜트 사업의 약 70% 이상을 중동에 의존하고 있다. 그럼에도 불구하고 수쿠크 도입을 테러자금과 연계시키고, 이슬람 포교의 전략이란 찬반논란에서 수쿠크의 애매한 역기능이 부각되고 국익과 관련된 공공의 영역에 특정 종교의 과민적 반응이 '종교의 자유'와 '政·經·宗 분리'라는 기본정신과 양립할 수 있는 한계를 생각하게 된다.

수쿠크 법안의 국내 도입이 유보되었다 하더라도 국제 금융시장의 성장 트렌드인 이슬람 금융의 활용을 위해서는 우회정책이라도 활용하여야 한다. 이를 위해 정부와 정계는 금융인프라를 보완하고 정비하여야 하며, 민간은 국격(國格)과 국익을 증진을 위해 소모적 논란을 뛰어넘는 글로벌 금융 비즈니스로 성장의 동력을 비축하여야 한다.

[참고문헌]

국민일보. "중국 대륙 속 무슬림 '동진 중'… 이슬람 급속 확산." 3/28/2011.
김중관·이승영. 『이슬람 금융의 도입 사례 분석 및 시사점』. 서울: 한국금융연구원. 2011.
서강석. "이슬람 금융의 국내 도입 가능성에 관한 연구 : UAE의 제도와 수쿠크 운용 사례를 중심으로." 학위논문(박사), 명지대학교 대학원 일반대학원: 아랍지역학과 2011.
서상덕. 『러시아 적인가 친구인가』. 서울: 대산출판사, 2000.
심의섭. "한국에서의 이슬람 금융 : 회고와 전망." 한국중동학회 제17차 국제학술대회, 한양대학교 국제문화대학 컨퍼런스룸, 2008.
심의섭·김중관. "몽고 간섭기의 고려사회에 나타난 이슬람 경제사상." 김중관과 공동. 『경제학의 사와 사상』. 한국경제학사학회, 나남출판, 창간호(1998.1), 304~323.
오마이뉴스. "이슬람 채권법 논란, 떳떳하지 못한 개신교," 2/25/2011.
이달순. "이슬람 채권 도입에 종교계 두려워 말라." 수원일보, 3/28/2011.
이병화. "화폐 개혁, 1998년 러시아와 2009년 북한의 비교." 12/21.2011.
이선호. 이슬람 금융의 최근 동향과 우리의 활용방안, 대외경제정책연구원 중동분과전문가풀간담회 자료, 11/18/2009.
이지언. "이슬람 금융 활성화 방안." 『주간금융브리프』 19권 12호, 3/13-19/2010.
조선닷컴. "이슬람 돈 창구 말레이시아, 한국에 대출 거부." 3/3/2011.
조선일보. "오일머니 겨냥한 '이슬람 채권법(이슬람 채권에 이자소득세 등 면제하는 법안)' 논쟁 정치권 비화." 2/17/2011.
______. "이슬람 채권법 '강경발언' 조용기 목사 "심려 끼쳐 죄송"." 2/28/2011.
조용범. 이슬람 금융의 최근 동향 및 전망. 한은금요강좌, 한국은행, 5/27/2011.
최원근·안성학·최현우. 이슬람 금융 현황. 『하나 금융정보』 제52호, 4/20/2010.
크리스천투데이. [한국교회언론회 논평] "이슬람 금융 과세특례 문제 있다." 2/11/2011.
한겨레. "난 한국인 무슬림이다." 한국의 무슬림 ① 나의 두번째 선택. 5/16/2011.
______. "젊은 영혼들 '샤하다'와 접속하다." 5/18/2011.
한국산업단지공단 서부지역본부. HALAL 인증의 개념과 진출기업의 우수사례 및 기술세미나. 안산, 8/22/2011.
한국은행. "이슬람 금융의 최근 동향 및 전망." 『국제경제정보』 제2011-17호. 4/25/2011.
홍순재. 이슬람 금융 그것이 궁금하다 上, [이슬람 금융] 자산규모 1조달러 '빅 파이'를 잡아라. 이코노믹리뷰. 2/14/2011.
______. 이슬람 금융 그것이 궁금하다 下, [이슬람 금융] 신성장 동력·벤처투자 유치산업. 이코노믹리뷰. 2/28/2011.

イスラム銀行 - Wikipedia, ja.wikipedia.org/wiki/イスラム銀行.
今平和雄. 経済グローバル化とイスラム金融, 如水会講義資料. 11/2/2005.
隋平·张宝成. 伊斯兰金融在中国的现代意义及影响. 5/22/2010.

Catherine Yoo. 유망중소기업을 위한 이슬람 Marketing&Halal 인증, '2011년 제2차 Halal 인증 세미나-지역특성화산업의 이슬람마케팅을 위한 전략산업 2차 세미나.' 충남테크노파크, 부여 롯데리조트, 8/23-24/2011.

Ernst and Young. 'The World Takaful Report.' 2011.
Muhammad Amin Qattan. "Islamic Business in the Gulf States and the Korean Experience: An Urgent Strategic Partnership." *The 4th Korea-Middle East Cooperation Forum and the 15th Korean Association of Middle East Studies International Conference.* Nov.29–Dec.2, 2006. Seoul, South Korea.
Shinsuke, Nagaoka. "The Emergence of Islamic Finance in the Modern World: Understanding its Theory and Practice, and Reconsidering Islamic Economics." *The 4th Korea -Middle East Cooperation Forum and the 15th Korean Association of Middle East Studies International Conference.* Seoul, Nov.29-Dec.2, 2006.
Shim Ui Sup. "Globalization of Islamic Finance and Korea-Indonesia Cooperation Isues." *The 2011 International Conference of KATCH/Roles and Measures of Trade Insurance in Global Trade Environment* : Organizer/The Korean Academy for Trade Credit Insurance : Sponsor/Korea Trade Insurance Corporation : Jun. 17, 2011, JW Marriott Hotel, Jakarta, Indonesia; Proceedings: 25-62.

삼성경제연구소. 이슬람 금융연구회, http://www.seri.org/forum/islamicbanking/

이슬람 수쿠크 채권에 대한 세금 감면 추진과 기독교적 대응 연구

안창남

I. 서론

이 글을 쓰는 목적은 2009년부터 이명박 정부가 추진하고 있는 이슬람 수쿠크(*Sukuk*) 채권에 대한 세금 감면법(아래에서는 '이슬람 채권법'이라 줄여 씀)의 내용이 세금정책상 타당성이 있는지를 검토하고 이에 대해 기독교계의 올바른 대응방안을 제시하고자 함이다.[1]

정부는 2009년 9월 28일 조세특례제한법 개정안을 국회에 제출하면서 그 추진 배경으로 ① 풍부한 이슬람 자금 도입 ② 미국·유럽 중심의 차입선 다변화·위험 분산 ③ 투자자 폭 확대(일반 투자자+이슬람 투자자) 등으로

1) 이 글은 2011년 4월 13일 한반도 평화연구원이 주최한 「수쿠크 법의 쟁점 : 평화를 위한 정부, 미디어, 교회의 역할」이란 세미나에서 발표된 내용을 중심으로 하여 재구성하였음을 밝혀둔다.

국내 기업의 차입여건의 개선 가능성 기대 등을 들고 있다.[2]

우리나라가 자본주의 사회를 추구하고 있으면서 정치와 종교를 분리하고 있으므로, 내국 자본이든 해외 진출과 아울러 외국 자본의 국내 진출이—설사 그것이 이슬람 자본이라고 하여도—자유롭게 이루어져야 함에는 이론의 여지가 없다.

그러나 외국 자본의 진출이 자유롭게 이루어져야 한다는 것과 해당 외국 자본에 대해서 세금까지 감면을 해주어야 한다는 것은 서로 다른 일이다. 왜냐하면 세금이라는 것은 국민 모두의 행복과 미래를 담보하는 공통의 식량과 같은 것이어서, 이를 깎아 준다는 것은 그 이해관계가 국민 모두에게 미치므로, 이를 위해서는 국민들의 공통적인 공감대가 있어야 함을 의미하는 것이다. 더군다나 그 외국 자본이 이슬람 종교의 특성이 반영된 것이라면, 정치와 종교의 분리 원칙에 비추어보아도 기독교계의 반발은 충분히 예상 가능한 일일 것이다.

이 글에서는 먼저 이슬람 채권법의 도입과 추진과정을 설명하고(II), 이에 대해 일반적인 관점(III) 및 세법적 관점(IV)에서 평가를 한 뒤, 이를 바탕으로 한 기독계의 대응방안을 제시한 후(V) 마무리(VI)하였다.

---

2) 자세한 내용 : http://www.mosf.go.kr/_news/news02/news02.jsp?hdnRecent=20&hdnCommand=new(4/10/2011) 중 국제금융국에서 2009. 9. 29. 발표한 「이슬람 채권(*Sukuk*) 지원 방안 마련」 내용 참고. 한편, 이슬람 국가는 원유가의 상승으로 인해 오일달러가 증가되고 있고, 이들 자금을 이용한 금융거래를 주도하기 위해 말레이시아와 UAE 등의 이슬람 금융허브를 위해 각종 세제 지원을 마련하고 있다. 이와 같은 자금을 이용하기 위해 영국 등이 이슬람 국가와 보조를 맞추고 있는 것으로 보인다. MB 정부도 이들 자금을 국내에 유입하도록 하여 '경제 활성화'를 도모하려는 의도로 보인다. 또한 우리나라 외화자금의 도입선이 미국과 유럽에 치우쳐 있어, 이를 다변화하여 혹시 닥쳐올지도 모르는 제3의 국제 금융 위기에 대비하고자 함도 그 주된 목적에 포함될 수 있을 것이다.

II. 이슬람 채권법의 특징 및 도입 추진 과정

이슬람 수쿠크 채권을 발행한다는 것은 무슨 의미일까? 정부가 제출한 이슬람 채권법에 따르면, 내국 기업이 외국에서 서류상 회사(이른바 'Paper Company')를 만들고 그 회사가 수쿠크 채권을 발행하면, 그 채권을 이슬람 자본이 구입하여 내국 기업이 그 돈을 국내로 들여온다는 것이다. 그리고 채권 발행 약정에 따라 채권 발행회사(국내 회사)가 이슬람 자본에게 금액을 지급하는 것이다.

그런데 이슬람 수쿠크 채권은 그 자금의 용처를 내국 기업이 마음대로 정하는 것이 아니고, 이슬람 샤리아위원회가 통제를—즉 이슬람 율법에 맞는 곳에만 투자하도록—하고 있다. 또한 정부법안에 따르면 이와 같은 자금의 투자처를 부동산에 한정하고 있다.

1. 이슬람 수쿠크 채권의 특성

1) 종교성

정부가 세금 감면까지 하면서 도입을 추진하고자 하는 이슬람 수쿠크 채권은 시장경제의 선상에 있는 자본이 아니라 이슬람 종교 선상에 있는 자본이다.[3] 즉 꾸란에서 금융거래 시 '이자를 주고받는 것을 금지'하고 있으므로, 이슬람 수쿠크 채권은 투자나 대출 시 약정서에 해당 자금의 이용 대가로 지급받는 금액의 명칭을 '이자'라고 할 수 없다.[4] 따라서 이 금액을 '이자' 대신에 양도차익이나 리스료 명목으로 받아야 한다.

---

3) 자세한 내용 : 공일주, "이슬람 율법과 수쿠크," 《국민일보》 (3/17/2011)
4) 꾸란 2장 275절 : 교역은 허용하되 고리대금(이자)은 금한다.

한편, 이슬람 수쿠크 채권을 발행하기 위해서는 샤리아(*Sharia*)위원회의 심의를 거쳐야 한다.[5] 이 위원회는 이슬람 율법을 해석하는 기관으로, 만일 이슬람 수쿠크 채권의 운용이 이슬람 율법에 어긋나는 분야라면 투자허가를 하지 않고 있다. 예를 들면 이슬람 수쿠크 채권이 이슬람 율법에서 금하고 있는 돼지고기, 마약, 술 등의 분야에 투자하는 경우 허가를 하지 않는다는 것이다.

그렇다면 기독교가 반대해서 이슬람 채권법이 국회를 통과되지 못한 이유로 인해 한국에 이슬람 국가의 금융자본이 진출하지 못한다는 비난이 있다.[6] 그러나 사정은 그렇지 않다. 대출거래가 아닌 주식투자 등의 분야에는 이미 상당수의 이슬람 금융 자본이 진출해 있다. 이들은 이미 삼성이나 현대 등에 많은 주식투자를 하고 있으며 이들 기업으로부터 '이자'가 아닌 '배당'을 받아가고 있다. 이자나 배당이나 똑같은 돈이지만, 그 명칭이 서로 다를 뿐인데도 이슬람은 전자는 이자라는 이유로 금지하고, 후자는 용인하고 있다.

돈이란 수익이 생기면 '지옥'이라도 달려가는 법이다. 한국에 벌써 이슬람 국가의 자본이 넘쳐나고 있다. 여기에 이슬람 수쿠크 채권이 더해질 것인가의 문제이지 기독교계가 반대해서 이슬람 수쿠크 채권이 발행되지 못하고 이로 인해 금융 위기를 극복하기 어렵다는 주장은 그 근거와 논리를 찾아볼 수 없다.

---

5) 내국 기업이 이슬람 수쿠크 채권을 발행하기 위해서는 국내 은행법 등의 개정이 우선적으로 요구된다.

6) 이와 같은 주장은 금융 위기가 올 때마다 외국 자본이 국내에 많이 있으면 이를 쉽게 극복할 수 있다는 가설에 근거하고 있으나, 금융 위기는 자체 힘으로 극복하여야 하는 것이지, 외국 자금을 통해서 극복하려고 하는 것은 근본적인 치유방법이 안 되는 것이다.

2) 부동산 투자 지향

현 정부가 도입하고자 하는 이슬람 수쿠크 채권은 국내의 부동산 투자 자금을 위한 채권이다. 그 운용 실태는 다음과 같다.[7]

우리나라 거주자 갑(甲)이 한국에서 시가 10억 원인 아파트를 구입한다고 하자. 이 경우, 일반적인 금융거래는 다음과 같다.

① 거주자 갑(甲)이 구입할 집을 구한다.
② 부족한 자금은 은행에서 대출을 받는다.
③ 해당 아파트를 구입한다.
④ 취득세 등을 부담한다.
⑤ 약정에 따라 거주자 갑(甲)은 은행에 이자를 지급한다.

반면, 이슬람 수쿠크 채권(수쿠크 채권을 발행한 내국법인)은 아래와 같은 순서로 금융거래가 이루어진다.[8]

① 이슬람 수쿠크 채권이 거주자 갑(甲)이 구입할 집을 구한다.
② 이슬람 수쿠크 채권이 취득세를 부담한다.
③ 이슬람 수쿠크 채권이 거주자 갑(甲)에게 해당 아파트를 양도한다.
④ 이때 집값은 당초 집값에다가 일정기간(구입시점부터 양도시점까지) 동안에 해당되는 이자를 붙여서 양수가격을 결정한다.

7) 이와 관련된 대표적인 상품으로는 「무라바하(*Murabahah*)」와 「이자라(*Ijarah*)」가 있다. 전자는 소비자금융의 일종으로 수요자가 필요로 하는 주택 등 실물자산을 금융기관이 사전에 구입한 뒤 구매원가에 금융기관의 마진을 붙여 이를 수요자에게 매도함으로써 수요자에게 금융을 제공하는 계약을 의미한다. 반면 후자는 리스와 비슷한 개념으로 건물 등 비교적 큰 금융이 필요한 경우 금융기관이 건물 등을 구입하여 이에 대한 사용권만 수요자에게 이전하고 금융기관은 리스 기간 동안 수요자로부터 사용료를 정기적으로 받는 형태이다. 리스 기간 동안 소유권이 금융기관이 있다는 점에서 무라바하와 구별된다(자세한 내용 : 김종원, "이슬람 금융의 발전과 우리나라의 도입 현황," 『제12회 월드텍스연구회 정기 학술대회 발표자료』, 2010, 44-49 참조)

8) 물론 구입하는 주체는 이슬람 수쿠크 채권을 발행한 회사 또는 은행이 될 것이다.

⑤ 거주자 갑(甲)은 이슬람 채권 관련 은행에게 양수가격을 지불한다.
⑥ 이슬람 수쿠크 채권은 양도시 양도소득세(또는 법인세)와 부가가치세를 부담한다.

만일, 거주자 갑(甲)이 은행으로부터 차입한 금액이 10억 원이고 이자율이 5%라고 가정하면, 위 일반적인 금융거래의 경우 1년에 5천만 원의 「이자」를 주게 될 것이다. 결국 취득가액은 10억 5천만 원이 된다.

반면 이슬람 채권 발행 은행은 이자를 받지 않는 대신에 10억 원에 구입한 아파트를 이자율 5%를 붙여서 10억 5천만 원에 거주자 갑(甲)에게 양도하고, 「양도차익(이자소득이 아닌)」 5천만 원을 챙길 것이다.

결국 일반은행의 이자수익 5천만 원이나 이슬람 금융은행의 양도차익 5천만 원은 동일한 성격이지만, 현행 세법은 이자소득과 양도소득에 대해서 후자가-부동산의 취득 및 양도와 관련되어 발생하는 취득세(등록세 포함), 부가가치세, 부동산 양도소득에 대한 법인세(또는 양도소득세) 등- 훨씬 많은 세금을 부담하고 있다. 따라서 이슬람 채권법의 내용은 이들 거래의 세 부담의 차이를 없애기 위한 것으로 보인다.[9]

2. 이슬람 수쿠크 채권 소득에 대한 감면 주장의 근거 및 반론

이슬람 수쿠크 채권 소득에 대한 세금 감면의 주장은 아래와 같다.

첫째, 현행 조세특례제한법 제21조에서 규정하는 국제 금융거래에 이슬람 수쿠크 채권 거래도 포함될 수 있다. 해당 법조문에 의하면 '법령이 정하

9) 정부 발표에 의하면, 만일 이와 같은 차이를 해결하지 않는다면, 내국 기업의 자금 조달 금리가 일반적인 금융거래보다 연평균 150-340bp가 높다고 한다. 여기서 bp란 기준 basis point의 줄임말로 %보다 더 세밀하게 분류된 단위이며 % 아래 두 번째가 기준점이 된다. 즉 150bp가 높다는 것은 1.5%가 높다는 의미이다.

는 금융기관이 「외국환거래법」에서 정하는 바에 따라 국외에서 발행하거나 매각하는 외화표시어음과 외화예금증서의 이자 및 수수료'에 대해서 이를 지급받는 자(거주자와 내국법인 제외)에 대해서는 소득세 또는 법인세를 면제하고 있어서, 이슬람 수쿠크 채권도 여기에 해당된다는 것이다.

그러나 이와 같은 주장은 이슬람 수쿠크 채권의 경우 지급받는 소득이 이자 및 수수료가 아니라 양도소득 또는 임대소득(각주 7번 참조)이라는 점에서 이를 동일하게 볼 수 없다는 주장이 가능하다.

둘째, 설사 이슬람 수쿠크 채권 소득이 양도소득 또는 임대소득이라고 하여도, 이는 형식(form)적인 것이고, 실질(substance)은 이자소득이다. 그 이유는 이슬람 꾸란에서 이자 수수를 금지하고 있어서 편의상 상품거래를 양도거래 또는 임대거래로 한 것에 불과하기 때문이다.

그러나 이와 같은 주장 역시 무엇이 형식이고 실질인지에 대한 논란이 많이 제기되고 있다. 특히 양도소득의 경우, 일반 개인의 양도소득에 대해서는 과세를 하고 이슬람 수쿠크 채권 거래에 대해서는 면세해 준다는 것은 무차별과세원칙(Non-discrimination)에 위배될 수 있다.[10]

셋째, 조세 감면이 허용되는 것은 국제 금융거래인데 이슬람 수쿠크 거래도 국제 금융거래에 해당될 수 있다. 그러나 전자는 외국환거래법의 적용을 받지만 후자의 경우에는 적용되는 법률(예 : 자본시장과 금융투자업에 관한 법률 등)이 서로 달라서 이를 동일시 할 수 없다.

어찌되었든, 이슬람 수쿠크 채권에 대한 세금 감면이 없을 경우, 우리나라에서 부담하는 세액은 〈표 1〉과 같다.

10) 자세한 내용 : 최인섭·안창남, 『국제조세이론과 실무』 (한국출판정보(주), 2009), 123-131 참조.

〈표 1〉 자금 조달 방법에 따른 세금 부담비교표

구분	현행 세법	이슬람 채권법(안)
외화자금을 이용할 경우	조세특례제한법 제21조 적용 : 국내 납부세액 없음	—
국내금융을 이용할 경우	소득세법 적용 : 14%	—
이슬람 수쿠크를 이용할 경우(법인은행)	① 양도소득 5천만 원에 대한 법인세 : 5백만 원(세율 10%) ② 아파트 10억 원에 대한 취득세 : 2백 8십만 원(세율 2.8%) ③ 합계 : 7백 8십만 원	법인세 : 외화자금으로 보아 면제 취득세 : 자금거래로 보아 면제

* 전제 조건 ① 거주자 갑(甲)이 시가 10억 원인 아파트를 구입 ② 해당 자금을 연 5% 금리로 차입 ③ 이자지급액은 5천만 원임

3. 이슬람 채권법 입법 추진과정

정부는 2009년 정기국회에서 조세특례제한법 제21조의 2를 신설하여 「내국법인이 이자 수수를 금지하는 종교상의 제약을 지키면서 자금을 조달하기 위하여…」라는 목적으로 이슬람 수쿠크와 관련된 세금 감면의 법제화를 시도하였으나, 특정 종교에 대한 혜택이라는 반발로 인해 국회를 통과하지 못하였다.

이후 2010년에도 기독교계의 반발이 있자 해당 법조문을 수정하여 「이자 수수를 금지하는 관습·문화를 고려하여 다음 각 호의 요건을…」이라는 수정안을 제시하였으나 역시 같은 이유로 국회를 통과하지 못하였다. 참고로 정부의 개정안은 다음과 같다.

2009년 9월 개정안

조세특례제한법 제21조의 2 (특정 국제금융거래에 따른 이자소득 등에 대한 과세특례) ① 내국법인이 이자 수수를 금지하는 종교상의 제약을 지키면서 자금을 조달하기 위하여 대통령령으로 정하는 해외특수목적법인(이하 이 항, 제3항, 제5항 및 제6항에서 "발행법인"이라 한다.)을 통하여 다음 각 호의 요건을 모두 갖춘 권리관계에 따라 비거주자 또는 외국법인을 상대로 외화표시증권(이하 이 항, 제3항, 제5항 및 제6항에서 "특정증권"이라 한다.)을 발행하는 경우에는 그 내국법인(이하 이 항, 제3항, 제5항 및 제6항에서 "조달법인"이라 한다.)이 제4호가목에 따라 발행법인에 지급하는 임대료를 이자로 보고, 이를 지급받는 발행법인에 대하여 그 소득에 대한 법인세를 면제하며, 발행법인이 제1호에 따라 제공하는 자산 임대용역과 제1호에 따른 조달법인의 자산의 매도 및 제2호에 따른 발행법인의 자산의 재매도는 「부가가치세법」 제6조 및 제7조에 따른 재화 및 용역의 공급으로 보지 아니한다. (이하 생략)

2010년 12월 수정안

조세특례제한법 제21조의 2 (특정 국제금융거래에 따른 이자소득 등에 대한 과세특례) ① 내국법인이 대통령령으로 정하는 해외특수목적법인(이하 이 항, 제3항, 제5항 및 제6항에서 "발행법인"이라 한다.)을 통하여 이자수수를 금지하는 관습·문화를 고려하여 다음 각 호의 요건을 모두 갖춘 권리관계에 따라 비거주자 또는 외국법인을 상대로 외화표시증권(이하 이 항, 제3항, 제5항 및 제6항에서 "특정증권"이라 한다.)을 발행하는 경우에는 그 내국법인(이하 이 항, 제3항, 제5항 및 제6항에서 "조달법인"이라 한다)이 제4호가목에 따라 발행법인에 지급하는 임대료를 이자로 보고, 이를 지급받는 발행법인에 대하여 그 소득에 대한 법인세를 면제하며, 발행법인이 제1호에 따라 제공하는 자산 임대용역과 제1호에 따른 조달법인의 자산의 매도 및 제2호에 따른 발행법인의 자산의 재매도는 「부가가치세법」 제6조 및 제7조에 따른 재화 및 용역의 공급으로 보지 아니한다. (이하 생략)

위와 같은 정부의 입법안은 내국법인이 국내에서 이슬람 수쿠크를 발행하는 것이 아니고, 해외에서 발행(법문에서는 '외화표시증권'이라고 표기되어 있음)하여 자금을 조달하고 국내에 들여오도록 되어 있다. 또한 이렇게 조달된 자금으로 구입한 부동산의 임대료 수입에 대해 법인세를 면제하거나 양도소득세를 면제하도록 규정하고 있다.

면제받는 대상은 우선 이슬람 수쿠크 채권을 발행한 내국법인이 되나, 결국 세금을 감면받음으로 인해서 그만큼 해당 채권을 구입한 이슬람 자본에게 이익이 많이 분배되게 되는 것이다.

Ⅲ. 일반적 관점에서 본 이슬람 채권법 평가

이슬람 채권법은 자금이 들어온다는 측면에서 보면 긍정적이지만, 자금의 사용처를 보면 오히려 부정적인 측면이 더 많이 있다. 따라서 이 제도의 도입을 추진하고 있는 측에서는 시급성과 타당성에 대한 구체적인 주장과 논거를 추가적으로 제시할 필요가 있다고 본다. 특히 현재 도입 추진 중인 이슬람 수쿠크 자금이 주로 부동산과 관련이 있으므로, 부동산 투기자금이 아님을 분명하게 할 필요가 있다고 본다. 그 이유는 부동산 투기로 인한 폐해는 국민 모두에게 심각하게 미칠 수 있기 때문이다.

1. 이슬람 채권법 도입의 긍정성

이슬람 채권법이 통과될 경우, 이에 대한 긍정적인 효과는 분명히 존재한다. 즉 정부의 주장대로 우리나라에 외화자금이 들어오게 되어서-예를 들면 최근 문제가 된 미국계 투기자본인 론스타(Lone Star)의 강남 스타타워빌딩의 구입처럼-국내에 전반적인 부동산 시장의 활성화로-물론 이게 국민경제에 좋은 영향을 미치는 것인지에 대한 판단을 유보하고-이어질 수 있는 가능성이 있기 때문이다.

또한 외환 위기 방어를 위해서는 외화가 풍부하여야 하는데, 이슬람 채권법의 통과에 따라 국내에 외국 자본이 중장기적으로 들어오게 되는 효과도 있다. 이는 국내 외환시장이 미국과 유럽 일변도에서 다변화됨을 의미하고, 그만큼 한국의 외환 위험을 회피할 수 있는 기회를 제공할 수 있다고 본다.

2. 이슬람 채권법 도입 저지와 국제 금융 위기와의 관계

이슬람 채권법 도입과 관련하여 우선적으로 정리하여야 될 가정이 있다. 즉 이슬람 채권법이 국내에 도입되지 아니하면 이슬람 국가의 자본이 국내에 전혀 들어올 수 없다는 것과 여기에 더 나아가 기독교계가 이슬람 채권법 도입에 반대를 하니까 2011년 10월과 같은 국제적 금융 위기에 대처하지 못하고 있다는 주장이 그것이다.

결론부터 말하면 전혀 사실과 다른 주장이다. 그 이유는 이슬람 채권법이 통과되지 아니했어도 현재 국내 유가증권시장과 부동산시장에 말레이시아, 인도네시아, 사우디아라비아 등 이슬람 국가의 자본이 대거 진출해 있기 때문이다.[11]

또한 최근 금융 위기는 미국 금융 위기의 여파로 인한 것이지 우리나라 외환의 부족에 따른 것이 아니다. 우리나라는 달러 보유액(3천억 달러로 추정) 규모로 보면 전 세계적으로 5위에 속하는 강국이다. 이런데도 국제금융 위기가 기독교계의 이슬람 채권법의 도입저지라고 주장하는 것은 무책임한 것이다.

11) 정부의 이슬람 수쿠크 지원방안 마련 이전에도 이슬람권 국가의 자본이 국내 유가증권시장에 이미 많이 들어와 있으므로, 이슬람 수쿠크 법이 통과되지 아니하면 국내에서 이슬람 자본을 이용할 수 없다는 논리는 틀린 것이다.

3. 부동산 구입 자금

정부가 세금 감면까지 해주면서 도입을 추진 중인 이슬람 수쿠크 자금은 어디에 쓰일 것인가? 이에 대해서 정부는 단순히 국내 금융기관이나 기업의 이슬람 자금에 대한 수요가 많다고만 하고 있다. 어떤 수요일까? 정부가 제출한 조세특례제한법 개정안에 의하면, 세금 감면 대상 거래를 「자산의 임대거래(부동산)와 관련된 이자라 수쿠크(*Ijara Sukuk*)」와 「자산의 매매거래(부동산)와 관련된 무라바하 수쿠크(*Murabaha Sukuk*)」로 한정하고 있으므로, 부동산거래와 관련된 수요임을 쉽게 추정할 수 있다.[12] 그렇다면 결국 기업이 이슬람 수쿠크 채권 발행을 통해서 하고자 하는 일은 주로 이슬람 자본의 국내 부동산 투자에 관련된 것으로 추정된다.

부동산 투자도 투자다? 물론 투자는 투자다. 그러나 우리나라 부동산의 투기적 수요 때문에 경제 발전에 막대한 지장이 있는 것은 주지의 사실이다. 공장을 국내에 지으려고 해도 공장부지 값 때문에 중국 등 해외로 이전하고 있는 것은 국민 누구나 다 아는 일이다.

사정이 이러함에도 불구하고 이슬람 채권법을 통해서 이슬람 자본을 유치하여 국내 부동산 경기의 활성화를 기하려고 한다는 것은, 적어도 부동산 투기 세력이거나 이를 이용해서 자기 보유 부동산값을 올려보려는 것과 하등 다를 바 없다.

결국 이 문제는 현 정부가 부동산과 관련된 철학과 관련이 있다. 현 정부는 부동산과 관련하여 양도소득세 감면 등 부동산 친화적인 태도를 보이고 있다.

---

12) 자세한 내용 : 한동훈·이원삼·안수현, 『이슬람 법 이론 및 금융법제』 (한국법제연구원, 2009) 참조.

4. 외화의 추가적 도입 시급성 유무

앞서 설명한 바와 같이, 우리나라 정부 또는 기업의 외자 도입이 미국과 유럽 및 일본에게 집중되어 있어서, 여기에 이슬람 금융이 가세될 경우, 제1차 금융 위기(IMF)와 같은 외자 부족으로 인한 국가 부도의 위험성에서 벗어날 수 있는 가능성이 있다는 점에서 긍정적으로 보인다.[13]

그러나 우리나라의 외환 보유고 등이 현재에도 많다는 논의가 있는 점을 감안해 볼 때 이와 같은 '준비성'이 시급하게 요청될 사안인지는 의문이 든다. 설사 외환 위기가 다시 온다고 하여도, 부동산에 묶여 있는 외화자금으로 외환 위기를 극복할 수 있다는 것도 의문이다. 우리나라 경제가 그런 정도의 수준은 이미 벗어나 있다고 본다.

반면 이슬람 수쿠크 채권의 투자처 중 담배, 술, 마약 등 사회적으로 부정적인 산업은 제외되어 있으므로, 사회 전체적인 입장에서 보면 건전한 분야의 투자에 사용될 수 있다는 점에서 우리나라 경제에 긍정적인 면이 있을 수 있다. 또한 국내 건설업체나 선박 건설업체 등이 이슬람 수쿠크 채권을 발행하는 국가에서 공사 등을 수주할 경우, 이슬람 수쿠크 채권을 발행하여 그 나라의 자금[14]을 이용할 수 있다면, 공사 수주 가능성을 높일 수도 있다고 본다.

5. 시장 경제주의에 위배 가능성

내국 기업이 해외에서 자금을 조달할 경우 그 자금 조달 비용은 국제

13) 자세한 내용 : 미야자키 데츠야·김종원, 송창규 역, 『이슬람 금융이 다가온다』(물푸레, 2008) 참조.
14) 예를 들면, 공사 건설을 발주한 국가의 왕족의 자금을 이슬람 수쿠크 발행을 통해서 이용할 수 있을 것이다.

간 금리(LIBOR)에다가 해당 기업의 신용도, 거래 금액, 상환조건 등을 감안하여 결정된다. 그러나 여기에 세금 감면의 조항이 추가되는 경우, 해당 기업의 해외차입이 시장에 따라 결정되는 것이 아니라 한국의 세법 조항에 영향을 받게 되므로, 세금 감면 조항에 힘입어서 내국 기업이 일반 국가의 자금보다 이슬람 국가의 자본을 선호하게 유도하는 결과가 초래될 수 있다.[15]

아울러 이와 같은 감면 조항은 단기적으로는 유리할지 모르지만 장기적으로는 한국에서 세금 감면을 해주지 아니하면 차입을 할 수 없을 정도의 상황으로 발전될 가능성이 있다.[16]

또한 자금시장은 세금 부과 여부와 상관없이 이익이 있는 곳에 투자를 하게 된다는 속성을 감안해 보면, 세금 감면만이 이슬람 금융의 국내 유입 요인이라는 주장은 설득력이 떨어진다.

아울러 일반적인 금융거래의 차입과는 달리, 이슬람 수쿠크 채권 거래는 샤리아위원회의 추가적인 심사를 거치게 된다. 따라서 차입에 따른 심사기간이 길어지고 아울러 심사 비용이 추가되게 된다. 이는 일반적인 자금차입보다 조달 비용이 증가하게 되므로, 한국에서 이 자금을 이용하는 경우, 중장기보다는 단기투자에, 투자보다는 투기성 거래에 집중할 수 있다고 본다.

---

15) 예를 들면, 근로자의 연말정산 시 불교단체에 기부한 기부금은 공제되지 아니하고 기독교단체에 기부한 금액만 기부금 공제가 허용된다면, 세금이 일반 국민을 기독교로 유도하는 결과가 초래될 수도 있을 것이다.

16) 경제적인 관점(효율)에서 보면, 이슬람 금융에 대한 조세 감면은 나름대로 이유가 있다. 대출조건이 중장기에다가 조달 금리도 상대적으로 낮다면, 우리나라 기업이 이를 이용할 경우 자금 조달 비용이 절감되고, 이에 따라 기업의 경쟁력 상승으로 이어질 수 있기 때문이다. 그러나 만일 다른 금융도 이슬람 금융과 같은 거래를 한다고 하면 어떻게 할 것인가? 이슬람은 종교 관련 금융이기 때문에 조세 감면을 해주고 다른 금융은 종교와 관련이 없기 때문에 해주지 않을 것인가? 그리고 표면적인 금리는 낮다고 하여도 기타 조건에 의해 낮은 금리가 보상되는 규정이 있는지도 살펴볼 일이다.

IV. 세법적 관점에서 본 이슬람 채권법 평가

세금은 조세법률주의와 조세공평주의를 축으로 하여 운용된다. 이는 세법을 통해서 납세의무를 이행하는 것이고 아울러 모든 납세자가 담세력에 따라 세금을 부담하는 것을 의미한다. 그런데 이슬람 채권법의 내용을 보면 정부 스스로 내국 법인에게 해외에 서류상 회사를 만들어서 사업을 하라고 하고 있다. 이는 결국 국부의 해외 유출로 이어질 수 있다. 시간을 두고 신중히 검토하고, 정말 우리나라가 이슬람 수쿠크 채권 자금이 필요하다면, 국내에서 발행하게 하고 그리고 우리나라 정부의 통제 아래 두어야 할 것이다. 또한 외국 자본과 이슬람 자본에 대한 차별성 시비를 없애기 위해서라도 현행 조세특례제한법에서 규정하고 있는 국제 금융거래에 대한 감면 규정은 폐기 여부를 검토할 필요가 있다.

1. 조세법률주의 측면

정부가 이슬람 채권법을—국회 통과가 필요한 법률이 아닌—예규 등의 방법으로 처리하지 않고, 법 개정을 통해서 감면을 시도하고 있는 점은 조세법률주의 입장에서 보면 긍정적이다. 사실 정부가 일반적인 외화금융거래[17]와 이슬람 수쿠크 거래를 동일시하여, 법 개정이 아닌 행정부의 예규를 통해서 이의 감면을 시도할 수 있었다고 본다. 그 이유는 정부의 개정안에서도 보다시피 「이슬람 채권은 "이자 수수를 금지"하는 이슬람 율법을 준수하기 위해 실질적으로 금융거래 목적이지만 형식상 실물거래를 이용하여 발행하였다.」고 간주하고 있기 때문이다.

17) 조세특례제한법 제21조에서 언급된 거래를 의미한다.

이럴 경우 정부는 실질과세원칙(국세기본법 제14조 제2항)의 「세법 중 과세표준의 계산에 관한 규정은 소득, 수익, 재산, 행위 또는 거래의 명칭이나 형식에 관계없이 그 실질내용에 따라 적용한다.」라는 내용에 터를 잡아서, 아예 이슬람 수쿠크 거래를 일반 금융거래와 동일시하도록 '해석'할 수 있었다고도 보여진다.

그러나 금융거래와 실물거래(이슬람 수쿠크 거래)를 동일시한다는 것에 대한 부담감 때문에 입법을 시도한 것으로 보인다.[18]

2. 해외 탈세 조장 우려

정부개정안은 이슬람 수쿠크 채권을 내국법인의 '해외특수목적법인(SPC)'을 통해서 발행하도록 규정하고 있다. 이슬람 수쿠크 채권이 국내에서 발행되기 위해서는 「자본시장과 금융투자업에 관한 법률」 등의 규정을 먼저 개정하고 세법개정을 추진하였어야 되는데, 세법개정이 우선 추진된 결과로 보인다.[19] 그럼에도 불구하고 해외특수목적법인을 통한 거래는 당연 국내 기업의 해외 탈세 조장 우려[20] 및 뇌물 제공을 위한 도피처로 의심받게 할 소지가 있다.

아울러 납세자의 공격적인 조세회피(Aggressive Tax Planning)나 탈세를 방지하기 위하여 제정된 국세기본법 제14조 제3항의 "제3자를 통한 간접적인 방법이나 둘 이상의 행위 또는 거래를 거치는 방법으로 이 법 또는 세

---

18) 또는 특정정당이 국회에서 과반수 이상을 점하고 있어서 국회 통과를 '쉽게' 생각하고 입법화를 시도한 것으로도 볼 수 있다.

19) 이런 점에서 보면, 정부가 세법개정안부터 제출할 것이 아니라 오히려 이슬람 수쿠크 채권 발행과 관련된 국내 법규를 우선 정비할 필요가 있다고 본다.

20) 대표적인 사례로 론스타의 외환은행주식매입과 관련하여 벨기에의 특수목적법인(SPC)을 이용한 것을 참조하기 바란다.

법의 혜택을 부당하게 받기 위한 것으로 인정되는 경우에는 그 경제적 실질 내용에 따라 당사자가 직접 거래를 한 것으로 보거나 연속된 하나의 행위 또는 거래를 한 것으로 보아 이 법 또는 세법을 적용한다."는 규정과 정면으로 충돌될 소지가 있다.

3. 탈법적 국내 지하자금의 자금 세탁 가능

정부가 2010년 수정안을 제출하면서 사용한 「이자 수수를 금지하는 사회·문화를 고려」한다는 것은 2009년도에 제출한 개정안의 「이자 수수를 금지하는 종교상의 제약을 지키면서」의 또 다른 표현에 불과하다. 그 이유는 현행 금융거래상 이자 수수를 금지하는 나라는 의미 있는 경제 규모 이상의 국가 중에서 살펴보면 이슬람 이외에 다른 나라나 지역이 없기 때문이다.

이 조항을 이용할 경우, 국내 자금이 이자 수수를 금지하는 나라를 우회하고, 이슬람 수쿠크 채권 매입 형태를 통한다든지 아니면 아예 해외에 특수목적법인(SPC)을 만들어서, 국내에 재투자를 하면서 부동산 구입과 양도를 한다면, 자금 세탁과 아울러 국내에서 세금 회피가 가능하게 된다.[21]

4. 조세중립성 유지 원칙과 상충

세법의 규정은, 특별한 이유가 없는 한, 차별하여 과세하는 것이 금지된다. 이는 국내 거주자와 비거주자, 내국법인과 외국법인, 내국 자본과 외국 자본에 대해서도 동일하게 적용된다. 따라서 이슬람 수쿠크의 실물거래에

21) 자세한 내용 : 안창남, "이슬람 자본에 대한 조세특혜 부여 논쟁의 관전 포인트-세금철학의 부재-," 《한국세정신문》 3/17/2011 칼럼 참조.

따른 부동산 양도소득에 대한 면세와 일반 내국인의 부동산 양도소득에 대한 과세의 차별적인 규정이 성립되려면, 전자의 감면 규정의 타당성과 시급성이 사회통념상 인정될 수 있을 정도가 되어야 한다.

현행 정부개정안에 따르면 외화도입선의 다변화 정도로밖에 해석될 수 없다. 한편, 조세공평부담원칙에서 본다면, 조세 감면 규정은 되도록 없애야 한다. 오히려 현재 규정된 국제 금융거래 이자소득(조세특례제한법 제21조)에 대한 법인세 면제 규정조차도 삭제하는 것이 조세공평부담원칙에서 보면 타당하다. 그런데도 정부가 앞장서서 감면 규정을 추가한다는 것은 이해가 되지 않는다. 그리고 현 정부의 감세기조로 인해 국가의 재정적자가 심각한 점을 고려할 필요가 있다.

5. 근원적인 대안 : 국제 금융거래의 세금 감면제도 폐지

현행 조세특례제한법 제21조 제1항에 의하면 "국가·지방자치단체 또는 내국법인이 발행한 대통령령으로 정하는 유가증권을 비거주자 또는 외국법인이 국외에서 양도함으로써 발생하는 소득에 대해서는 소득세 또는 법인세를 면제한다."고 규정하고 있다. 이 조항은 1998. 12. 28 법률 제5584호로 개정된 것으로써, 당시 IMF 극복을 위한 외자 도입을 원활하게 추진할 목적으로 도입되었다. 현재 정부가 추진 중인 이슬람 수쿠크 법은 이자를 받지 못하도록 한 종교상의 제약을 피하기 위해 실물거래를 이용하고 있으나 실질은 금융거래이므로, 위 조항에 근거하여 세금 감면을 해주자는 의도이다.

그러나 우리나라가 IMF 시절과 같은 유동성이 부족한 나라도 아니고, 외화보유액도 3,000억$를 상회하고 있다.[22] 또한 현 정부의 감세정책으로 인

22) 같은 맥락으로, 외국법인·비거주자의 국채·통안채 채권투자에 대한 과세 환원조치와 관

해 정부의 재정적자가 심화되고 있으므로, 가급적 조세 감면을 축소하여야 하는 실정이다. 따라서 새로운 조세 감면제도의 도입은 신중할 필요가 있다.

6. 단기적인 대응방안

우리나라에서 이슬람 채권법 통과 논란 속에, 이미 한국 기업 중 동화홀딩스가 3,400만$의 이슬람 수쿠크 채권을 말레이시아에서 발행했으며, 벤처펀드인 SPIC가 사우디아라비아에서 9,000억 원의 이슬람 수쿠크 채권을 발행한 바 있다. 따라서 이슬람 수쿠크 제도의 도입을 추진하는 정부나 반대하고 있는 단체에서도 시간을 가지고 이들의 경영형태를 주목할 필요가 있다. 구체적으로 샤리아위원회가 어떠한 역할을 하였고 어떤 내용을 한국 정부나 관련 단체에 요구하고 있는지, 한국에서 감면된 소득이 자국으로 송금된 뒤 어떻게 사용되고 있는지를 한국과 해당 국가 사이에 체결된 조세 조약상 정보교환 규정을 통해서 추적하고 분석할 필요가 있다.[23] 이와 같은 분석의 결과를 토대로 이슬람 수쿠크 법의 도입 여부를 결정하는 것이 합리적이고 타당한 방안이라고 본다.

또 다른 대안으로, 내국법인이 이슬람 국가에서 발주된 공사를 수행하기 위한 자금 조달을 위해 이슬람 수쿠크를 발행하려고 할 경우, 이는 공사 수주 지원 및 외화 획득 차원에서 검토할 필요성이 있다고 본다. 이슬람 국가에서 발주한 건설공사의 수주를 위해서 고려될 수 있을 것이다. 이는 분명 국내

련하여 국회에서 의원입법(강길부, 김성식 의원 등)으로 소득세법·법인세법 개정안이 제출되었고 검토 중에 있다. 이에 따르면 국외국법인 등이 국채투자를 할 경우 법인세 등을 감면해 주고 있으나, 외국 자본의 급격한 유입으로 인해서 더 이상 조세 감면 효과가 없거나 적다고 판단하여, 조세 감면제도를 폐지 또는 완화하려는 시도로 보인다.

23) 물론 이외에도 자금세탁방지법 등을 통해서 이슬람 자본의 탈레반 등으로 이동되는 것을 차단할 수 있다.

의 부동산 투자를 위한 이슬람 수쿠크 거래와는 차원이 다르기 때문이다.[24]

V. 기독교계의 합리적이고 효과적인 대응방안 모색

이슬람 수쿠크 법은 종교적 신조의 차원, 법적 차원, 경제적 차원 등 여러 방면에 관련된 문제를 내포하고 있다. 이 문제에 기독교계의 반응은 엇갈리고 있다. 이슬람 수쿠크 도입이 국내 선교에 문제가 될 수 있다는 주장과 단순히 경제문제로 보아야 한다는 주장이 그것이다.

그러나 이와 같은 주장이 교회 밖으로 여과 없이 나오면서, 교회가 현실정치에 너무 깊게 관여를 하고 있다는 주장도 있다. 기독교계도 헌법에 보장된 주권자의 하나이므로 자기 주장을 펼칠 수가 있는 것은 당연하다. 그러나 정치집단의 막무가내식 주장과 달리, 보다 논리적이고 합리적인 대안을 마련하여 사회를 설득하는 작업이 필요하다고 본다.[25]

1. 정교 분리 원칙 유지

세금은 역사의 산물이고 정치의 결과물이다. 종교와 세금은 중세 봉건시대를 지나오면서 그 애증을 역사의 한 페이지에 기록한 당사자들이다. 그러하므로 종교가 세금에 대해 관심을 갖는 것은 당연하다. 세금 액수의 문제보다 '그 너머'의 문제가 더 중요하기 때문이다(물론 종교 역시 납세의무를 누

---

24) 이 경우 내국법인의 해외특수목적법인에 대한 법인격 부인 여부가 발생할 수 있다. 이에 따라 조세조약의 적용대상인지와 원천징수 세율의 적용 등 국제 조세 분야의 복잡한 문제가 야기되나, 이는 이슬람 수쿠크 도입 이후에 발생될 일이다.

25) 안창남, "그리스도인의 바람직한 세금관," 『복음과 상황』 (2011), 70-82 참조.

구보다도 철저히 이행하여야 함은 두말할 나위가 없다.).

우리나라 헌법상 정교 분리 조항이 엄연하게 존재하고 있는 이유는 종교와 인류역사의 갈등의 결과물이다. 그런데도 하위법인 세법개정안의 법조문에 '종교상의 제약을 지키면서'라는 문구가 포함되어 있는 것을 보면, 정부가 헌법을 무시한 것인지 아니면 역사에 대한 몰이해인지 분간하기 어렵다.

우리나라 헌법 제11조 제1항에 의하면, "모든 국민은 법 앞에 평등하다. 누구든지 성별·종교 또는 사회적 신분에 의하여 정치적·경제적·사회적·문화적 생활의 모든 영역에 있어서 차별을 받지 아니한다."고 규정하고 있다. 따라서 내국 자본에 대해서는 과세하고 외국 자본에 대해서는 감면해주는 것뿐만 아니라, 일부 국가의 자본에 대해서는 과세하고 특정 국가 자본에 대해서는 감면하는 것은 차별적이어서 위헌의 소지가 있다.[26] 즉 이슬람 수쿠크 채권법이 헌법에 규정하고 있는 무차별과세원칙에 위배되는 것이고, 이와 같은 결과는 이슬람에 대한 우대로 이어질 수 있어서 이는 정교 분리 원칙에도 어긋날 수 있다는 점을 강조할 필요가 있다고 본다.

2. 기독교 밖의 사회와 소통하는 방법 개선

이슬람 채권법의 도입과 관련하여, 모 교회 목사님의 '대통령 하야' 발언이 오히려 당시 이 제도의 도입에 반신반의하던 비기독교계 측의 반발을 불러일으켰다. 이는 교회 안에서의 소통구조 방법이 교회 밖에서는 당초 의도대로 작동되지 않을 수 있음을 보여 준다. 적어도 교회가 사회와 소통을 하기 위해서는 교계 내부에서 이를 가다듬고 의견을 수렴하여 정제된 언어와 합리적이고 논리적인 대안을 제시할 필요가 있다.

26) 최인섭·안창남, 『국제조세이론과 실무』 (한국출판정보(주), 2009), 500-506 참조.

기독교계가 정치계에 대해 할 수 있는 가능한 저항 방법(의원들에 대한 압박, 낙선 운동 등)은 시민들에게 열려 있는 만큼 기독교인들에게도 열려 있으나 저항이 개인이 아니라 '기독교계'의 차원에서 정당하게 이루어지려면 시민들의 보편적 지지를 얻을 수 있는 근거가 필요하며, 그들을 설득할 수 있다는 확신에 기초해서 수행되어야 한다.[27]

3. 기독교 사상을 가지고 있는 전문가 활용

이슬람 채권법은 넓게는 재정 분야이고 좁게는 세금과 관련된 전문적인 분야이다. 기독교계에서 이와 같은 유형의 문제를 대처하는 방법은 이 분야에 전문가인 목회자가 나서는 방법이 있다. 만일 목회자 그룹에서 전문가가 없다면, 기독교 종교를 지니고 있는 전문가를 활용하는 것이 사회의 반감과 저항을 줄일 수 있는 대안이 될 수 있다.

세금과 관련해서 보면, 목회자 자신조차 세금을 납부하지 않고 있으므로, 세금 문제에 대해 사회에 대안을 제시할 경우 설득력이 있는지는 의문이다. 또한 최근 여러 가지 사정으로 인해, 기독교계의 사회적 발언이 비기독교인들 또는 이들이 속해 있는 집단들의 이유없는 반발을 불러일으키는 것은 주지의 사실이다. 따라서 정치적 사회적 문제들에 대해서 교회가 반응할 경우, 해당 사안이 가진 여러 차원들을 분석하여 전문가의 차원에서, 그리고 정치적 소통의 질서에 따라 접근하는 것이 요구된다.[28]

27) 김선욱, "평화를 지향하는 교회와 수쿠크 법안에 대한 정치적 대처," 『한반도 평화연구원 제26차 포럼』, 2011, 51.
28) 김선욱, "평화를 지향하는 교회와 수쿠크 법안에 대한 정치적 대처," 『한반도 평화연구원 제26차 포럼』, 2011, 51.

Ⅵ. 결론

세금은 경제적인 논리로만 접근될 수 있는 분야는 아니다. 세금의 태생이 정치·역사·종교·문화의 갈등과 타협의 산물이기 때문이다. 그런데 이슬람 채권법은 세금과 종교의 분야를 모두 포함하고 있어서 보다 신중한 접근과 분석이 필요할 것이다. 모름지기 세금은 공평하고 적법하게 징수되어야 하며 세금에 대한 감면이 필요한 경우에도 그 감면의 타당성과 합리성이 요구된다.

세금제도가 잘못되면 특정 정권의 문제가 아니라 나라 존망까지도 위협받을 수 있다. 구체적인 예로 권리선언, 권리장전, 프랑스 대혁명, 미국의 독립전쟁, 동학농민운동 등이 그 대표적인 예이다. 그렇기 때문에 가장 보수적으로 운용되어야 될 부분 중의 하나가 세금일 것이다.

이슬람 채권법은 나름의 도입 타당성이 분명히 존재한다. 그러나 아직 우리나라가 세금 감면까지 해주면서 시급하게 도입해야 할 필요가 있는지는 의문이 든다.

정부는 금융거래와 실물거래를 동일시하고자 하는 그 이유 및 도입의 시급성과 타당성에 대해 구체적으로 그 이유를 제시할 필요가 있으며, 부동산 투자가 불러일으킬 수 있는 영향에 대해 보다 깊은 철학적 고민을 하여야 한다. 그리고 그와 같은 이유가 조세법률주의와 조세공평주의에 맞는지 어긋나는지를 살펴본 뒤에 도입 여부를 검토해도 늦지 않을 것이다.

[참고문헌]

김선욱. "평화를 지향하는 교회와 수쿠크 법안에 대한 정치적 대처." 『한반도 평화연구원 제 26차 포럼』, 2011.

김종원. "이슬람 금융의 발전과 우리나라의 도입 현황." 『제12회 월드텍스연구회 정기학술대회 발표자료』, 2010.

공일주. "이슬람 율법과 수쿠크." 《국민일보》, 3/17/2011.

미야자키 데츠야·김종원. 『이슬람 금융이 다가온다』. 물푸레, 2008.

안창남. "이슬람 자본에 대한 조세 특혜 부여 논쟁의 관전 포인트 -세금철학의 부재-." 《한국세정신문》, 3/17/2011.

안창남. "그리스도인의 바람직한 세금관." 『복음과 상황』. 2011. 09.

한동훈·이원삼·안수현. 『이슬람법 이론 및 금융법제』. 한국법제연구원, 2009.

최인섭·안창남. 『국제조세이론과 실무』. 한국출판정보(주), 2009.

Ellul, Jacques. *Islam et Judéo-Christianisme*. Presses Universitaires de France, France, 2004.

Sookhdeoo, Patrick. *Understanding Shari'a Finance*. Isaac Publishing, USA, 2008.

5부 무슬림 공동체의 다양성

말레이시아 이슬람의 특성과 그것이 기독교-이슬람 관계에 미치는 영향

김아영

I. 서론

2010년 새해 벽두부터 말레이시아는 세계인들과 언론의 주목을 받는 몇 가지 사건들을 경험하게 된다. 그 첫째는 지난해 말부터 가열된 소위 "알라 논쟁"을 둘러싸고 벌어진 기독교-이슬람 간의 충돌 사건이다. 아랍어를 사용하는 나라의 기독교인들이 하나님을 알라로 불러온 것은 이미 익히 알려진 사실이다. 이웃나라인 인도네시아의 성경인 알 키탑(*Al- Kitab*)에도 하나님이 알라로 표기되어 있음에도 유독 말레이시아만큼은 이슬람을 제외한 타종교에서 이 단어를 사용하는 것을 금지해 왔다. 그런데 말레이시아 카톨릭계에서 하나님을 말레이어로 "알라"로 표기하면서 이 단어의 사용을 두고 기독교, 이슬람 두 공동체가 충돌하게 된 것이다. 상대 종교의 예배장소인 교회와 모스크를 상호 훼손하고 성직자들의 신변을 위협하는 일련의 사건들이 발생한 이후 폭력 사태는 종결되었지만 여전히 논쟁의 불씨는 사그러들지 않고 있는 상황이어서 한편으로는 종교 간의 대화를 활성화시키는 좋은 계기를 제공하고 있기도 하다.

또 하나의 사건은 지난 2월 8일 말레이시아 역사상 최초로 샤리아 법에 의해 여성에 대한 태형(caning)을 집행한 사건이다. 이 사건은 지난해 세계 언론의 주목을 받았던 카티카(Kartika Sari Dewi Shukarno)라는 말레이계 여성의 공개 음주 사건의 연장선에서 이해될 수 있는 사건이다. 카티카는 공공장소인 호텔에서 샤리아 법에서 금지한 음주를 하였고 이 일로 태형이 언도된 상태이다. 이 사건을 둘러싼 세계의 여론이 좋지 않아 카티카에 대한 태형 집행이 아직 이루어지지 않고 있는 상황에서 이전에 혼외정사문제로 태형 선고를 받았던 세 여성의 태형 집행이 예고 없이 이루어진 것이다. 태형 집행 사실을 최초로 밝힌 내무부 장관 히샤무딘(Hishammudin Tun Hussein)은 최근 샤리아 법을 위반한 사람들에 대한 처벌에 대한 논란에 종지부를 찍기 위해 샤리아 법을 위반하면 반드시 처벌된다는 사례로 이 여성들에 대한 태형을 집행했다고 당당히 언론에 밝혔다.[1]

이러한 일련의 상황들을 지켜보는 말레이시아 내의 비무슬림들의 시각이 편치가 않다. 외부에서 염려하는 바와 같이 말레이시아가 지난 1970년대와 80년대에 거쳤던 이슬람 근본주의로 회귀하는 것이 아닌가 하는 우려 때문이다.

15세기 이후 포르투갈, 네덜란드, 영국을 거치며 줄곧 서방의 식민지배하에 있었던 말레이시아는 1957년 독립 이후 다인종, 다문화 사회인 국가의 정치, 경제적 재건과 통일을 위해 이슬람적 가치를 그 전면에 내세우며

1) *The Star News*, "Caning of Muslim Women Was Legal," (Kuala Lumpur, Feb. 2 2010).

공공연히 이슬람적 가치 실현을 국가의 목표로 천명해 왔다. 그러나 동시에 40%에 가까운 비말레이·비무슬림 인구로 인해 헌법에는 종교의 자유를 보장해 오고 있어 말레이시아가 앞으로 종교적으로 어떠한 방향으로 발전해 갈 것인가 하는 문제는 기독교-이슬람 간의 관계에 대한 전망에도 중요한 사례가 될 것이다.

따라서 본 연구에서는 크게는 동남아 이슬람의 유형에 속하면서 다인종 사회라고 하는 특수성으로 인해 독특한 종교정책을 추구하고 있는 말레이시아 이슬람의 특성을 살펴보고 그를 기반으로 말레이시아 내에서의 기독교-이슬람 간의 대화의 가능성을 연구해 보고자 한다.

II. 말레이시아에 대한 일반적 이해

1. 역사적 개요

말레이시아가 속해 있는 동남아시아는 지리적으로 미얀마, 말레이시아, 싱가포르, 베트남, 캄보디아, 라오스, 인도네시아, 브루나이, 그리고 필리핀을 포함하는 지역을 일컫는 것으로 이 지역은 전반적으로 열대기후 지역에 속해 있다. 대다수의 주민들이 작은 시골마을에서 농경에 의지해 생계를 유지해 가고 있다. 사회적이고 정치적인 관계는 법적이기보다는 사적인 관계에 더 의존하는 경향을 나타내며 고대로부터 전체적인 사회구조가 종교와 전통, 그리고 인간관계에 의존하는 경향을 띠어 왔다.[2]

2) Furnivall, J. S., *Progress and Welfare in Southeast Asia* (New York: Institute of Pacific Relations, 1941), 4-5.

이 지역의 가장 큰 특징 중 하나는 다양한 인종과 문화가 공존하고 있다는 사실이다. 피부색, 신체 크기, 종족의 기원, 음식, 주거, 사회 구조 등에 있어서 신체적, 정신적, 그리고 문화적 유사성을 발견하게 되기도 하나 다양한 종족만큼이나 다양한 언어와 종교전통들을 소유하고 있다.

이러한 지역에 속해 있는 말레이시아는 그 역사를 통해 다인종, 다언어, 다종교 상황으로 인한 수많은 도전에 직면해 왔다.

말레이시아는 서쪽 반도의 11개 주, 동쪽 보르네오 섬의 사바, 사라왁 주, 그리고 연방직할령(Federal Territory)인 쿠알라룸푸르와 라부안으로 이루어진 세속연방국가(secular federation)이지만 말레이시아 헌법은 이슬람교를 공식종교로 명시해 놓고 있다.

믿을 만한 역사적 자료와 증거의 부재로 인해 이슬람이 언제, 어떠한 경로를 통하여 말레이시아를 비롯한 동남아시아 지역에 유입되었는지를 정확하게 이야기할 수는 없다. 학자에 따라서 자세한 사항들에 대한 주장들이 엇갈리고 있지만 이슬람이 이 지역에 도착한 연대에 대해서는 대략 13세기를 전후한 시점으로 합의가 이루어졌다.[3] 말레이시아의 이슬람화 역시 13세기 이후 인도를 비롯한 다양한 이슬람 지역의 상인들이 유입되면서부터 시작되었다는 것이 일반적으로 받아들여지고 있는 견해이다.

말라야반도를 포함한 동남아시아의 섬들은 당시 유럽인들이 필요로 했던 다양한 향신료들과 천연자원들의 보고였고, 이로 인하여 1511년 포르투갈이 말라카 해안을 점령한 이후 유럽 여러 나라들의 동남아시아 식민 지배가 시작되었다. 알폰소 드 알부쿼키(Alfonso d'Albuquerque)의 지휘 아래 터키-이집트 연합함대를 물리친 포르투갈은 1509년 인도양의 지배권을 획

3) McAmis, Robert Day., *Malay Muslims* (Grand Rapids: Wm. Eerdmans Publishing Company, 2002), 7.

득하였다. 이 지역의 교역의 주도권을 잡고자 했던 경제적 동기 외에도 이슬람과의 투쟁은 포르투갈의 정복전쟁에 종교적 동기와 정당성을 부여해 주었다. 말라카는 포르투갈의 함대와 함께 동남아 열도에 기독교를 전파하고자 한 선교사들의 전진기지 역할을 하였다. 향신료의 섬들을 정복하여 이 지역 교역권을 잡고자 했던 포르투갈의 노력이 지역 주민들을 기독교로 개종시키고자 한 기독교 선교사들의 노력과 협력을 이루어나가게 된 것이다.

포르투갈의 뒤를 이어 네덜란드가 1641년부터 1824년까지 이 지역을 지배하였는데, 네덜란드 정복자들은 말레이 토착 사회와 전통에 좀더 우호적인 태도로 접근하였다. 그러나 네덜란드의 식민 통치에 잠재적 위협 세력으로 등장한 이슬람 세력으로 인해 이슬람 법과 말레이 관습은 대체로 사회에서 배제되었다.

그리고 마지막으로 영국이 19세기 이후 1957년 말레이시아가 독립하기까지 이 지역을 식민 통치하였다. 말라야에 대한 영국인들의 지배는 1874년까지는 페낭과 말라카, 그리고 싱가포르를 포함하는 해협식민지(Strait Settlements)에 제한되었고, 그 이후 반도에 대한 지배권을 점차로 확대해 나갔다. 1824년에 맺어진 팡코르 조약(The Pangkor Treaty)은 말레이 연방으로 가는 초석을 놓은 조약이다. 술탄들과 영국 정부 간에 체결된 이 협의에 따라 술탄들은 세속적 권한의 대부분을 잃고 오직 종교적 권위만을 갖는 존재가 되었다.[4] 1909년 연방법원이 설립되고 이슬람 종교와 모스크, 그리고 토착 부족장들과 관련된 모든 문제들은 연방종교위원회에서 관할하게 되었다. 팡코르 조약은 말레이 관습과 이슬람 종교를 유지하고 보호하는 것을 보장하고 있기도 했다.

---

4) Parkinson, C. Northcote, *British Intervention in Malaya*, 1867-1877 (Singapore: Unversity of Malaya Press, 1960), 125-142. 팡코르 조약 전문은 323-325에 실려 있다.

민족적 자부심을 고취하고 보존하기 위해 말레이인들은 정치적 우세가 필요함을 절감했고 다른 이민족에 비해 자신들의 인종적 우월성을 분명히 할 필요성도 제기되었다. 1948년에 결성된 말레이 연합(Malayan Union)은 국가 안에서 말레이 민족의 인종적 우월감과 차별된 위치를 공고히 하는 첫 번째 발걸음이 되었고, 이것은 1957년 독립과 아울러 선포된 헌법의 기초가 되었다.

2. Melting Pot : 인종적, 문화적, 종교적 다원 사회로서의 말레이시아

2000년 현재 말레이시아의 총 인구는 약 2천 3백만 명으로 인구의 약 75%가 서말레이시아인 반도에 거주하고 있다. 말레이시아 인구분포도의 가장 두드러진 특징은 아주 오랜 세월 동안 다양한 인종들이 섞여 살아왔다는 사실이고, 이 특징으로 인해 말레이시아는 지구상에서 가장 대표적인 다인종 사회의 모델이 되고 있다.

말레이시아인은 크게 두 가지 범주로 나뉠 수 있는데 이 지역의 토착민인 부미푸트라(bumiputera)와 비부미푸트라(non-bumiputera)가 그것이다. 그런데 총 인구의 65%가 넘는 비율을 차지하고 있는 부미푸트라는 그 안에서 다시 다양한 인종그룹으로 세분화될 수 있다; 이들을 크게 세 개의 그룹으로 분류해 보면 원주민인 오랑 아슬리(orang asli), 말레이계, 그리고 말레이계와 혈족관계에 있는 종족 군으로 나눌 수 있다.[5] 오랑 아슬리는 반도의 인구 중에서 가장 오래된 토착 종족군으로 동말레이시아의 사바나, 사라왁 주에는 극히 소수가 생존하고 있다. 말레이족 내에서는 반도의 동부해안과

5) Walters, Albert Sundararaj, *We Believe in One God?: Reflections on the Trinity in the Malaysian Context* (Delhi: Indian Society for Promoting Christian Knowledge, 2002), 13-14.

사바, 사라왁 주에서 오랫동안 거주해 온 사람들과 19세기 후반과 20세기 초반에 수마트라에서부터 말라카 해협을 건너 이주해 와서 거주하고 있는 사람들로 크게 나눌 수 있다.

다른 종족 그룹은 1850년 이후부터 말레이 반도에 거주해 온 자바니즈(Javanese), 반자리스(the Banjarese), 보야니즈(the Boyanese), 부기스(the Bugis), 그리고 미낭카바우(the Minangkabau) 등이고 사바 주에 거주하고 있는 바자우(the Bajau)도 이 그룹으로 분류될 수 있다. 이들이 쉽게 말레이 커뮤니티에 동화될 수 있었던 요인은 문화적, 언어적 유사성에 있으나 가장 큰 원인은 이슬람이라는 공통의 종교적 유대감에서 찾을 수 있다.

세 번째 그룹, 혹은 비말레이 부미푸트라 그룹은 사바와 사라왁 주에 거주하고 있는 종족들로 구성된다. 이 그룹에 속하는 가장 큰 종족은 사라왁 주의 이반(the Iban)족이며, 비다유(the Bidayuh), 멜라나우(the Melanau), 케냐(the Kenyah), 카얀(the Kayan), 비사유(the Bisayuh) 등이 사라왁 주에 분포해 있다. 사바 주에는 카다잔(the Kadaza)이 가장 큰 종족이며, 그 외에 무룻(the Murut), 켈라빗(the Kelabit), 커다얀(the Kedayan) 등이 중요한 소수 종족 그룹이다.

가장 큰 비부미푸트라 그룹으로는 중국계(26%)가 있으며, 그 다음이 인도계(7.7%)이고, 그 외에 아랍인들과 스리랑카계(the Sinhalese), 유라시안과 유럽인들이 소수 분포하고 있다.

동남아시아는 "종교들의 교차로"라고 불리울 정도로 다양한 종교들이 공존하고 있는 것이 특징이다. 말레이시아도 예외는 아니어서 세계의 주요 종교들이 공존하고 있다. 현재 종교 분포를 보면 이슬람교가 60.4%로 가장 큰 종교이고, 기독교가 9.1%, 힌두교가 6.3%, 불교가 19.2%, 유교와 도교를 포함한 중국 전통 종교가 2.6%이고, 토착, 민속 종교인 수가 1.2%, 기

타 2.6% 등이다.[6]

말레이시아 전체 기독교 인구수는 9% 정도이지만 동말레이시아만을 놓고 볼 때에는 인구의 약 40% 정도가 기독교인들로 이루어져 있다. 말레이시아에는 약 40만 명의 로만 카톨릭과 15만의 감리교도, 그리고 8만 명의 성공회, 20만 명의 기타 기독교인들이 있으며 오순절과 이와 유사한 독립교단들의 성장세가 빠른 것으로 조사되었다.[7] 기독교 주류나 독립교회 내에서 이러한 특징이 두드러져서 이슬람 부흥 운동과 강한 대조를 이루고 있다.

19세기에 영국 식민지 정부에 의해 중국인들과 인도인들이 주석광산과 고무농장의 노동자로 대규모로 유입된 반면, 토착 말레이인들은 전통적인 생업이었던 어업과 벼농사에 주로 종사하고 있었다. 영국 식민 통치 기간 중의 이민과 정착, 경제활동 유형이 현재 말레이시아 사회의 다양성의 근간이 되었고, 다른 인종 커뮤니티 간의 특징을 이루게 되었다. 리(Kam Hing Lee)에 의하면 이러한 사회 내에서는 다양한 커뮤니티들이 공존할 수는 있었으나 상호작용을 이루기는 어려웠다.[8]

인종적 경계선은 도농 간의 경계선을 따라 분명해져서 토착 말레이족은 주로 농촌에 거주하는 반면 중국계는 주로 도시에 거주하면서 보다 활발한 경제활동에 참여해 왔다. 이러한 인종적 경계선과 종교적 경계선은 대부분 일치한다. 말레이족들은 대부분 이슬람 신자여서 궁극적으로 이슬람은 식민 지배에 저항하는 토착인들을 결속시키는 상징이 되었다. 이와 대조적으로 기독교는 식민 정부의 정치적 지배와 경제적 수탈과 동일시되었

6) Walters, Albert Sundararaj, *We Believe in One God?: Reflections on the Trinity in the Malaysian Context* (Delhi: Indian Society for Promoting Christian Knowledge, 2002), 15.

7) Harris, Ian, Stuart Mews, Paul Morris and John Shepherd eds., *Contemporary Religion: A World Guide* (Harlow, Middlesex, UK: Longman, 1992), 432.

8) Lee, Kam Hing, "From Communities to Nation," In *The Christian and Race Relations in Malaysia* (Selangor: Graduate Christian Fellowship, 1986), 26.

다. 이렇듯 이주해 온 집단과 기독교의 일치는 후일 기독교인-무슬림 간의 관계 형성에 중요한 결과를 가져오게 된다.[9]

제2차 세계대전 중이던 1942년, 일본은 말레이시아에 침공하여 3년 반 동안 지배하였다. 일본 식민 정부는 종족을 구별하여 지배하는 정책을 사용하여 토착 말레이족들은 비교적 우호적으로 대했던 반면 중국계는 혹독하게 대함으로써 종족 간의 갈등의 골을 더 깊게 하였다.[10] 종족 간의 통합을 위한 움직임은 1953년 Alliance of the United Malays National Organization(UMNO), Malaysian Chinese Association(MCA), 그리고 Malaysian Indian Congress(MIC) 등 세 개의 주요 정당들이 형성되면서 시작되었다. 이러한 정당들은 말레이시아의 새 헌법을 기초하여 1957년 말라야 연방으로의 독립의 기틀을 다지는 역할을 하였다. 그러나 표면적인 연합활동의 이면에는 여전히 종족 간의 갈등과 반목이 남아 있었다.

말레이시아 연방으로의 독립 당시 국가 경제의 70%가 외국인에 의해 지배되고 있었고, 나머지 20%는 중국계가 차지하고 있었으며, 토착 말레이계는 1% 미만의 경제활동에 관여하고 있었다. 이러한 상황에서 토착 인종의 권리를 보장하기 위해 이들에게는 "부미푸트라(bumiputera, 문자적으로는 '땅의 자손들'을 의미)"라는 특별한 지위를 부여하여 사회 모든 영역에서의 특혜를 헌법에서 보장하게 된다.[11]

거의 대부분의 말레이족들은 무슬림이고 이에 더하여 타밀(Tamil), 말라얄리(the Malayali), 구자라티(the Gujarati), 펀자브 무슬림(the Punjabi Muslims)

---

9) Michael Northcott, "Christian-Muslim Relations in West Malaysia." *Muslim World* 81 (1991), 48-71.

10) Comber, L., *13 May 1969 : A Historical Survey of Sino-Malay Relations in West-Malaysia* (Singapore: Graham Brash Ltd., 1983), 32.

11) Walters, Albert Sundararaj, *We Believe in One God?: Reflections on the Trinity in the Malaysian Context* (Delhi: Indian Society for Promoting Christian Knowledge, 2002), 17.

과 토착 종족의 약 20% 정도가 무슬림 인구를 형성하므로 이슬람은 말레이시아의 지배적인 종교가 되었다. 말레이시아의 무슬림들은 대부분 수니-샤피이(Sunni-Shafii)파이며 수피즘의 신비주의에도 상당히 몰두해 있는 경향을 보인다. 15세기 이후 말레이 반도의 이슬람화에는 수피 상인들이 많은 공헌을 하였는데 이를 통하여 말레이의 토착 관행과 문화(이는 근원적으로는 힌두교와 불교에 기인한다.)가 이슬람 속으로 융합되어 민속 이슬람적인 경향을 띠게 되었다. 다시 말해 이러한 혼합주의적 요소, 즉 인도와 말레이계의 토속 종교적 관행과 주술, 그리고 지역의 샤만(말레이어로 보모, bomoh)들에 의한 지배, 지역의 법과 관습들(말레이어로 아닷, adat)이 이슬람 속으로 융화되어 오늘날까지도 무슬림 대중들의 영적인 세계를 지배하고 있는 것이다.

III. 말레이시아에서의 이슬람 전파와 확장

이슬람교는 대략 13세기 이후부터 말레이 반도의 주요 종교였다. 비말레이계 무슬림들도 상당수 있기는 하나 이슬람은 기본적으로 말레이족의 종교로 간주된다. 그런데 이슬람이 말레이시아에 전파된 경로나 역사에 대해서는 알려진 바가 거의 없어 아직도 연구 과정 중에 있는 주제이다. 학자들은 이슬람의 전래에 대한 역사적이고 고고학적인 자료가 적은 이유는 그 종교가 시골(kampung, villages)과 왕실에 제한되어 있었기 때문이었던 것으로 추측한다. 서구인들이 말레이 반도에 상륙했을 때 이슬람은 아직 확고한 위치에 있지 않았고, 게다가 서구인들이 이슬람이라고 하는 주제에 큰 관심을 갖지 않았기 때문에 이슬람이 말레이시아에 유입된 경로와 초기 정착 과정에 대한 연구 성과가 적은 것으로 평가된다.

1. 이슬람의 도래와 정착

파티미(S. Q. Fatimi)에 의하면 아랍 상인들이 최초로 동남아시아와 접촉하게 된 것은 674 CE이며, 878 CE에는 말레이 반도의 해안 도시들에서 확고한 위치를 갖게 된다.[12] 중국의 자료에 의하면 우마야 왕조의 창시자인 무아위야(Mu'āwiy'āh)와 무슬림 해군이 674 CE에 말레이 해협을 침략하였으나 실패로 끝이 난다. 또 다른 자료에 의하면 1291년이나 1292년에 북 수마트라에 위치한 펄락이라는 항구 도시가 이슬람으로 개종하였다.[13] 이렇듯 단편적으로 남아 있는 역사적 증거들에 기초해 동남아시아에서의 이슬람 수용에 대해 대체로 두 가지 이론이 제기되고 있다.[14]

첫 번째 이론은 무슬림 상인들의 역할을 강조한 이론이다. 무슬림 상인들이 각 지방의 지배층과 혼인을 하였고, 해안 지역의 통치자들에게 중요한 교역에 필요한 전문적인 지식과 경험을 제공하였다. 최초의 개종자들이었던 각 지역의 통치자들은 개종을 통하여 무슬림들과의 교역을 시작함과 동시에 힌두 무역상들에 맞서는 동맹관계를 얻고자 했다는 것이 하나의 가설이다.

두 번째 이론은 구자라트, 벵골, 아라비아 출신의 수피 전도사들을 통한 전래라는 이론이다. 수피들은 교사, 무역상, 또는 외교관의 신분으로 술탄들의 궁정이나 상인들의 거주 지역, 혹은 시골로 파고들었고 이 지역의 토착 신앙과 큰 충돌 없이 이슬람 신앙을 전할 수 있었다는 것이다.

아랍의 상인들이 처음 동남아시아에 도착했을 때 이 지역은 토착 생산

---

12) Fatimi, S. Q., *Islam Comes to Malaysia* (Singapore, 1963).

13) McAmis, *Malay Muslims* (2002), 12-13.

14) 아이라 라피두스, 신연성 역, 『이슬람의 세계사 1』 (서울: 이산, 2008), 663-664.

물에 대한 교역을 관할하고 있던 지역의 작은 왕들에 의해 다스려지고 있었고, 이러한 작은 왕국이 이웃 왕국으로 지배 영역을 넓혀 제국을 이루기도 하였다. 이러한 정치적 지배력의 확대와 교역을 위한 유대를 통하여 공통의 문화적 유산을 소유하게 되었고 말레이어가 공용어로 사용하게 된 것이다. 이러한 지역의 지배자들은 세계 도처(아라비아, 인도, 중국 등)에서 와서 항구 도시에 살아가고 있던 사람들의 종교에 대해 비교적 관대하였다.[15]

새로운 엘리트 세력이 나타나 이슬람 정권을 수립한 중동과 달리 말레이시아를 비롯한 동남아시아에서는 기존의 지배계층이 이슬람으로 개종함으로써 권력 기반을 강화시켰다. 지배계층의 변화가 없었기 때문에 이 지역의 이슬람 문화에는 개종 이전의 종교적이고 문화적인 전통이 강하게 남아 있게 된 것이다.[16]

말레이 반도에서 이슬람으로 개종한 가장 최초의 증거는 트렝가누 지역에 이슬람 법을 반포하는 칙령을 담고 있는 쿠알라 브랑의 비문에서 찾을 수 있다.[17] 1303년의 것으로 추정되는 이 비석은 말레카에서의 술탄 통치보다 선행하는 것이다.

말라카 왕국은 처음에 인도의 왕자였던 파라메스와라(Parameswara)의 통치에서부터 시작되었다. 파라메스와라와 수마트라의 사무드라-파사이(Samudra–Pasai) 가문과의 동맹은 파라베스와라 왕자가 파사이 가문의 공주와 결혼하며 그녀의 종교였던 이슬람으로 개종하면서 성립되었다. 개종과 함께 그는 이름도 메갓 이스칸다르 샤(Megat Iskandar Shah)로 바꾸고 말

---

15) Walters, Albert Sundararaj, *We Believe in One God?: Reflections on the Trinity in the Malaysian Context* (Delhi: Indian Society for Promoting Christian Knowledge, 2002), 21
16) 아이라 라피두스, 신연성 역, 『이슬람의 세계사 1』 (서울: 이산, 2008), 631.
17) al-Attas, S.M.N., *The Correct Date of the Trengganu Inscription* (Kuala Lumpur: Muzium Negara, 1970), 24, Walters, *We Believe in One God?,* 21에서 재인용.

라카 술탄 제국이 그 지역 교역의 중심지가 되는 기초를 닦게 된다. 그의 뒤를 이은 술탄 마코타 이스칸다르 샤(Makhota Iskandar Shah)는 1511년 포르투갈의 식민 통치기 전까지 말라카를 이슬람학과 개종의 중심지로 변모시키는 데 큰 공을 세웠다.[18]

15세기는 말라카에서 이슬람의 전성기여서 이 시기에 이 지역은 동남아시아의 메카로 불렸다. 이 지역은 이슬람 문학과 신비주의, 이슬람 법학을 광범위하게 연구하는 이슬람 문화의 중심지가 되었고, 이 영향으로 말레이 군도의 대부분의 지역이 이슬람화 되었다.

이슬람화와 교역을 주도하게 되면서 말레이어는 이 지역을 통합시키는 중요한 역할을 하게 된다. 말레이 군도의 이슬람 문학과 철학에 말레이어가 사용되기 시작하면서 이제까지 말레이-인도네시아 문헌에서 주도권을 잡고 있던 자바어가 말레이어로 대체되기 시작하였다.[19]

이러한 과정을 통하여 이슬람교와 말레이어는 말레이족과 동일시되었고 이것이 1957년 말라야 연방 헌법에 그대로 반영되게 된 것이다. 헌법 160조 2항에 보면 "그, 또는 그녀가 이슬람교 신도이며 말레이어를 사용하며 말레이 관습을 지키며 말라야 연방이나 메르데카데이(독립기념일) 이전에 싱가포르에서 태어났거나 부모 중 한 명이 말라야 연방에서 태어났으면 말레이족으로 간주한다."고 되어 있다.

말라카는 지리적으로 전략상 중요한 위치에 있었고, 점차 동남아시아의 교역 중심지로 부상하였다. 말라카의 부상과 함께 말라카를 거점으로 이슬람도 왕실 간의 결혼과 내혼, 수피들의 활동, 정치적 정복과 교역 등을

18) McAmis, *Malay Muslims* (2002), 29-32.

19) Walters, Albert Sundararaj, *We Believe in One God?: Reflections on the Trinity in the Malaysian Context* (Delhi: Indian Society for Promoting Christian Knowledge, 2002), 22.

통하여 동남아시아로 광범위하게 전파되었다. 이 기간 동안 중요한 이슬람 법이 확립되기도 하였다.

1511년 포르투갈의 점령 후에도 말라야의 이슬람화는 계속되었다. 가능한 모든 긍정적인 포교 방법들이 동원되었는데 교역이라든가 외교력, 혹은 질병의 치유 등이 그 대표적인 방법이었다. 순례 수피승들은 시골에서부터 궁정에 이르기까지 이슬람을 전파하는 데 중요한 역할을 하였다. 특히 수피적인 관행들이 이슬람이 전파되는 각 지역에 이미 존재하고 있던 민속 신앙적인 관행들과 접목되면서 토착민들이 토착 신앙의 연장선상에서 이슬람을 거부감 없이 받아들이는 데 결정적인 역할을 하였다.[20]

2. 말레이 반도에서의 이슬람의 확산

최초의 전래 이후 이슬람은 각 지역의 무슬림 학자들(ulama, 울라마)에 의해 전파되었다. 근대 이전에는 술탄이 정치와 종교의 최고지도자인 동시에 이슬람을 상징하기도 했지만 종교법의 집행과 신앙교육에 있어서 술탄의 실제적인 역할은 그리 크지 못하였고, 울라마들이 그러한 역할을 대신 담당하였다. 예배인도와 이슬람 신앙교육 외에도 혼례와 장례의 주관, 분쟁 조정, 병자 치유, 공동 재산의 관리, 세금 징수 등이 모두 울라마의 소관이었다.[21] 그들은 폰독(pondok, 오두막)이라고 불려진 종교센터들을 설립하여 이슬람을 가르쳤다. 폰독을 통한 종교교육의 가장 두드러진 특징은 폰독학교 간의, 그리고 폰독학교의 교사와 학생들 간의 깊은 유대관계에 있다. 폰독학교 교육체계에는 일체감과 통일성이 있었던 것이다. 이러한 유대관계는

20) Fatimi, *Islam Comes to Malaysia* (1963), 23.

21) 아이라 라피두스, 신영성 역, 『이슬람의 세계사 2』 (서울: 이산, 2008), 1140-1141.

말레이시아를 넘어 인도네시아와 태국으로도 확대되었다.

말레이시아 내에서의 이슬람의 위치는 최초의 접촉기인 674 CE 때부터 말라야의 정치적 상황과 연계되어 있다. 이슬람이 도래하기 이전에 말레이 토착민들은 그들의 전통 신앙과 함께 불교와 힌두교의 가르침도 포용하고 있었고, 그들의 삶에는, 특별히 말레이 문화의 유형과 권력구조 안에는 하나 이상의 종교의 영향력과 흔적들이 배어 있었다.

정치적 차원에서 술탄들과 지역의 지도자들은 이슬람을 신봉하고 있었다. 사람들은 꾸란과 하디스에 나타난 정신, 즉 인류가 평등하다는 것에 감동을 받았고 매력을 느꼈는데 그 문헌들에 의하면 인류는 카스트제도나 여타 신분제도에 구속되어 있지 않았다. 가난한 자나 부유한 자, 지식인과 무식한 사람 사이에 차별도 두지 않았다. 이슬람은 수피즘의 영향 아래에서는 말레이의 토착 관행과 믿음들과 유사한 방식으로 발전해 갔다. 이러한 요소들이 이슬람 공동체 내에 있는 개개인들에게 존엄성과 가치를 부여해 주었다.

그런데 이슬람화의 진행과 함께 서구(포르투갈, 네덜란드, 영국) 식민주의자들의 통치도 시작되었다. 그들은 법을 바꾸고 "분리하여 통치"하는 방식을 채택하였다. 서구 열강의 정복자들과 함께 교역자들과 기독교가 함께 도착하였다. 정복자들은 교육을 비롯한 다양한 방법을 통하여 기독교를 전파하려 하였다. 이러한 식민주의자들의 도전에 맞서서 1916년 페낭(Penang)에는 Madrasatul Mashoor al-Islamiyah라는 이슬람식 학교가 세워졌고 아랍어로 이루어진 교육을 실행하였다.

사실상 말레이시아 내에서의 이슬람 부흥 운동은 영국 식민 통치 시기에 시작되었다고 해도 과언이 아니다. 말레이시아가 아직 영국의 통치 아래 있을 때 꾸란과 순나(sunnah, 전통)로 돌아가자는 요청들이 들려왔다. 이것은 세계 다른 곳의 이슬람 부흥 운동의 유형을 그대로 따르는 것이어서 모든 무슬림들은 도박과 음주 같은 세속적 습관들을 버리고 서구적 가치들을 거부하며 "이슬람적 삶"으로 돌아갈 것을 촉구하는 것이었다.[22]

3. 1957년 이후의 이슬람

1957년 독립과 함께 얻어진 정치적 자유로 인해 말레이시아는 이슬람 부흥과 이슬람화를 경험하게 된다. 정치적 주류 중의 일부는 이슬람 다크와(*dakwah*)[23]에 대한 강력한 열망을 보여 줌으로써 정치적 자유를 획득하였고 헌법의 조항들도 이슬람화를 가속화시켰다.

여러 변화들 가운데서도 다음과 같은 점들이 이슬람 부흥과 관련하여 주목할 만한 것들이었다.

첫째, 이슬람 내에서 술탄들의 지도력이 완전히 회복되었다. 식민 통치 기간 내내 사적인 영역에만 머물러 있던 이슬람이 법적이고 행정적인 권위를 갖게 되었다. 이것은 무슬림 법과 개인적인 혹은 가정과 관련된 법 등을 모두 포함하는 것이다. 말레이 통치자가 있는 지역이면 어느 곳에서나 종교성(Department of Religion)이 형성되었고 샤리아 법정의 사법권과 집행이 확대되었다. 종교부가 총리실 산하 조직으로 편입되어 국가의 이슬람 법을 일원화하여 관할하게 되었다.

또한 종교와 관련되어 연방정부와 주정부 간의 협력이 강화되었고 1968년에는 말레이 지도자 회의(the Conference of Rulers)에서 국립 이슬람위원

22) Muzaffar, Chandra, *Islam Resurgence in Malaysia* (Petaling Jaya, Malaysia: Penerbit Fajar Bakti), 151.

23) 아랍어 *dawah*, 혹은 *dawa*로도 표기되는 단어로 이슬람에서의 "선교"를 의미한다. 구체적인 내용은 다음 절에서 설명된다.

회(the National Council of Islamic Affairs)를 출범시켰다. 1957년 독립 이후부터 이슬람 종교교육이 강화되어 현재 이슬람 역사와 지식에 대한 교육이 초등학교 저학년부터 각 지역에서 실시되고 있다. 국제 이슬람 대학(the International Islamic University)을 포함한 다수의 이슬람 대학도 설립되었다. 이슬람 부흥 운동이라고 하는 세계적인 조류와 맞물려 말레이시아 내에서의 이러한 발전은 1970년대를 거쳐 현재에 이르기까지 이르고 있다.

1) 1970년대 이후의 "다크와 운동(the *Dakwah* Movement)"

1970년대 중반 이후 말레이시아에서는 다크와 운동이라고 불리던 이슬람 근본주의 운동이 있었다. 1970년대가 시작되면서 말레이시아에서는 보다 광범위한 이슬람 세계에서 이루어지고 있는 이슬람 부흥 운동과 맞물려 자국 내에서 어떻게 하면 이슬람을 활성화시킬 수 있을까 하는 논의와 관심들이 봇물 터지듯이 일어났다. 이러한 움직임은 후에 다크와(*dakwah*) 혹은 다와(*dawah*) 운동으로 불리게 되었는데, 전자는 말레이시아식 표기이고 후자는 아랍어를 그대로 옮겨 사용한 것이다. 문자적으로 이 말은 권고, 호출, 불러냄을 의미하며 이 의미에서 비롯하여 타락한 무슬림들을 새롭게 하고 비무슬림들을 이슬람으로 개종시키기 위한 모든 선교적 노력들을 일컫는 단어로 사용되고 있다.

다크와 운동은 획일적이거나 통일된, 혹은 연합된 이데올로기가 아니라 이슬람적인 동기를 장려시키는 모든 경향성과 행동들, 이념들을 총체적으로 일컫는 말이다. 이것은 이슬람의 경전을 공부하고 그것을 일상생활에 적용하며 스스로 모범을 보이거나 격식을 갖춘 의례를 통해 무슬림으로서의 의무들을 동료 무슬림들에게 상기시키는 등의 행위들을 포함한다. 이들은 이슬람 강좌에 참석하고 이슬람식 복장을 착용하면서 꾸란의 가르침으

로 돌아가 개인의 도덕성을 회복해야 한다고 주장했다.[24]

사회 운동으로서의 다크와는 외부적으로 제정된 것이 아니라 자발적이고 독립적으로 행동에 옮겨진 운동이다. 다크와 헌장은 현재 말레이시아 사회에서 개인적인 경건함이나 신앙심같이 보이지 않는 사적인 차원에서부터 하루 다섯 번의 예배나 희사 등과 같이 형식적이고 보여지는 근행, 그리고 보다 광범위한 사회적 차원에서의 의례나 단체 행동에 이르기까지 이슬람 신앙을 고취시키는 모든 영역에서 받아들여지고 있다.

또 다른 다크와 운동의 특색은 다른 무슬림 세계에서와 마찬가지로 반서구적인 색채를 띤다는 것이고, 이러한 측면에서 정치적 성향을 강하게 드러낸다고도 할 수 있다. 이들은 서구를 악의 근원으로 규정하고 말레이 민족의 쇼비니즘(chauvinisme)에 호소하였다. 이 운동의 주도 세력은 시골에 기반을 둔 전통적인 종교지도자들이 아니라 대학교육을 받았거나 유학 경험이 있는 도시 거주 말레이 무슬림들이었고, 이들은 도시를 기반으로 하여 젊은 층을 중심으로 저변 확대를 꾀하였다.[25]

2) 다크와 활동과 정치적 이슬람

이슬람 부흥 운동에 대한 요청은 부분적으로는 1969년에 호전적인 말레이인들에 의해 중국계와 인도계를 대상으로 이루어진 폭동에서 비롯되었다. 그들은 말레이인들의 정치적 우위가 도전받고 있으며 이슬람의 가치들이 소위 "불신자"들의 타락하고 부도덕한 생활방식과 문화에 위협받고 있다고 간주한 것이다. 다크와 행동가들은 말레이족들은 자신들의 믿음과 문

24) Gordon P. Means, *Political Islam in Southeast Asia* (Petaling Jaya, Malaysia: Strategic Information and Research Development Center, 2009), 85.
25) 아이라 라피두스, 신영성 역, 『이슬람의 세계사 1』 (서울: 이산, 2008), 147.

화를 지키기 위해서는 보다 철저하게 이슬람에 헌신할 것을 촉구하였다.[26]

1970년대 말레이시아 정부는 "신경제정책(the New Economic Policy)"을 수립하고 정부 주도 하에 사회적이고 경제적인 변혁을 모색하였다. 이를 위해 정부는 각 대학과 단과대학들을 확장시켜 갔고, 이것은 말레이계 학생들에게 보다 많은 고등교육의 기회를 제공하게 되었다. 이러한 학생 중의 대다수는 소위 깜풍(kampung, village)이라고 불리는 시골 출신들이었는데 아직도 대부분이 저개발지역으로 남아 있는 이러한 시골 출신의 학생들이 비말레이계가 주도적인 도시생활에 적응하면서 적지 않은 문화적인 충격과 소외감을 느끼게 되었다. 도농 간의 격심한 빈부차를 이해하기도 어려웠을 뿐더러 비말레이계가 향유하고 있는 이슬람의 가치와는 배치되는 것으로 보여지는 서구적인 도시 생활양식-예를 들면 여성들의 의복, 사회에 적극적으로 참여하는 여성들의 달라진 위상, 텔레비전과 상업광고, 영화 등-을 통해 투영되는 서구적 이미지들, 그리고 무엇보다도 개방된 남녀관계와 성 개념 등은 문화적 충격을 넘어서서 비말레이, 비이슬람 문화에 대한 적대감으로까지 확대되었다.[27]

대학 내에서도 농촌을 기반으로 전통적인 울라마들에 의해 이슬람식 가치와 가르침을 교육받았던 이전의 교육과 비교되는 서구식 교육 시스템과 커리큘럼을 기반으로 지극히 합리적이고 과학적인 세속적으로 이루어지는 강의들을 접하면서 대학생들은 큰 혼란을 느끼게 되었다. 방식에 있어서뿐만이 아니라 교육 내용에 있어서도 학생들은 이전에 받았던 이슬람의 가르침에 정면으로 도전이 되는 새로운 개념들과 이론들을 습득하고 적응해 가야 했던 것이다. 따라서 말레이계 학생들은 도시 출신의 비무슬림

26) Means, *Political Islam in Southeast Asia* (2009).
27) Means, *Political Islam in Southeast Asia* (2009), 86.

계 학생들과의 경쟁이 두려워 말레이 관련 분야나 이슬람 관련 분야에만 그들의 전공분야를 한정짓는 결과를 낳았고, 결국 정부는 말레이시아 전역에서 말레이계 학생들을 일정 비율 입학시켜야 하는 쿼터제를 도입하게 된다. 이러한 정책 덕분에 말레이계 학생들은 점차적으로 새로운 학문과 기술 분야들을 접하게 되고 정부의 신경제정책의 실천에 참여할 수 있는 준비를 갖추게 된다.

이러한 전환기적 상황 속에서 다크와 운동은 말레이-무슬림 학생들 사이에서 큰 반향을 불러일으키게 되고, 이들은 주도적으로 이 운동에 참여하게 된다. 구체적으로 ABIM, Darul Arqam, PERKIM, 그리고 Jama'at Tabligh 등과 같은 무슬림 기구들과 조직들에 의해서 다크와 운동은 전국적으로 확산되어졌다. 가장 대표적인 기구는 아빔(ABIM)이다. 이는 Angkatan Belia Islam Malaysia의 약자로, 번역하면 "말레이시아 이슬람 학생 연합"이 된다. 이 기구는 1971년 UKM(Universiti Kebangsaan Malaysia)의 이슬람학과 교수들의 주도로 창립되어졌다. 시디끄 파딜(Siddiq Fadil)이 초대 회장을 지냈고, 안와르 이브라힘(Anwar Ibrahim)이 뒤를 이어 회장이 되었는데 그의 지도 하에 아빔은 말레이시아 내의 모든 대학과 기술학교의 학생들 가운데로 확산되어 갔다. 대학을 졸업한 후에도 이들은 회원으로 남아 있으면서 정부와 사기업 내에서의 지원체제를 구축하는 일들을 주도하였다. 아빔의 멤버십은 정부의 전액 장학금을 받고 유럽이나 미국에서 유학한 말레이계 학생들에게까지 확대되었다.[28]

아빔은 이슬람이라는 명분 아래 거의 모든 정치적 이슈들에 대해 공개토의를 하였고 학생들은 그들의 행동을 이슬람의 가치로 정당화하였다. 학

28) Kamarulnizam Abdullah, *The Politics of Islam in Contemporary Malaysia* (Bangi, Malaysia: Penerbit Universiti Malaysia, 2002), 83-97.

생들은 종교적 가치뿐만이 아니라 심각한 도농 간의 빈부격차 등 사회 정의 문제 등에도 깊숙이 관여하며 집단행동으로까지 이어가자 정부가 제재에 나섰지만 오히려 이것은 그들의 지도자인 안와르 이브라힘을 "두려움을 모르는 지도자"로 추앙하며 그의 정치적 입지를 강화하는 결과를 낳았고, 1980년대에 아빔의 회원 수는 35,000명에 이르게 된다.[29]

아빔의 정치적이고 종교적인 메시지는 캠퍼스를 넘어서서 확산되게 되었고, 자체의 저널인 리살라(Risalah, treatise 논문)를 비롯한 다수의 책자와 소책자를 통해 자신들의 이념을 확산시켰다. 그들은 "서구적 물질주의"에 대항해 "영적인 재무장"을 통한 무슬림 정체성의 확립과 확산을 강조하였다. 이것을 실천하기 위하여 각 대학의 모든 과목에서 이슬람의 원리들과 가치들이 반영된 교육을 통해 "진정한 이슬람"에 헌신할 필요성을 강조하였다. 안와르 이브라힘은 수차례 행해진 연설을 통해 이슬람은 인종차별이나 분리주의를 용납하지 않으며 이것은 서구 식민주의와 국수주의 폐해임을 역설하였다. 그러나 안와르는는 인종 분리 대신 그의 연설과 저술에서 무슬림-불신자를 뚜렷하게 구별하였다. 안와르를 비롯한 다크와 운동가들은 인종 간의 충돌, 혹은 문화적 충돌이라고 부르는 현상들에 대한 종교적 설명을 주었는데 이를 극복하기 위해서는 이슬람의 보편주의와 알라의 유일성이 실현되어야 함을 강조하므로 말레이시아 내에서 이슬람 국가가 수립되어야 함을 강조하였다.

다른 다크와 단체들과 마찬가지로 아빔도 진정한 이슬람 신자임을 외부적으로 증명하는 것을 중요시하여서 남녀 모두에게 아랍식 복장을 착용하도록 하였고, 특히 여성들은 어깨선까지 내려오는 머리쓰개인 투둥(tudong)

29) Morais J. Victor, *Anwar Ibrahim: Resolute in Leadership* (Kuala Lumpur: Arenabuku, 1983), 2-7; Nagata, Judith, *The Reflowering of Malaysian Islam: Modern Religious Rad icals and Their Roots* (Vancouver: University of British Columbia Press, 1984), 87-91.

또는 텔레쿵(telekung)을 착용토록 하였다. 아빔을 비롯한 다크와 운동가들은 의복뿐만 아니라 철저한 이슬람식 식사를 준수하고 비무슬림식 식당에서는 식사를 금하며 하루 다섯 번의 예배를 반드시, 그것도 공개적으로 준수하였다. 뿐만 아니라 아빔은 그 시기를 구체화하지는 않았으나 이슬람 국가 건설을 위해 서구의 팝 문화를 금지시킬 것을 촉구하고 경마와 도박, 알코올음료의 소비를 허락하는 정부 시책을 강력히 비판하기도 하였다.

정부가 주도한 기구로는 이슬람 복지와 선교 연합(the Islamic Welfare and Missionary Association, PERKIM)이 있는데 이 기구는 주로 비무슬림들인 중국계와 인도계, 토착 부족들을 대상으로 개종활동을 벌였다.[30]

위와 같은 다크와 단체들의 기본적인 활동은 다음과 같은 세 가지 유형으로 요약될 수 있다: 첫째는 비교적 자유로운 분위기 속에서 회원의 집 등에서 이슬람의 가르침에 대해 자율적으로 학습하게 하는 활동이고, 둘째는 보다 적극적으로 비무슬림들에게 이슬람의 메시지를 전파하는 활동이며, 셋째는 위의 두 가지 형태의 활동을 함께하는 것이다. 말레이시아인들에게 다크와의 의미는 광범위한 중요성을 갖는다. 다크와가 말레이 무슬림들에게 중요한 이유는 그것이 단지 무슬림, 비무슬림을 포괄하여 모든 이들에게 이슬람과 무슬림들에 대해서 알린다는 의미뿐만이 아니라 말레이시아가 지향하는 미래 사회를 위한 다양한 이슈들까지도 제기한다는 점에서 큰 의미를 부여한다.

말레이시아는 독립 이후부터 다양한 인종의 연합체인 바리산 내셔널(the Barisan National) 안의 최대 계파인 말레이 무슬림당인 UMNO에 의해 지금까지 통치되고 있다. 1970년대 중반부터 UMNO의 정치 지도자들

---

30) Walters, Albert Sundararaj, *We Believe in One God?: Reflections on the Trinity in the Malaysian Context* (Delhi: Indian Society for Promoting Christian Knowledge, 2002), 71.

은 자국 안의 말레이-무슬림들과의 소통을 위해 이슬람을 크게 강조해 오고 있다.

말레이시아 정부는 이슬람 국가 건설에 대한 요구와 국제 경제의 압력, 다민족 사회의 필요성 사이에서 균형을 유지할 수 있는 말레이시아만의 모델을 모색해 왔다. 이슬람주의자들은 좀더 친이슬람적인 정책을 요구하면서 중국, 인도계를 비롯한 비무슬림, 비말레이계 종족집단, 그리고 민속적인 이슬람을 신봉하고 있는 시골의 무슬림들과도 갈등을 빚고 있다. 정부가 이슬람 중심적인 정책노선을 취할수록 비말레이계 주민들이 느끼는 위협이 가중되고 그로 인해 정부는 말레이계의 지지를 계속해서 유지해 가야 할 필요성과 동시에 비말레이계들과 협력관계를 유지해 나가야 하는 과제 속에서 오래된 고민을 계속해 가고 있는 것이다.

4. 말레이시아 헌법에 나타난 종교적 자유와 이슬람의 위상

1957년 독립 이후부터 이슬람은 말라야 연방의 공식종교가 되었다. 그러나 이것이 말레이시아가 이슬람 국가임을 의미하는 것은 아니어서 이러한 사실은 이슬람과 관련된 사회적 이슈가 생길 때마다 정치지도자들의 입을 통하여 수없이 확인되어 온 사실이기도 하다. 그러나 국가 공식 종교로서의 위상으로 인해 이슬람은 말레이시아 정부의 발전과 더불어 우선적인 위치를 점하게 되어, 공식적인 모든 모임에 앞서 이슬람식 기도를 행한다든가 국가 재정을 사용하여 국립, 주립 모스크를 건립한다든가 국가 주도의 꾸란 낭송대회를 개최한다든가 정부 주도로 하지(*hajj*) 순례 조직위원회를 만든다든가 하는 일들을 통해 그 위상이 표현되어 왔다.

이렇듯 헌법에는 정부가 이슬람에 구속되어 있음을 명시해 놓음과 동시에 예배의 자유와 비무슬림들이 자신의 종교생활을 자유롭게 할 수 있음도 명시해 놓았다. "말레이시아에서는 종교가 종족, 정치, 경제와 긴밀히 연관되어 있어 이 중 하나를 배제해 놓고 다른 하나를 생각할 수가 없다."[31] 그래서 월터스(Albert Sundararaj Walters)는 말레이시아에서의 종교의 자유와 공식종교로서의 이슬람의 위상은 현대 사회 속에서 종교·정치·사회 경제학적인 요소들 간의 상호작용의 가장 적절하고 흥미 있는 예라고 분석하였다.[32]

모든 종족과 종교 그룹의 합의가 세밀하게 연구되어 반영되었다고 자부하는 말레이시아 헌법에는 종교의 자유를 명시해 놓은 조항이 있다. 3조 1항은 이슬람이 연방의 종교이기는 하나 연방의 모든 지역에서 평화롭고 조화롭게 이루어지기만 한다면 다른 종교활동들도 실천되어질 수 있음을 명시하고 있다. 비무슬림들은 연방의 공식종교가 이슬람임을 천명하고 있는 바로 그 조항에서 다른 종교를 섬길 자유를 보장해 주고 있으므로 이것은 그만큼 중요한 의미를 갖는 것으로 해석되고 실행되어져야 함을 강조한다.

또한 헌법 11조에서는 종교의 자유가 보장되어 있다. 이러한 실천의 부수조항들, 예를 들면 강제로 종교적 가르침을 받지 않을 자유, 본인의 종교가 아닌 다른 종교예배나 의식에 참여하도록 강요받지 않을 자유, 그리고 (종교)재산을 소유할 권리 등이 뒤이은 12조, 13조에서 보장되고 있다. 11, 12, 13조는 연방 헌법 중 기본 권리 조항 아래 묶어져 있다.

이러한 조항들은 말레이시아 독립 이후 변함없이 헌법에서 보장되어 왔다. 말레이시아는 "세속" 국가이고, 이슬람은 다만 특별한 지위를 누리고 있

---

31) Malaysian Consultative Council of Buddhism, Christianity, Hinduism, and Sikhism(1989), *Why MCCBCHS Rejects the Application of Shari'ah on Non-Muslims*, 4.

32) Walters, Albert Sundararaj, *We Believe in One God?: Reflections on the Trinity in the Malaysian Context* (Delhi: Indian Society for Promoting Christian Knowledge, 2002), 27

다는 것이다.

그런데 이러한 종교의 자유를 보장하는 조항들에는 다음과 같은 단서 조항들이 첨부되어 있다.

1. 종교적 자유는 공공질서와 공공의 건강, 도덕을 헤치지 않는 범위 내에서 조화롭고 평화롭게 이루어져야 한다.
2. 18세 이하의 종교 선택은 그들의 부모나 보호자에 의해 이루어진다.
3. 이슬람 종교를 가진 자들에게 다른 종교의 가르침과 신조를 가르치는 것이 위법이다.

따라서 헌법에 따르면 이슬람과 관련된 문제는 국가적 사안이고, 이것은 오직 정부만이 모든 법적이고 행정적인 사안을 결정할 수 있는 권한을 갖는다는 것을 의미한다. 따라서 말레이 연방 안에 있는 모든 주는 이슬람과 관련되어 각 주의 지도자들에게 조언을 할 수 있는 주 정부 산하 종교위원회를 반드시 설치해야 한다. 주 정부들에 의해 설치된 샤리아 법원은 1969년에 제정된 무슬림 법률 조치에 따라 이슬람의 가르침에 위배되는 행위를 한 무슬림들에 대해서만 사법권을 갖는 것으로 제한되었다.

5. 마하티르 정부의 이슬람화 정책

독립 이후 말레이시아의 가장 큰 과제는 정치적 통합이며, 이러한 정치적 통합의 핵심은 이슬람이라고 하는 것이 말레이 무슬림들의 오래된 인식이었다. 말레이시아의 정치적 통합과 이슬람의 발전은 동전의 양면과 같아서 한쪽의 발전 없이는 다른 쪽의 발전도 기대하기 어렵다는 것이다. 말레이인들이 이슬람적인 이상의 추구는 필연적으로 그들의 정치적 우세를 요청한다고 생각하고 있는 이상, 문제는 이슬람화를 어떻게 실천하느냐에 있지 않고 이슬람화를 어떻게 정의하고 수행하느냐 하는 것이다.

1970년대 이후 말레이시아 이슬람의 발전에 있어서 가장 중요한 계기는 마하티르 모하메드(Dr. Mahathir Mohammed)가 정치 일선에 복귀한 것이라고 할 수 있다. 1981년 수상으로 취임한 이후 마하티르의 "이슬람 편향성"은 갈수록 분명해져서 그의 지도 아래 정부 주도의 이슬람화가 중요한 전기를 맞이하게 된다. 1983년 7월 언론인들과의 인터뷰에서 마하티르는 정부의 통치 정서 속에 이슬람화가 중심에 있음을 분명히 하였다.

"비록 이슬람 법이 국가의 법은 아니지만 이슬람이 추구하는 것에 반하지 않으며 어떠한 상황에서는 이슬람과 일치한다.…이슬람의 이상은 정의와 관용과 다른 종교와 종교인들, 그들의 예배 장소에 대한 존중이다. 그래야 그들도 우리의 종교를 존중할 것이기 때문이다. 이슬람화의 과정은 이슬람 법을 비무슬림들에게 강요하는 것이 아니라 이슬람의 가치를 국가의 행정 속에 녹여들게 해서 다른 모든 이들이 받아들일 수 있는 보편적 가치로 만들어 가는 것이다."[33]

이슬람에 대한 이러한 그의 관심은 곧 1984년에 공식적으로 천명된 "이슬람화 된 정부기구"라는 연설에서 더욱 분명해진다. 모든 비무슬림들이 불편해 하는 가운데 그는 이러한 명칭의 정책이 추구하는 바를 분명히 하였다.

"이슬람화라는 말을 통해 내가 의미하는 바는 정부 속에 이슬람적 가치들을 '심어 주는 것(inculcation)'을 의미한다. 이것은 이슬람 법을 전 국민에게 실행하는 것과는 다른 차원이다. 이슬람 법은 무슬림 개개인들에게만 해당하는 법이다. 그러나 국가의 법은 비록 이슬람 종교를 근간으로 하

33) *New Straits Times* (Jul. 19 1983).

고 있지 않더라도 이슬람의 원칙들에 위배되지 않는 한도 내에서 실행될 수 있는 것이다."[34]

위에서 언급한 대로 비록 이슬람 법이 비무슬림들에게는 적용되지 않는다 하더라도 정부는 실제로 이슬람과 관련된 많은 프로그램들을 한층 강화시켰고 그러한 정책 방향을 제시하였다. 이러한 정책과 프로그램에는 다음과 같은 것들이 포함되어 있다.: 이슬람 은행(the Islamic Bank)과 이슬람 경제 재단(the Islamic Economic Foundation) 등과 같은 이슬람 경제기구의 설치; 당시 아빔의 지도자였던 안와르 이브라힘을 여당인 UMNO와 정부 관료로 영입; 그리고 이슬람센터인 푸삿 이슬람(the Pusat Islam)을 증축한 것 등. 또한 독립 이후 설치되었던 샤리아 법원의 역할이 점진적으로 강화되었다.

이러한 조처에도 불구하고 일부 무슬림들 가운데에는 이슬람 대학과 이슬람 은행을 설립하고, 의회 시작 전 이슬람식 기도를 드리며 새 정부청사에 이슬람식 건축기법을 도입하는 것만으로는 부족하다는 비판적 시각도 존재했다. 이러한 비판에 직면하여 비무슬림들은 세계적인 이슬람 부흥운동의 추세와 함께 말레이시아 내에서도 정부 주도의 이슬람화 정책이 강화될 것이라는 두려움 섞인 예견을 하였다.

이러한 무슬림들의 비판을 의식하여 여당인 UMNO 주도 하에 이전보다 더 한층 강화된 이슬람화 조치들이 정부 안팎에서 행해졌다. 이슬람 뱅크 주도 하에 이슬람식 금융제도를 실행하였고, 이슬람 기구의 후원 하에 대규모의 새로운 이슬람 대학을 설립하여 경제학에서부터 농업에 이르는 다양한 학위과정을 두어 공식적으로 이슬람의 가르침을 강화하였다. 아랍의 영향을 받은 엄격한 의복 규정을 적용하여 정부 건물과 학교 등에서는

---

34) An Interview with Mahathir, *Utusan Malayu* (Oct. 26-27), 1984.

복장 규칙을 엄격하게 준수하도록 하였다. 급기야는 정부지도자들이 말레이시아는 궁극적으로 샤리아에 의해 지도되는 이슬람 국가가 되어야 한다는 말을 공공연하게 천명하기도 하였다. 그러는 가운데 이슬람 성지순례인 하지(*Hajj*)를 행하는 무슬림들의 숫자가 해마다 증가하였고, 금요일에 모스크에서 행해지는 공예배에 참석하는 젊은이들의 수와 보수적인 이슬람 복장을 착용하는 여성들의 수도 점진적으로 증가하였다.

말레이시아 정부는 딜레마에 빠지게 되었다. 말레이인들과 무슬림들의 정치적 지지를 위해서는 이슬람화를 계속 추진해야겠지만 한편으로는 비말레이계 비무슬림들에 대해서도 고려를 해야만 했다. 그들도 엄연히 말레이시아 인구의 절반을 차지하는 말레이시아의 구성원들이기 때문이다.

6. 말레이시아에서의 이슬람 부흥 운동

서구의 학자들은 말레이시아의 이슬람 부흥 운동과 관련되어 무슬림들을 네 그룹으로 분류하는데 전통주의자들, 급진주의자들, 근본주의자들, 그리고 부흥주의자들이 그것이다.[35]

말레이시아 이슬람 내의 "전통주의자들"은 각 주에 있는 작은 마을들에 살고 있는 대다수의 말레이 무슬림들을 포함한다. 학자들은 이 전통주의자들이 현재 정치권에서 영향력을 행사하는 무슬림들보다 더 잠재적인 위험성을 안고 있는 그룹들로 평가한다.[36] 그럼에도 불구하고 말레이시아의 주요 정당들은 이들을 지지하고, 이들의 지지를 얻기 위해 애쓰고 있다.

"근본주의자들"은 근본주의 기독교인들과 유사해서 자신들의 신앙의 "순

35) McAmis, *Maly Muslims* (2002), 80-81.
36) McAmis, *Maly Muslims* (2002), 80-81.

수한" 근원으로 돌아갈 것을 추구한다. 말레이시아의 근본주의 무슬림들은 보수적이고 정통적인 이슬람을 장려하며 더 나아가서 꾸란과 하디스에 근거한 이슬람 국가를 목표로 한다. 그들은 서구적 영향을 거부하고 금지한다. 각 지방의 울라마들과 이슬람 학교의 교사들이 이들로 분류될 수 있다. 말레이시아 정부는 이러한 근본주의자들이 정부의 정책과 민주주의의 발전에 위협이 되는 존재로 간주하며 이들을 경계한다. 정부뿐만이 아니라 말레이시아 기독교의 주류를 이루는 중국계와 인도계 기독교인 등도 이러한 근본주의자들을 국가적 일치와 발전, 안정에 위협이 되고 분열을 조장하는 그룹으로 간주하며 경계한다.[37]

"급진주의자들"은 그들의 말과 행동에 있어서 보수주의자들보다 더 극단적인 경향을 띠는 사람들이다. 그들은 때때로 엄격한 이슬람 국가의 수립이라고 하는 그들의 목적을 위해 폭력을 수단으로 사용하기도 한다. 말레이시아에서는 1970년대에 이들이 "알라의 군대"라는 이름으로 힌두교 사원을 공격하는 일련의 사건들이 발생하기도 하였다. 1980년대에 이르러서도 이들은 국가를 계속해서 이슬람식으로 "정화"해서 이슬람 국가로 만들어 가려는 시도들을 계속하였다. 그들은 심지어 내각의 일원들을 테러하고 암살하려는 계획을 세우기도 하였다. 이들의 이러한 성향은 말레이시아 정부로 하여금 급진주의자들뿐만 아니라 전통주의자들과 근본주의자들까지 포함하여 정부의 시책과 발전을 저해하는 모든 시도들에 대해 폭력을 사용할 수 있도록 정당화하도록 하는 역효과를 초래하기도 하였다.[38]

"부흥주의자들"은 현대적 상황에 이슬람 신앙을 접목시키려 시도하는

37) Von der Mehden, Fred R., "The Political and Social Challenge of Islamic Revival in Malaysia and Indonesia," *Muslim World* 76 (1986), 223-224.

38) Von der Mehden, Fred R., "The Political and Social Challenge of Islamic Revival in Malaysia and Indonesia," *Muslim World* 76 (1986), 226-227.

말레이 무슬림 교사들과 학자들이다. 그들은 이슬람 신자들 가운데 이슬람의 가르침을 가르치는 것의 중요성을 강조함과 동시에 무슬림들로 하여금 현대적 기술을 습득하는 데에도 주저하지 말 것을 권고한다. 그들은 비정치성을 천명하고 교육과 경제 발전, 이슬람 선교인 다크와를 강조한다.[39] 1963년 당시 부수상이었던 툰 압둘 라작(Tun Abdul Razak)은 말레이 무슬림들에게 사고를 현대화할 것을 강조하였다. 그는 다음과 같은 이슬람의 두 가지 특성을 강조했다; 첫째는 타아부디(*ta'abbudi*)로서 알라에 대한 의무이고, 둘째는 타아꿀리(*ta'aqquli*)로서 합리성과 인간의 지혜에 대한 강조이다. 이슬람은 이를 통하여 전통을 고수함과 동시에 발전과 진보를 격려하는 원천이 될 수 있음을 강조하였다.

말레이시아 이슬람의 부흥을 선도한 보다 영향력 있는 그룹들은 영어와 말레이어, 두 언어로 교육을 받은 젊은 층이다. 이들은 정부가 제공하는 장학금으로 말레이시아와 영국을 비롯한 해외에서 유학한 엘리트 계층으로, 이들은 이슬람에 철저하게 충성함과 동시에 말레이시아 내에서의 이슬람의 부흥에 대한 강한 열망을 가지고 있었다. 앞서 언급한 대로 이들은 대부분 ABIM이라는 조직의 일원이 되어 말레이 사회의 이슬람화에 적극적으로 관여하게 된다.

말레이시아 내에서 이슬람 부흥의 징조는 여러 곳에서 발견될 수 있다. 가장 두드러진 징조는 도시의 무슬림 여성 인구 중에서 상당수가 이슬람식 복장을 착용하고 있다는 것이다. 상당수의 무슬림 남성들도 자신들이 생각하기에 종교적이라고 생각되는 의복들을 착용하고 선지자 무함마드와 초기 무슬림들을 본받아서 턱수염을 기른다. 이러한 의복에서의 변화와 함께 남녀가 함께 모여 사회활동을 하는 경우도 확연히 줄어서 남녀를 구별하여

---

39) McAmis, *Maly Muslims* (2002), 81.

모임을 갖는 경우가 증가하고 있다.

또 다른 예는 이슬람식 인사법이 대중적인 인사법으로 자리잡은 것에서 발견될 수 있다. 이슬람식 단어들, 정확하게는 아랍어 단어들이 이슬람 부흥주의자들의 대화에 자주 등장한다. 또한 그들은 무슬림 음식법을 고려하여 만들어진 음식이라 할지라도 비무슬림들의 집에 가서 식사하는 것을 꺼려한다. 따라서 무슬림과 비무슬림 간의 교류가 현저하게 감소하는 현상을 보인다. 이러한 이유로 이제는 거의 모든 식당에서 이슬람식으로 허락되는 음식(*halal*, 할랄)과 허락되지 않는 음식(*haram*, 하람)을 구별하는 표시를 붙여 줄 것을 강조하고 있다.[40]

이러한 이슬람 부흥 운동의 과정 속에서 정부도 두드러지게 한 역할을 담당하고 있다. 1970년대 중반 이후부터 도시 중산층 젊은이들 사이에서 이슬람 부흥 운동의 조짐이 보이자 정부는 무슬림이 하루 다섯 번 메카를 향해 드리는 예배시간을 알리는 아잔(*adhan*)을 국영 텔레비전 방송국과 라디오 방송국을 통하여 내보내기 시작했다. 이후로부터 무슬림과 비무슬림 모두에게 이슬람을 가르치기 위한 교육방송들이 정기적으로 방송되기 시작했다. 무슬림과 비무슬림의 인구 비율이 말레이시아와 비슷한 다른 나라들과 비교해 볼 때 이슬람의 상징들과 관행들, 제도들을 이렇게 강조하는 것은 말레이시아만의 특징으로 여겨진다.[41]

이슬람 부흥 운동의 또 다른 현상은 말레이시아 사회 속에서 종족에 따른 구분을 양분화한 것에 있다. 토착민을 의미하는 부미푸트라(bumiputera)와 비부미푸트라(non-bumipetera)의 구별이 그것이다. 말레이시아 사회의 모

40) Muzaffar, *Islam Resurgence in Malaysia*, 5.

41) Walters, Albert Sundararaj, *We Believe in One God?: Reflections on the Trinity in the Malaysian Context* (Delhi: Indian Society for Promoting Christian Knowledge, 2002), 73.

든 영역에서, 즉 경제, 정치, 문화, 교육 등 거의 모든 차원에서 이 구별이 적용되고 영향을 미친다.[42] 정부지도자들은 아직도 이러한 완전한 구별이 부미푸트라들의 경제적 상황을 향상시키기 위해 필요하다고 강조하고 있지만, 이러한 구별로 인해 국가 내에서 종족적 정체성이 그 무엇보다 중요한 것이 되었다. 이러한 소속감은 종족의 언어와 문화, 종교를 통해 표현되는 것이므로 결과적으로 말레이시아 사회 내에서 이슬람이 무슬림과 비무슬림, 그리고 같은 무슬림 내에서도 종족 간의 갈등을 유발시키는 요소로 등장하게 되었고, 이러한 갈등과 긴장은 현 말레이시아 사회에서도 그대로 존재하고 있는 것이다.

IV. 말레이시아 내에서의 기독교와 이슬람의 관계

1. 이슬람화가 타종교에 미친 영향

식민시대의 잔재가 점차 사라져 감에 따라 말레이시아 내에서는 거의 모든 종교가 어느 정도의 부흥을 경험하게 되었다.[43] 선교사들의 감독에서부터 자유로워졌을 뿐만 아니라 부적절한 종교 문화에서부터도 자유로워진 말레이시아 기독교는 독립 이후 일종의 종교적 르네상스를 겪었다 해도 과언이 아닐 만큼 성장하고 다양화되었다.

그러나 이슬람이 부흥을 이루며 정부와 교육, 경제 속에 그 이념을 확산시켜 감으로써 말레이시아 내의 소수 종교 공동체들은 다양한 도전들에

42) McAmis, *Maly Muslims* (2002), 85.
43) McAmis, *Maly Muslims* (2002), 74.

직면하게 되었고 두려움과 염려를 느끼게 되었다.

비무슬림들 사이에서는 1980년대 이후로 정부의 이슬람 편향성이 노골화되면서 비무슬림들의 종교생활에 많은 제약이 생기게 되었다는 것이 지배적인 정서이다. 한 예로 1985년에 말레이시아 정부는 이슬람화 정책의 일환으로 샤리아 법과 시민법이 조화를 이룰 수 있도록 두 법을 통합시키는 위원회를 발족시키겠다는 계획을 발표했다. 이것으로 인해 비무슬림들은 궁극적으로 샤리아 법이 무슬림과 비무슬림 모두에게 적용되는 이슬람 국가로 변모될 수 있는 가능성을 두고 크게 염려하는 상황이 되었다.

비무슬림을 차별하는 또 다른 예로는 도시 계획을 세우면서 종교부지의 분배를 공평히 하지 않는다든가, 혹은 라디오나 텔레비전 방송에서 이슬람 프로그램의 방송시간을 지나치게 많이 배정한다든가 하는 것이다. 이제 말레이시아 내에서 사원이나 교회를 건축하기 위한 부지를 확보하는 것이 갈수록 어려워지고 있다는 것은 이미 기정화 된 사실이다. 기존의 도시나 타운을 재개발함에 있어서도 비무슬림 종교부지나 비무슬림들을 위한 묘지부지의 할당량이 턱없이 부족하다.[44]

비무슬림들의 염려는 교육제도와 관련해서도 마찬가지이다. 그간 교육제도가 이슬람적 세계관을 교육하기 위해 지속적으로 변경되어서 이슬람 역사와 이슬람 문명을 반드시 교과과목에 포함하도록 하였다.

한 가지 주목할 만한 사실은 아직도 국토의 상당부분이 저개발지역인 상태에 있는 말레이시아의 시골에서는 중등교육 이상을 받기 위해 학생들이 마을에서 가장 근접한 지역의 기숙사에 입소하여 학교를 다녀야만 한다는 것이다. 그런데 대부분의 기숙사들이 국가가 설립한 것이어서 기숙사 내

44) Walters, Albert Sundararaj, *We Believe in One God?: Reflections on the Trinity in the Malaysian Context* (Delhi: Indian Society for Promoting Christian Knowledge, 2002), 76.

에서는 이슬람의 종교활동을 반드시 지켜야 하는 것이 규율로 되어 있다. 따라서 비무슬림 학생들이나 기독교 학생들은 소수의 비이슬람 기숙사를 찾아야 하거나 아니면 이슬람식 기숙사에서 이슬람의 종교 관례를 다 준수해야 하는 어려운 현실에 놓여 있는 것이다.

이슬람화 정책에 대한 비무슬림들의 두려움을 가중시키는 것이 소위 이슬람 가치들을 증진시키기 위한 프로그램들이다. 정부는 경제 발전을 강조하면서 동시에 서구 사회와 연결된 부정적이고 세속적인 측면들을 견제하기 위해 이슬람의 가치들에 우선순위를 둘 것을 강조한다. 그런데 막상 정부가 벌이고 있는, 소위 이슬람적 가치들의 내용을 보면 보편적인 인류의 가치들이므로 비무슬림 정치인들과 지식인들은 공공연하게 왜 그것들을 "이슬람적 가치들"로 선전함으로써 비무슬림들인 불교도와 기독교도, 힌두교도들을 소외시키는가를 질문하곤 한다. 종족 간의 극명한 차이를 이루는 말레이시아 사회 속에서 또 다시 비무슬림과 무슬림이라는 구별을 통해 또 다른 소외집단을 만들어내고 공동체 간의 갈등을 심화시킨다는 비판인 것이다. 이러한 질문들에 대해 정부가 침묵으로 일관하자 비무슬림들은 결국 사회의 분열이라는 대가를 치르고서라도 이슬람적 이미지를 투영하고자 하는 것이 정부의 의도라는 결론에 이르게 된다.

게다가 이슬람 부흥 운동이 특정한 종족 집단과 동일시되어 진행되므로 인하여 다원화된 사회의 특성을 가지고 있는 말레이시아의 "다양성 속의 일체감"이라는 오래된 슬로건에 위협이 되고 있는 것이다. 다크와 운동이 진행되면서 음식과 사회적 터부에 대한 이슬람식의 강조가 강화되고, 이에 따른 종교적 자유의 제한으로 인해 무슬림과 비무슬림들과의 관계는 더욱 악화된 것 또한 사실이다.

1981년에는 알 키탑(*Al-kitab,* 말레이어 성경)이 금지되었고, 기독교 정부가 지원하는 학교를 포함한 모든 학교에서 다른 종교에 대한 교육이 금지되었다. 그 당시에 아직도 말레이어로 된 성경의 번역이 완성되지 않았던 터라 말레이시아의 많은 기독교인들이 인도네시아어로 번역된 성경을 사용하고 있었다. 정부는 국가 안보 조치(Internal Security Act, ISA)에 의해 인도네시아 성경의 사용을 금했는데, 그 이유는 그것이 국가의 이익과 안전을 해칠 수 있다고 판단되기 때문이라는 것이다. 말레이시아교회협의회(The Council of Churches of Malaysia)의 강력한 항의와 그에 따른 행정 조치로 인해 1982년 이 금지 조치는 기독교인 개인의 예배에 사용하기 위한 목적이 아니고서는 누구도 성경을 소유할 수 없다는 것으로 개정되었다.

말레이어 성경의 사용에 제한을 둔 조치는 말레이/아랍어로 된 몇 개의 단어를 이슬람 신앙 외에 다른 종교에서는 사용할 수 없게 한 조치로 이어진다. 1988년 4월 5일에 수도 쿠알라룸푸르에서, 5월 7일에는 말라카에서, 그리고 다른 주도인 클란톤, 트렝가누, 네게리, 스믈리란, 페낭, 셀랑고르 등지에서 알라(*Allah*, 알라), 라술(*Rasul*, 선지자), 파뜨와(*Fatwa*, 법적 의견), 와휴(*Wahu*, 계시), 이맘(*Imam*, 이슬람교의 지도자), 이만(*Iman*, 믿음), 울라마(*Ulama*, 이슬람의 학자), 다크와(*Dakwah*, 선교), 나비(*Nabi*, 선지자), 하디스(*Hadith*, 전통), 샤리아(*Syariah*, 종교법), 인질(*Injil*, 복음), 이바다(*Ibadah*, 종교의무), 끼블랏(*Qiblat*, 기도의 방향), 쌀랏(*Salat*, 기도), 카아바(*Kaabah*, 카바), 하즈(*Hajj*, 순례), 카디(*Kadi*, 심판) 등과 같은 용어는 이슬람의 용어이기 때문에 다른 종교에서는 사용할 수 없다는 조치를 발표하였다.[45] 이것은 후에 네 개의 단어로 축소되었는데 그중 하나인 알라라는 단어의 사용 문제를 두고 현재 말레이시아 사회는 종교 간의 갈등이 첨예화되고 상대 종교시설에 대한 파괴로까지 이어지는 일련의 상황들을 겪고 있는 것이다. 게다가 1987년에 반정부 행동

---

45) 김요한, 『무슬림 가운데 오신 예수』 (서울: 도서출판 인사이더스, 2008), 120-122.

을 모의한 기독교 인사들의 계획이 발각되어 국가 안정 보장 조치(ISA)에 의해 기독교인들과 사회운동가 다수가 체포되는 사건이 발생하기도 하였다.

말레이 정부는 그동안 급진적인 무슬림 공동체의 요구와 헌법에 보장된 비 말레이, 비무슬림들의 권리를 존중하고자 하는 양 극단 사이에서 중도적 입장을 취하려고 노력해 왔다. 그러나 정부의 이러한 노력에도 불구하고 말레이시아 불교, 기독교, 힌두교, 시크교 협의회(Malaysian Consultative Council of Buddhism, Christianity, Hinduism, and Sikhism, MCCBCHS) 등과 같은 비무슬림 기구들은 비무슬림들의 권리를 침해하는 많은 차별의 사례들을 검토해 볼 때 머지않은 장래에 샤리아의 권위가 비무슬림들에게도 확장될 것이라는 우려를 나타내었고,[46] 이러한 염려는 지금도 사라지지 않고 있다.

2. 말레이시아에서의 기독교-이슬람 간의 만남과 대화

앞서 언급했듯이 말레이시아에서의 이슬람 부흥 운동은 말레이시아 무슬림들의 이슬람이라는 종교에 대한 관심과 헌신만을 증대시킨 것이 아니라 말레이시아 내의 다른 소수 종교인들과 인종 그룹의 종교와 문화에 대한 새로운 관심을 불러일으키는 결과를 가져왔다. 말레이시아 내에서의 이러한 종교적 르네상스는 부정적이고 긍정적인 측면을 모두 내포하고 있다. 만일 급진적인 그룹에서 그들의 정치, 경제적이고 문화, 종교적인 목적을 관철시킬 의사를 갖는다면 부정적인 측면, 즉 다른 공동체와의 충돌과 폭력, 분열을 조장하게 될 것이다.[47] 그러나 반면에 보다 이성적이며 관용적인 요

46) MCCBCHS, *Why MCCBCHS Rejects the Application of Shari'ah on Non-Muslims* (Kuala Lumpur, 미간행물, 연도 미상), Walters, *We Believe in One God?*, 77.

47) Aliran Kasedaran Negara, *Aliran Speaks* (Penang, Malaysia: Aliran Kasedaran Negara, 1981), 200.

소들이 말레이계와 비말레이계 가운데 지배적인 성향이 된다면 그것은 종교적 부흥의 긍정적인 결과를 향한 노력들을 가속화시킬 것이다.[48] 이러한 긍정적인 태도들은 말레이시아 내에서의 종교 간의 대화와 협력을 증대시킬 것이고 이러한 대화는 보다 깊은 신뢰와 상호 간의 이해를 증진시키게 될 것이다. 이러한 대화의 노력들은 이미 1980년대부터 불교도와 힌두교도, 기독교도와 무슬림들 사이에서 가시화되었고,[49] 최근에 알라의 호칭 문제를 둘러싸고 벌어진 일련의 논쟁들로 인해 그 필요성이 강하게 제기되고 있다.

말레이시아에서는 이미 무슬림들과 기독교인들, 그리고 다른 종교인들이 연합하여 사회 복지 프로그램을 실행에 옮기기 위한 공동연구를 실시한 경험도 있어 1973년 정부 지원 하에 빈곤층을 위한 사회 복지 프로그램을 개발하기 위한 다종교 연합 프로젝트를 실시하기도 하였다. 그리고 같은 해에 역시 정부의 지원 하에 "말레이시아가 직면한 가치관과 구조적 변화의 도전 앞에 어떻게 다른 종교인들이 협력하여 국가 재건을 위한 노력을 기울일 수 있는가"라는 주제의 세미나를 개최하기도 하였다.[50]

보다 고무적인 일은 "말레이시아 종교 간 협의체(the Malaysian Inter-Religious Organization)"가 정부에 공식 등록된 기구로 출범하게 된 것이다. 이 기구는 다음과 같은 목표를 가지고 설립되었다.

a. 말레이시아와 세계의 평화를 증대시킨다.

b. 인간의 존엄성의 가치를 실천하고 확산시키며 인종과 국적과 성별

48) Aliran Kasedaran Negara, *Aliran Speaks* (Penang, Malaysia: Aliran Kasedaran Negara, 1981), 201.

49) Aliran Kasedaran Negara, *Aliran Speaks* (Penang, Malaysia: Aliran Kasedaran Negara, 1981), 201.

50) World Council of Churches, *Christians Meeting Muslims*, WCC Papers on Ten Years of Dialogue (Geneva: World Council of Churches, 1977), 124.

과 언어, 종교적 신념을 초월한 형제애를 실천하고 확산시킨다.

c. 모든 종교 간의 상호적 이해와 협력을 증진시킨다.[51]

그러나 위에서 추구하고 있는 이러한 종교 간의 대화를 통한 신뢰와 이해의 미래는 현실적으로 말레이 무슬림들과 말레이시아 정부에 달려 있다고 해도 과언이 아니다. 말레이시아의 말레이계 무슬림들이 줄곧 주창해 온 "우리를 내버려두어라."라는 요구는 이러한 대화에 반하며 오히려 보다 큰 오해와 말레이시아의 미래의 분열만을 초래할 뿐이다.

뿐만 아니라 "종교에는 강요가 없나니… (2:256)"라는 꾸란 알 바까라 장의 구절을 비무슬림들이 이슬람으로 개종하게 하는 가장 강력한 동기가 되도록 사용하면서 말레이 무슬림들이 기독교인이나 다른 종교인이 되기 위해서는 말레이인임을 포기하도록 하는 것은 무슬림들 스스로 꾸란의 말씀을 역행하는 것이다. 이 구절에 대한 위와 같은 일방적인 해석은 이미 이슬람 학자들에 의해서도 거부되고 있는 상황이다. 이슬람의 가르침에 의하면 모든 인간은 종교적 문제에 있어서는 믿든지 믿지 않든지 할 권리를 알라로부터 부여받았다는 것이다.[52] 무슬림 학자인 알 파루키(A.K.Faruki)는 보다 적극적으로 "이슬람 법은 인간으로 하여금 이슬람 국가로부터 탈출할 것을 허락한다."고 천명하였다.[53]

그러나 현재 말레이시아 내에서의 무슬림-기독교 간의 관계를 냉정히 생각해 보면 현실은 그리 희망적이지 않다. 전 인구의 60%에 가까운 수의

---

51) World Council of Churches, *Christians Meeting Muslims*, WCC Papers on Ten Years of Dialogue (Geneva: World Council of Churches, 1977), 124.

52) The Islamic Foundation, *Christian Mission and Islamic Da'wah* (Leicester, UK: The Islamic Foundation, 1982), 93.

53) The Islamic Foundation, *Christian Mission and Islamic Da'wah* (Leicester, UK: The Islamic Foundation, 1982), 92.

말레이 무슬림들과 9% 미만의 소수 기독교인들과의 대화이기 때문이다.

말레이시아에서의 기독교-이슬람 간의 만남과 대화는 어려움과 도전들, 가능성과 기대감 등으로 다소 복잡하게 얽혀 있다. 말레이시아 기독교인들은 이슬람을 다양한 관점으로 보아 왔다. 정치적이고, 사회-경제적이며, 문화적이고 신학적인 요인들은 무슬림들과 기독교인들을 상호 적대적인 관계로 양극화시켜 왔다. 상대방에 대한 잘못된 이미지들은 상대 커뮤니티에 대한 두려움과 오해를 갖게 했고, 따라서 기독교인들과 무슬림들은 서로에 대해 부정적인 전제와 이미지들을 계승시켜 왔다.

기독교인들은 이슬람이 자신들에 대해 정치적이고 경제적이며 신학적인 위협을 가하는 종교라고 간주해 왔고, 부정적인 이미지들로 이슬람을 묘사해 왔다. 반면에 무슬림들은 기독교인들과 기독교제국(Christendom), 그리고 서구 국가들을 동일시하면서 무슬림 세계에 대해 "십자군 전쟁"을 계속하고 있는 집단으로 간주해 오고 있다. 이러한 상호적인 이미지들은 대중매체에 의해 지속적으로 강조되고 전파되고 있다.

V. 결론을 대신하여 : 기독교-이슬람 간의 만남과 대화를 위해 생각해야 할 문제들

과거 식민지 시대와 연관지어 말레이계 무슬림들은 기독교인들의 존재가 그들이 추구하는 자율권의 걸림돌이 된다고 여전히 생각한다. 또한 기독교-이슬람 간의 관계는 기독교인들이 비록 소수종교의 입장에 있지만 적극적으로 선교하고자 하는 소수라는 사실에 의해 부정적인 영향을 받는다. 기독교인들의 이러한 선교적 노력은 재정적인 지원과 인적 자원을 훈련시키는 일 등을 포함한다. 무슬림들 사이에서 공통적인 비판은 자신들의 "다크와" 운동은 기본적으로 이슬람의 내적인 개혁을 추구하는 것인데, 기독교인들은 오직 개종자를 얻어 말레이시아 내에서 입지를 강화시키는 것에만 관심을 갖는다는 것이다.[54]

또한 무슬림들은 종교 간의 대화라는 것이 기독교의 신제국주의의 변형된 모습이거나 지적인 식민주의라고 생각한다. 뿐만 아니라 기독교인 중에서는 무슬림들과의 대화가 지나치게 낭만적인 발상이라고 비판하는 사람들이 있다. 이들은 이러한 시도는 말레이시아에 편만한 이슬람 광신주의를 제대로 직시하지 못한 이상적이고 비현실적인 시도라는 것이다.

이러한 상황 속에서 교회 간의 일치는 상당히 중요한 요소가 된다. 그러나 말레이시아 내의 많은 복음주의적 교회들에서 교회 일치 운동에 대한 관심이 거의 없다. 우리가 앞서 살펴본 바대로 종족적인, 언어적인, 문화적인 다양성과 이에 더하여 "보수적이고 경건한" 기독교적 성향은 타종교와의 대화에, 그리고 이를 위한 교회 일치 운동에 소극적이게 한다. 또한 동시에 교회 일치는 일종의 외국의 신학이라고 간주되어 서구에 의해 전해져 토착화 되어진 말레이시아 기독교인들에게 낯선 기독교 운동으로 비추어지는 것이다. 또한 소수종교로서의 기독교의 입지로 인해 교회는 예로부터 전해오는 전통만을 고수하고 있는 것이다. 그러나 현재 말레이시아 교회에 필요한 교회 일치 운동은 신학적 경향으로서, 혹은 진보적 운동으로서의 에큐메니즘이 아니라 교회의 생존 자체를 위해 반드시 이루어져야 할 조치인 것이다.

소수종교로서의 기독교 공동체는 기독교 공동체와 다른 종교 공동체를

---

54) Walters, Albert Sundararaj, *We Believe in One God?: Reflections on the Trinity in the Malaysian Context* (Delhi: Indian Society for Promoting Christian Knowledge, 2002), 82.

아울러 사회적 정의와 자유를 실현하기 위한 기독교적 원칙을 제시할 수 있어야한다. 말레이시아처럼 종족적 다양성으로 인해 사회가 분열되어 있는 곳에서는, 더욱이 식민 통치 기간을 통하여 기독교는 곧 자신들의 땅과 자원들을 수탈했던 지배자의 종교라는 이미지가 지배적인 상황에서는 기독교가 종족과 문화의 차이에 관계없이 모든 공동체를 품어낼 수 있는 기독교적 사랑을 보여 줄 수 있어야 한다. 기독교적 이상과 정신이 신뢰할 만한 것이 되기 위해서는 이것이 구체화된 실천이 필요한 것이다.

말레이시아의 역사적 경험에 비추어볼 때 국가의 통합과 화해는 각기 다른 종족의 문화와 종교적 가치를 그대로 이해하고 기꺼이 인정할 수 있을 때 가능한 것이다.

또한 종교적 화해와 조화는 다른 종교들을 인정하고 다른 종교인들이 그들의 가치와 권리를 침해받지 않고 하나의 인류로서 공존할 수 있다는 것을 인정하는 데서부터 출발하는 것이다.[55]

---

55) Ghazali Basri, *Christian Mission and Islamic Da'wah* (Kuala Lumpur: Nurin Enter-prise, 1990), 8.

[참고문헌]

김요한. 『무슬림 가운데 오신 예수』. 서울: 도서출판 인사이더스, 2008.
아이라 라피두스, 신연성 역. 『이슬람의 세계사 1, 2』. 서울: 이산, 2008.

al-Attas, S.M.N. *The Correct Date of the Trengganu Inscription.* Kuala Lumpur: Muzium Negara, 1970.

Ali, S. Husin. *The Malays: Their Problems and Future.* Kuala Lumpur: The Other Press, 2008.

Aliran Kasedaran Negara. *Aliran Speaks, Penang.* Malaysia: Aliran Kasedaran Negara, 1981.

Chan, Mark L. Y. ed. *The Quest for Covenant Community and Pluralist Democracy in an Islamic Context.* Singapore: Trinity Theological College Publication, 2008.

Comber, L. *13 May 1969: A Historical Survey of Sino-Malay Relations in West-Malaysia.* Singapore: Graham Brash Ltd., 1983.

Fatimi, S. Q. *Islam Comes to Malaysia.* Singapore, 1963.

Frisk, Sylvia. *Submitting to God: Women and Islam in Urban Malaysia.* Seattle: University of Washington Press, 2009.

Furnivall, J. S. *Progress and Welfare in Southeast Asia.* New York: Institute of Pacific Relations, 1941.

Ghazali Basri. *Christian Mission and Islamic Da'wah.* Kuala Lumpur: Nurin Enterprise, 1990.

Harris, Ian, Stuart Mews, Paul Morris and John Shepherd eds. *Contemporary Religion: A World Guide Harlow, Middlesex.* UK: Longman, 1992.

Kamarulnizam Abdullah. *The Politics of Islam in Contemporary Malaysia.* Bangi, Malaysia: Penerbit Universiti Malaysia, 2002.

Lee, Kam Hing. "From Communities to Nation." In *The Christian and Race Relations in Malaysia.* Selangor: Graduate Christian Fellowship, 1986.

McAmis, Robert Day. *Malay Muslims.* Grand Rapids: Wm. Eerdmans Publishing Company, 2002.

MCCBCHS. *Why MCCBCHS Rejects the Application of Shari'ah on Non-Muslims.* KualaLumpur, 미간행물, 연도 미상.

Means, Gordon P. *Political Islam in Southeast Asia.* Petaling Jaya, Malaysia: Strategic Information and Research Development Center, 2009.

Morais J. Victor. *Anwar Ibrahim: Resolute in Leadership.* Kuala Lumpur: Arenabuku, 1983.

Muzaffar, Chandra. *Islam Resurgence in Malaysia.* Petaling Jaya, Malaysia: Penerbit Fajar Bakti

Nagata, Judith. *The Reflowering of Malaysian Islam: Modern Religious Radicals and Their Roots.* Vancouver: University of British Columbia Press, 1984.

Parkinson, C. Northcote. *British Intervention in Malaya, 1867-1877.* Singapore: University of Malaya Press, 1960.

Tan, Nathaniel & John Lee eds. *Religion under Siege? :Lina Joy, the Islamic State and Freedom of Faith.* Kuala Lumpur: Kinibooks, 2008.

The Islamic Foundation. *Christian Mission and Islamic Da'wah*. Leicester, UK : The Islamic Foundation, 1982/1402H.
Von der Mehden, Fred R. "The Political and Social Challenge of Islamic Revival in Malaysia and Indonesia." *Muslim World* 76 (1986).
Walters, Albert Sundararaj. *We believe in One God?: Reflections on the trinity in the Malaysian Context*. Delhi: Indian Society for Promoting Christian Knowledge, 2002.
World Council of Churches. *Christians Meeting Muslims*. WCC Papers on Ten Years of Dialogue, Geneva: World Council of Churches, 1977.

유럽 이슬람 공동체의 최근 동향과 전망
: 서유럽의 사례를 중심으로

안 신

I. 서론

기독교와 이슬람은 불교와 더불어 선교하는 대표적인 세계 종교들이다.[1] 오랫동안 서양의 종교로 인식되어 온 기독교(그리스도교)는 이제 아프리카, 아시아, 남미, 태평양과 같은 비서구 지역을 중심으로 새롭게 부흥하고 있고, 아랍(Arabia)에서 시작된 이슬람도 북아프리카와 동남아시아를 넘어 최근 유럽에서까지 상당한 세력을 확보하게 되었다. 따라서 최근 이슬람과 기독교에 대한 종교현상학적 비교 연구에도 변화가 일고 있다. 서구

1) 모든 종교는 나름대로 종교적 진리를 전한다는 점에서 '광의의 선교종교'이지만, 특히 불교, 기독교, 이슬람은 선교·포교의 특징이 상당히 강조된다는 점에서 '협의의 선교종교'이다. 이슬람과 기독교의 선교 양태에 대해서는 안신, "이슬람 다와와 기독교 선교에 대한 비교 연구-폭력과 비폭력의 경계를 중심으로," 『종교연구』 50집 (2008년 봄), 219-245를 참고하라.

중심적 시각에 편향된 '동양학(Orientalism)'[2] 입장에서 종교의 '일반적' 특징을 획일적으로 묘사하는 '세계 종교(world religion)'를 연구하는 대신에, 다양한 민족과 문화를 통하여 표출되는 종교의 다양성과 복잡성을 이해하고 설명하는 '디아스포라 종교(diaspora religion)'에 대하여 체계적으로 연구하자는 제안이 있다.[3]

한편 서구학계에서 이슬람이 지금처럼 '세계 종교'로 인식되기까지 오랜 '왜곡'과 '조작'의 역사가 있었음이 지적되고 있다. 19세기 유럽 지식인들은 기독교와 불교를 보편적인 "아리안족의 종교"로 분류하면서도, 이슬람을 국지적인 "셈족의 종교"로 규정했다. 유럽인들의 시각에서 본다면 기독교와 불교는 그 종교가 기원한 이스라엘과 인도에서 그 세력을 점차 상실하는 대신에 그 종교가 포교된 다른 문화권에서 오히려 번성하는 '보편 종교'의 특징으로 설명되었지만, 이슬람은 처음 시작된 아라비아 반도에서 그 세력을 지금까지 유지하며 다른 지역으로 독특한 문화를 확장하는 "민족 종교"로 분류되어 왔다.[4]

본 논문에서 필자는 최근 서양에서 '새롭게' 성장하는 이슬람과 무슬림 공동체의 동향을 분석하고 그 변화의 양태를 전망하고자 한다. '이슬람과 서양(Islam and the West)' 사이의 관계를 조명하는 것이 아니라 '서양 안에

2) Edward W. Said, *Orientalism* (New York: Random, 1978)을 참고하라. 에드워드 사이드에 따르면, 서구학자들은 이슬람 지역을 포함한 동양을 있는 그대로 객관적으로 묘사해 온 것이 아니라, 서구학자들이 보기 원하는 모습으로 재구성하거나 서구적 잣대로 이해될 수 있는 측면만을 일반화시켜거나 왜곡해 왔다.

3) John R. Hinnells, "The Study of Diaspora Religion," ed., John R. Hinnells, *A New Handbook of Living Religions* (Oxford: Blackwell, 1997), 684. 힌넬은 인류학자 기어츠가 모로코의 이슬람과 동남아시아의 이슬람을 비교한 사례를 '디아스포라 종교' 연구의 대표적 사례로 들고 있다.

4) Tomoko Masuzawa, *The Invention of World Religions* (London: The University of Chicago Press), 186-197. 19세기 지식인들은 이슬람이 기독교와 불교처럼 '세계 종교'의 성격을 갖게 된 것은 셈족 종교의 성격에도 불구하고 기독교의 영향을 받았기 때문이라고 설명했다.

이슬람(Islam in the West)'을 이해하려는 것이다. 특히 서유럽 국가들 중에서 무슬림이 가장 많이 분포해 있는 영국, 프랑스, 독일을 중심으로 무슬림 공동체의 역사적 형성배경과 특징을 분석하고, '유럽 이주 무슬림들(European Muslims)'이 정체성의 문제를 어떻게 다양한 방식으로 해결하고 있는지를 살펴볼 것이다. 그리고 결론을 대신하여 유럽 이주 무슬림의 경험에 대한 분석을 토대로 한국의 '다문화 현상'이 안고 있는 문제점을 지적하고, 21세기 기독교의 이슬람 선교를 위한 몇 가지 제안을 하고자 한다.

II. 이슬람과 기독교 : 차이점과 유사점

이슬람과 기독교는 상호 극명한 차이를 보인다.

첫째, 기독교인은 '삼위일체' 하나님과 예수 그리스도의 성육신 사건을 믿지만, 무슬림은 '일위일체' 알라[5]의 유일성과 예언자 무함마드의 마지막 사도됨을 고백한다. 둘째, 기독교인은 성경의 권위를 인정하며 그리스도의 제자가 됨을 삶의 목표로 삼지만, 무슬림은 알라의 참된 계시로서 꾸란(*Quran*)과 무함마드의 언행인 전승(Sunna)을 삶의 지침과 사회의 법으로 실천한다. 셋째, 기독교인은 그리스도의 부활을 기념하며 '주일' 예배를 드리지만, 무슬림은 예수의 십자가 죽음과 부활을 부인하며, 매일 다섯 차례 예배와 '금요' 합동예배를 드린다. 넷째, 기독교인은 믿음으로 구원받는다는 교리를 강조하지만, 무슬림은 최후 심판의 날에 부활하여 믿고 선행한 대로 천국이나 지옥에서 영생함을 믿는다.

---

5) 한국 무슬림은 알라를 '하나님 혹은 알라 하나님'으로 번역한다. 최영길 역, 『성 꾸란-의미의 한국어 번역』 (메디나: 파하드 국왕 꾸란 출판청, 1997)을 참고하라.

이와 같이 기독교와 이슬람은 신학적, 의례적, 윤리적 차이를 갖고 있지만, 동시에 유사점을 지니고 있다. 기독교인과 무슬림은 유일신 사상을 공유한다. 위대한 하나님의 실재를 인정하며 하나님의 뜻이 인간에게 계시되었고, 인간의 모든 영역에서 그 계시가 결정적인 역할을 할 것이라는 확신을 기독교인과 무슬림 모두 가지고 있다.

이슬람은 7세기 초 아랍에서 시작된 종교이지만, 현재 16억에 이르는 거대 종교로 성장했다. 인종적으로도 다양한데, 아랍 무슬림은 2억이며, 나머지 14억은 비아랍계 무슬림이다.[6] 이슬람은 초기부터 매우 빠르게 주변의 영토를 장악했으며, 단시간 내에 기독교와 불교에 버금가는 '선교 종교'가 되었다. 지금 유럽의 주요 국가와 도시마다 이슬람 성원(마스지드, 모스크)이 세워져 있고, 거리마다 무슬림 상가와 베일(히잡)을 두른 무슬림 여인들이 눈에 띄게 늘고 있다. 전통적인 기독교국가(Christendom)였던 서유럽 지역으로 무슬림 노동자와 유학생이 해마다 증가하면서, 유럽의 '비어가는(empty)' 성당과 교회가 이슬람 성원으로 개축되어 무슬림으로 '채워지는(filled)' 사례도 발견된다. 처음 유럽에 정착한 1세대 이주 무슬림에게는 언어적 장벽이 컸지만, 2세대와 3세대 무슬림은 유럽의 언어와 문화에 동화되어 가며, '유럽 무슬림(European Muslim)'의 새로운 정체성을 형성하려고 노력하고 있다. 그러나 유럽인의 눈에 무슬림은 아직까지도 유럽 공동체의 연합과 결속을 깨는 위험한 이질적인 존재로 인식되고 있으며, 2001년 9·11 사태 이후 일련의 테러사건으로 유럽인이 무슬림을 잠재적인 테러리스트로 간주하게 되었다.

---

6) 비아랍계 무슬림에 대한 연구로는 전재옥 편, 『아시아 무슬림 공동체』(서울: 예영, 1998)를 참고하라. 무슬림이 가장 많이 살고 있는 인도네시아(2억), 파키스탄(1억 5천), 인도(1억 5천만), 방글라데시(1억 3천만), 터키(7천만), 나이지리아(6천 7백만) 등은 비아랍계 지역이며, 비아랍계 무슬림이 사용하는 언어는 400여 가지로 다양하다. 그들은 아랍어 외에도 벵갈어, 펀잡어, 자바어, 우르두어 등을 사용한다. 그러므로 이슬람 선교를 위하여 선교사는 적어도 아랍어와 파견되는 지역의 토착어를 구사할 수 있는 훈련을 받아야 한다.

유럽인들은 다음과 같은 질문을 하곤 한다.[7]

"아라비아 반도에서 등장한 이슬람이 왜 유럽으로 이주하여 오는 것인가?"
"우리 유럽인은 무슬림들과 하나의 공동체를 이루며 이웃 혹은 친구가 될 수 있는가?"
"우리는 이슬람의 확산에 대하여 기독교인으로서 어떤 대처를 해야 하나?"
"'한 손에는 칼, 한 손에는 꾸란'이라고 하는데, 우리도 '한 손에는 성경 또 다른 한 손에는 스스로를 방어할 그 무엇인가'를 들고 있어야 하지는 않을까?"

2013년이면 터키가 유럽연합의 정식 회원국이 된다는 언론의 보도는 유럽인들에게 큰 충격을 주었다. 이슬람은 세계 66억 인구 가운데 16억의 인구가 믿는 세계 종교이다(네 명 중 한 명이 무슬림이다.). 무슬림은 선교를 통한 개종보다는 무슬림 가정의 출산을 근간으로 급성장하는 종교이다. 인구의 50%를 기독교와 불교가 점유하고 있는 한국에서도 이슬람은 다양한 문화권의 경계를 넘어 적극적인 선교(다와)를 해왔다. 1955년 한국전쟁에 참전한 터키군 이슬람 종교지도자(이맘)가 한국인을 처음 선교한 이래로 현재 한국에는 약 15만 명의 무슬림이 거주하고 있는데, 그 중에 한국 무슬림이 약 4만 명이고 외국인 무슬림은 약 11만 명에 이른다.[8]

앞으로 한국에서 이슬람의 확산은 꾸준하게 전개될 것이다. 『한국 이슬

7) 이 질문들은 필자가 2004년부터 2006년까지 영국 에딘버러 대학교와 페이스미션바이블칼리지에서 세계 종교를 강의할 때 학생들에게 받은 내용이다.
8) 한국 이슬람의 역사에 대해서는 전재옥, 『기독교와 이슬람』 (서울: 이화여자대학교출판부, 2003), 74-94을 참고하라. 한국에 거주하는 무슬림은 불법체류자를 포함해서 약 10만 명에서 많게는 20만 명까지 추산되고 있다. 최근 서울 중앙 성원의 한 관계자에 따르면, 한국 무슬림은 약 3만 5천 명이고 외국 무슬림이 7만 명 정도라고 말한다.

람 50년사』에 따르면, 무슬림이 이슬람을 한국 사회에 선교하기 위하여 극복해야 할 세 가지 어려움이 있다.[9]

첫째는 무슬림은 한국 사회 전반에 기독교 세계관의 영향을 받아 왜곡된 이슬람의 이미지가 유포된 상황을 이슬람 선교의 큰 걸림돌로 자각하고 있다. 둘째로, 소수종교인으로서 금요일의 합동예배와 하루 다섯 차례의 의무예배를 실천하기가 어렵다는 점이다. 셋째로, 한국 무슬림은 외국인 이슬람 선교사(다이)가 지닌 이슬람과 한국 문화 및 한국어에 대한 지식이 부족하다는 자성의 목소리를 내고 있다.[10]

이러한 한국에 산재한 이슬람 선교의 장애에도 불구하고, 무슬림은 21세기 한국에서 이슬람의 확장을 위한 긍정적 요소로서 ① 한국인의 낮은 문맹률과 고학력 지식인, ② 유교적 세계관과 이슬람의 유사성, ③ 한국인의 유일신 개념(하나님), ④ 1970년대 중동건설에 파견된 2백만 한국인의 이슬람에 대한 직접적인 경험, ⑤ 외국인 무슬림들과의 국제결혼 증가 등을 들고 있다. 결국 "체계적"이며, "효과적"이고, "지속적"인 이슬람 선교(다와)가 이루어진다면, 대다수 한국인이 이슬람으로 개종할 것이라고 낙관하고 있다.[11]

현대 세계 이슬람의 국가별 분포를 보면, 이슬람의 선교 열정을 이해할 수 있다. 이슬람이 발생한 아라비아반도를 중심으로 동쪽으로는 이란, 아프가니스탄, 파키스탄, 인도, 방글라데시, 말레이시아, 인도네시아까지 뻗어

9) 한국이슬람교중앙회, 『한국 이슬람 50년사』 (서울: 한국이슬람교중앙회, 2005), 41-42.

10) 한국 이슬람 성원을 돌며 수개월 동안 이주 무슬림에게 설교를 하기 위하여 입국하는 파키스탄 젊은이들이 있다.

11) 국문본보다 영문본이 이슬람의 선교 의지를 더 잘 표명하고 있다. "If the systematical and effective Da'wah projects are set up and continuous Da'wah activities are carried out without pausing under the banner of the Korean Muslim Federation, many of 45 millions of Koreans will embrace Islam."

있으며, 서쪽으로는 북아프리카 지역을 장악했고, 북쪽으로는 터키, 발칸반도, 중앙아시아, 중국에까지 이르고 있으며, 남쪽으로는 이집트와 수단을 지나 동서 아프리카 지역을 감싸고 있다. 무슬림은 정치, 경제, 교육을 통한 총체적 선교방식을 채택하여 세계의 많은 지역에서 기독교인을 포함한 타종교인들과 경쟁하며 지속적 확장을 하고 있다.

이제 유럽의 이슬람과 무슬림 공동체의 최근 동향을 살펴보자.

III. 유럽의 세속화 : 후기 기독교 시대(Post-Christian Era)

전통적인 기독교 국가였던 유럽이 세속화되면서 이슬람은 무신론과 함께 기독교 다음으로 큰 종교가 되었다. 지난 30년간 거의 세 배로 증가한 무슬림 공동체의 성장에 주류 기독교인들은 두려움을 느끼고 있고, 세속적 유럽인들은 이슬람 근본주의의 등장을 목격하면서, 사적 영역에 머물러 있어야 할 종교가 공적 영역으로 가감 없이 표현되는 현실에 무척 당황하며 불편해 하고 있다. 전통적인 유럽은 이미 '세속화(secularization)'되었다. 그러나 최근 이슬람이 유입되고 다양한 신종교들이 등장하면서, 종교학자들은 '세속화'라는 용어를 사용하는 대신에, '신성화(sacralization)'나 '마법화(re-enchantment)'라는 신조어를 만들어 현대 유럽의 종교 변화를 설명하고 있다.[12]

기독교의 주일예배에 정기적으로 참여하는 신자의 수가 급격히 줄면서 교회가 '비어가고' 있고, 문을 닫는 교회도 늘어가고 있다.[13] 심지어 교회 건

12) Christopher Partridge, *The Re-Enchantment of the West* 2 (London: T&T Clark, 2005).
13) Robil Gill, *The 'Empty' Church Revisited* (Hants: Ashgate, 2003)를 참고하라.

물이 유흥업소나 이슬람 성원으로 바뀌는 사례도 적지 않다. 2003년 유럽 사회조사(European Social Survey)에 따르면,[14] 유럽인들 가운데 일주일에 적어도 한 번 교회에 출석하는 사람의 국가별 비율은 다음과 같다.

> 덴마크 3%, 스웨덴 5%, 노르웨이 5%, 프랑스 8%, 독일 9%, 체코 9%, 헝가리 11%, 스위스 11%, 벨기에 11%, 네덜란드 12%, 영국 13%, 룩셈부르크 13%, 오스트리아 19%, 스페인 20%, 슬로베니아 20%, 그리스 26%, 포르투갈 29%, 이태리 32%, 폴란드 54%, 아일랜드 56% 등

이 자료는 기독교 세계관이 유럽인의 삶 가운데 실질적으로 기능하지 못하고 있음을 보여 준다. 유럽 기독교는 신자 감소와 급격한 노령화를 직면하면서 어린이와 청소년을 성당이나 교회에서 찾아보기 힘들게 되었다. 이처럼 대다수 유럽인들은 하나님의 존재를 믿으면서도 제도화 된 교회의 예배에 참석하지 않고 있다. 유럽인들은 기독교 세계관이 사회를 변혁하는 힘을 상실한 '후기 기독교 시대'를 경험하며 살아가고 있는 것이다. 유럽인들은 천 년이 넘는 오랜 기간 동안 기독교를 경험했지만, 이제 기독교 공동체의 일원으로 활동하는 열심과 헌신을 찾아볼 수 없고, 파편화된 개인적 구도자로 남아 있을 뿐이다.

한편, 2005년 유럽척도조사(Eurobamometer)에서 종교와 관련된 두 가지 질문을 했다.[15] 첫째, "삶의 의미와 목적에 대하여 얼마나 자주 생각하는가?"라는 질문에 대해서 응답자 중 35%가 "자주(often)" 생각한다고 답변했고, "가끔(sometimes)" 생각한다는 사람이 39%로 나타났다. 반면에 결코 생

---

14) *European Social Survey* (2003), http://www.europeansocialsurvey.org

15) European Commission, *Special Eurobarometer* 225/ Wave 63.1 (2005).

각하지 않는다는 응답한 사람은 8%뿐이었다. 그리고 두 번째, "신의 존재를 믿습니까?"라는 질문에 대해서는 신의 존재를 믿는 사람이 52%, 영의 존재를 믿는 사람이 27%, 신의 존재도, 영의 존재도 믿지 않는 사람이 18%로 나타났다. 이 조사에서 주목할 점은 무슬림이 대부분을 차지하는 터키에서는 응답자 중 95%가 신의 존재를 믿고 있는 반면에 영국, 프랑스, 독일에서 신의 존재를 믿는 응답자는 각각 38%, 34%, 47%로 나왔다는 사실이다.

결국 세속화된 유럽 사회에서 더 이상 '신의 존재를 믿지 않는 유럽인들' 가운데 '신의 존재를 확신하는 무슬림들'이 이주하여 정착하면서 커다란 사회적 파장을 만들어내고 있는 것이다. 이 문제가 바로 오늘날 유럽인들이 봉착한 종교적 문제이며, 동시에 유럽 무슬림과 기독교인이 함께 풀어야 할 시급한 과제이기도 하다.

IV. 유럽의 과거 : 식민지 확장(Colonial Expansion)의 역사

위에서 살펴본 '세속주의'의 영향 아래 발전한 '후기 기독교 시대'의 도래라는 현상과 더불어 현대 유럽 사회를 이해하기 위하여 우리가 고려해야 할 또 하나의 사실이 있다. 그것은 바로 유럽 제국주의의 식민지 확장의 역사이다. 유럽의 확장과 발전은 제3세계에 대한 착취와 억압의 결과이기 때문에 선교의 역사를 이해할 때 매우 중요한 주제이다.

왜 유럽의 기독교인들은 '선교'라는 말을 들으면 '죄책감'을 갖는 것일까? 예일 대학교의 종교학자 라민 싸네(Lamin Sanneh)는 기독교인을 포함한 서양인은 선교에 대하여 일종의 '죄의식(guilty complex)'을 가지고 있다고 주장한다. 아메리카, 아시아, 아프리카로 서양의 제국주의가 확대되는 과정에서 기독교와 선교사들이 그러한 확대를 옹호하는 지배 이데올로기를 발전시켰기 때문이다. 다시 말해, 유럽 식민주의자들이 토착민들을 착취하고 지배할 때, 기독교의 교리 혹은 기독교 선교의 명분으로 침묵하거나 식민지 지배를 정당화했다는 것이다.[16] 본 논문에서 필자는 서양이 식민지를 확대하는 과정에서 이슬람 영토와 관련된 사례만을 구체적으로 검토할 것이다.[17]

1차 세계대전에서 오스만 제국이 패배하면서, 상당수의 무슬림들이 직·간접적으로 서구 식민주의 지배 아래에 놓이게 되었다. 1920년까지 독립을 유지했던 무슬림 국가는 터키, 아프가니스탄, 페르시아, 아라비아반도 일부에 불과했다. '이슬람의 영토(다르 알 이슬람)'는 서양의 식민 지배를 받거나 간접적으로 서양의 통제를 받게 되었다. 유럽은 '이슬람의 영토'를 임의대로 분할했고 군주제 전통도 점차 축소시켜 나갔다. 프랑스는 1920년까지 북아프리카의 거의 전 지역을 식민지로 삼았고, 영국은 1882년 이후 이슬람 세계의 문화적 중심지인 이집트 점령을 시작으로, 19세기 말에 수단과 스와힐리어가 통용되는 거의 모든 동아프리카 지역을 점령했다.

사실 영국의 이슬람 지역에 대한 식민지 정복은 프랑스를 압도했다. 인도 대륙에서 무굴 제국(1526-1858)이 번성했던 16세기 초부터 19세기 중엽까지 영국 정부는 동인도회사를 설립하여 상업적 교역에 힘쓰다가, 무굴 제국이 쇠퇴하는 틈을 타 정치적으로 프랑스를 제압하여 인도 대륙(1858-1947)을 식민지로 삼아 1947년 인도와 파키스탄이 각각 분리 독립할 때까지 통

16) 아메리카 대륙에 대한 폭력적 기독교 선교의 역사는 Luis N. Rivera, *A Violent Evangelism: the Political and Religious Conquest of the Americas* (Louisville: Westminster/John Knox Press, 1992)를 참고하라.

17) 이슬람의 영토에 대한 서구 식민지 지배의 역사에 대해서는 Hugh Goddard, *A History of Christian-Muslim Relations* (Chicago: New Amsterdam Press, 2000)와 Malise Ruthven, *Historical Atlas of the Islamic World* (Oxford: Oxford University Press, 2004)를 참조하라.

치하였다. 동남아시아에서도 영국은 말레이 반도의 국가들을 통치했고, 네덜란드는 자바와 수마트라를 중심으로 현 인도네시아 지역을 식민지로 삼았다. 영국의 보호 아래 팔레스타인 지역에 유대인들이 정착했으며, 20세기 초에 영국은 요르단과 이라크를 점령했다. 한편 프랑스도 레바논과 시리아를 통치했으며, 이탈리아는 리비아와 소말리아 지역을 점령했다.

대부분 이슬람 지역은 20세기 초까지 영국, 프랑스, 네덜란드, 이탈리아 등의 지배를 받았으며, 이렇게 정치적으로 유럽의 식민통치를 받던 이슬람 지역의 토착민들이 유럽으로 본격적인 이주를 시작하게 되었다. 2차 세계대전을 경험하며 유럽의 제국주의가 쇠퇴하였고, 급격한 세속주의의 영향을 받으며 종교적으로 일종의 '진공상태'를 맞게 되었다. 이러한 종교적 '진공상태'에 등장한 새로운 종교 공동체가 바로 유럽에 이주한 무슬림인 것이다.[18]

V. 유럽의 이주 무슬림 현황

19세기부터 20세기까지 서유럽은 제국주의의 식민지 팽창으로 무슬림들이 거주하는 이슬람 지역을 식민지로 정복했다. 그 결과 전통적인 기독교국에 살던 유럽인들은 이슬람과 무슬림에 대한 직접적인 지식과 경험을 쌓게 되었고, 반면에 식민지 지배 아래 있던 무슬림들은 신분 상승과 근대화의 꿈을 꾸며 학생이나 노동자의 신분으로 유럽에 이주하여 정착하게 되었다.

한 이슬람의 조사(islamicpopulation.com)에 따르면, 세계 무슬림은 약 16

18) 현재 유럽에서 '종교적 진공상태'를 가정하는 일은 설득력이 없어 보일지도 모르지만, 서유럽에서 발전한 세속주의가 공적 영역에서 종교의 표현과 활동을 효과적으로 제어했다는 점에서 일종의 '종교적 진공상태'로 보는 것이 합당하다고 생각한다.

억에서 18억까지 추산되며, 그 중에 터키(7천만)를 제외하면, 약 5천만의 무슬림이 유럽에 살고 있다.[19]

서유럽 : 프랑스(612만), 독일(305만), 영국(151만), 네덜란드(89만), 벨기에(38만), 스위스(23만), 오스트리아(19만) 등

북유럽 : 스웨덴(28만), 덴마크(14만), 노르웨이(5만) 등

동유럽 : 러시아(2,700만), 불가리아(91만), 루마니아(22만), 우크라이나(21만), 폴란드(4만) 등

남유럽 : 보스니아-헤르체코비나(234만), 알바니아(224만), 세르비아/몬테니그로/코소보(203만), 이태리(142만), 마케도니아(60만), 스페인(55만), 그리스(17만), 크로아티아(13만), 포르투갈(5만) 등

이러한 이슬람 측의 집계와는 달리, 미국 정보국(CIA)의 통계에 따르면, 약 14억 무슬림이 있는 것으로 추산된다. 통계와 자료마다 많은 차이를 보이고 있지만 무슬림이 증가하고 있다는 점은 대동소이하다. 서유럽에서 6% 이상의 무슬림이 거주하는 국가는 프랑스(6-10%)뿐이다. 5% 이하 1%까지의 무슬림이 거주하는 서유럽 국가는 네덜란드(5%), 독일(4%), 스위스(4%), 벨기에(4%), 덴마크(3%), 스웨덴(3%), 영국(3%) 등이 있다. 한편 국민 중 50만 명 이상의 무슬림이 거주하는 국가는 프랑스(4-6백만), 독일(4백만), 영국(160만), 네덜란드(90만), 스페인(90만), 이태리(80만) 등이다. 나머지 10만 명 이상의 무슬림이 거주하는 지역은 벨기에(40만), 스웨덴(27만), 덴마크(10-20만) 등이다.

참고로 남유럽에서 터키(99%)는 7천만에 이르는 명실상부 이슬람 국가

19) http://www.islamicpopulation.com (Oct. 20 2008 접속).

이다. 계획대로 2013년 이후에 유럽연합(EU)의 정식 회원국이 된다면 서유럽의 무슬림 인구는 1억 2천을 쉽게 넘어설 것이다. 그리고 알바니아(70%)에는 270만의 무슬림이 거주하고 있다. 동유럽에서 러시아(10-14%)에만 무려 1천 5백만 명 이상의 무슬림이 거주하고 있다. 중부 유럽에는 오스트리아(4%)에 34만 명의 무슬림이 있고, 발칸반도 지역에는 코소보(90%), 보스니아와 헤르체고비아(40%), 마케도니아(32%), 몬테니그로(20%), 불가리아(12%), 세르비아(3%) 등지에 약 8백만의 무슬림이 거주하고 있다.

이제 전체적인 유럽 무슬림에 대한 현황이 분석되었으니 서유럽을 중심으로 영국, 프랑스, 독일의 무슬림에 대하여 보다 심도 있게 분석하도록 하자.[20]

1. 영국 이주 무슬림의 현황 : 다문화주의의 한계

영국은 전통적으로 개신교 국가이다. 잉글랜드 지역에는 성공회(Church of England), 스코틀랜드 지역에는 장로교(Church of Scotland)가 국교(state religion)로 공인되어 있다. 2001년도 인구조사에 따르면, 전체 인구 6천만 가운데 기독교인이 71.6%, 무슬림이 2.7%, 힌두교인이 1% 등으로 조사되었으며, 현재 유대교, 시크교 등 거의 모든 형태의 세계 종교들이 영국에 존재하고 있다. 160만 영국 무슬림들은 대영제국의 식민지였던 남아시아로부터 이주한 경우가 많다. 처음에는 영어권 동부아프리카에 정착해 살던 남아시아인들이 주로 이주해 오다가 점차 남아시아에서 영국으로 직접 이주

20) 유럽 이슬람과 무슬림에 대한 심도 있는 연구는 Jacques Waardenburg, *Muslims and Others-Relations in Context* (Berlin: Walter de Gruyter, 2003), 308-335를 참고하라. 특히 와덴버그가 제시한 참고문헌은 앞으로 유럽의 국가별 이슬람 연구를 위한 기초자료로서 유익하다.

해 왔다.[21]

"해가 지지 않는 나라"라는 표현이 있듯이 영국은 과거 광대한 식민지 영토의 중심이었고, 현재도 구 영연방(Commonwealth)의 중심적 역할을 감당하고 있다.[22] 이민자들뿐만 아니라 영국 시민 가운데서는 이슬람으로 개종하는 사람의 수가 증가하고 있다. 지방자치제의 차이로 인하여 지역별 차이를 보이기는 하지만, 영국에서 무슬림들의 생활방식은 (세속주의를 표방하는 프랑스에 비교해서) 상당히 존중받는 편이다. 종교는 개인적 영역에 머물러 있지 않고, 국가 종교의 형태나 다문화 종교교육을 통하여 자주 공론화되고 있다.

전통적으로 영국인은 영국 사회의 관습과 규칙을 존중하는 외국인을 환영해 왔기 때문에 '온건한' 무슬림들에게는 대체로 우호적이었다. 그러나 오랜 귀족 사회를 경험한 영국 사회는 지금도 계층의식에 젖어 있기 때문에 유색인종에 대한 편견과 차별이 나타나고 있다. 대부분 영국 이주 무슬림들은 인도, 파키스탄, 방글라데시에서 직접 이주해 오거나 동아프리카에 머물러 수세대 동안 체류하다가 영국으로 이주해 왔다.

남아시아의 계층구조(카스트)에 익숙해 있는 영국 이주 무슬림들은 16세기에서 19세기 중엽까지 융성했던 무굴 제국을 그리워하며 강한 자부심과 소속감을 나타낸다. 그 결과 남아시아 이슬람의 신학적 다양성이 영국 무슬림 공동체에서도 전이되었다. 물론 남아시아가 아닌 중동과 나이지리아, 케냐, 탄자니아 등 영어권 아프리카 지역에서도 많은 무슬림들이 영국

21) 영국의 종교상황과 종교교육의 변화에 대해서는 안신, "잉글랜드와 웨일즈 종교교육의 최근 변화와 한계-1988년 교육개혁법을 중심으로," 『종교연구』 (2007년 여름), 241-261를 참고하라.

22) 영연방(Commonwealth of Nations)은 20억 인구의 53개국으로 이루어진 국제기구로서 대부분 영국제국의 구 식민지들로 구성되어 있다. 인도(11억), 파키스탄(1억 7천), 방글라데시(1억 5천), 나이지리아(1억 4천), 영국(6천) 등이 포함되어 있다.

으로 이주해 왔다.

영국에서 무슬림들이 밀집해 있는 도시에는 전통적인 이슬람 학교(마드라싸)가 번성하고 있다. 북인도와 파키스탄의 이슬람 학교를 모델로 삼은 이슬람 교육기관(다르 알 울룸, '지식의 집')에서는 아랍어와 우르두어를 교육한다. 신비주의를 강조하는 바렐위(Barelwi)[23]와 부흥주의를 표방한 데오반디(Deobandi)[24]는 상호 경쟁관계를 이루며 꾸란과 하디스(무함마드의 언행록)를 포함한 이슬람학을 교육하며 차세대 무슬림 지도자(이맘)를 양성하고 있다. 영국에서 법학자(울라마)는 이러한 전통적인 이슬람 학교에서는 리더십을 발휘해 왔지만, 최근 영국 무슬림의 2세대와 3세대에 대한 보다 효과적인 교육을 위하여 우르두어와 영어에 모두 능통한 지도자들이 새롭게 등장하고 있다.[25] 지금도 아랍어와 우르두어는 과거처럼 계속해서 이슬람 학교에서 교육되고 있지만, 영어로 번역된 이슬람 관련서적이 출판되면서 영국 무슬림의 새로운 상황에 맞는 해석들을 발전시키고 있다. 인도와 파키스탄으로부터 직접 서적이 수입되고 있고, 남아시아로부터 방문하는 무슬림 종교지도자들의 강연도 늘고 있다.

차세대 영국 무슬림들은 인종적으로는 "남아시아인"으로, 종교적으로는 "무슬림"으로, 그리고 정치적으로는 "영국인"으로 그들의 복합적 정체성

---

23) 수니파 법학자 아흐마드 라자 칸(Ahmad Raza Kahn, 1856-1921)이 설립한 수니파 신비주의 단체이며 하나피 법학파에 속한다. 칸은 우르두어로 꾸란을 번역했고, 다른 무슬림과의 대화를 강조했으며, 수학, 물리학, 천문학, 교육학 등에 관한 다양한 저서를 출판했다. 바렐위는 무함마드가 빛으로부터 창조되었다고 믿으며, 비정치적인 성격을 지니면서도 활발한 선교활동을 벌이고 있다.

24) 수니파 이슬람 단체로서 1866년 데오반드 이슬람 학교(Darul Uloom Deoband)에서 시작된 인도의 부흥주의 운동이며, 하나피 법학파에 속한다. 영국의 식민주의에 저항하며 지하드를 강조해 왔고, 2008년 2월 반테러리즘학회를 열어 무고한 시민에 대한 테러를 비판했다.

25) 이와 비슷한 현상이 북미와 유럽에 있는 한국교회에서도 진행되고 있다. 차세대를 위한 보다 효과적인 목회를 위해 한국어 목회보다 영어 목회가 강조되면서 목회자에게 이중 언어 구사가 요구되고 있다.

을 형성해 나가고 있다. 1990년대부터는 '인종적' 호칭보다 '종교적' 호칭이 더 많이 사용되고 있다.[26] 무슬림 남성, 여성, 청소년단체들이 창설되어 활동하고 있지만, 영국에서 여성의 사회적 활동이 매우 활발한 데 비하여, 무슬림 여성의 활동은 아직까지 저조한 편이다.[27]

2003년 3월, 영국 정부가 미국 정부가 주도하는 이라크전쟁에 참전하자 영국 무슬림 이주 공동체 안에 일부 급진적인 그룹이 테러를 시도했다. 가장 최근의 사건은 2005년 7월 7일 런던 폭탄테러사건이다. 아침 런던 시민들의 출근시간에 맞추어 런던 지하철과 2층 버스에서 폭탄이 폭발했다. 그 자리에서 4명의 범인과 52명의 시민이 사망했고, 7백여 명이 부상을 입었다. 이 사건을 주도했던 30세 모함마드 칸(Mohammad Sidique Kahn)은 잉글랜드에서 태어나 성장한 전형적인 차세대 영국 무슬림이었다. 그는 잉글랜드 중부 리즈에 살던 파키스탄계 무슬림 부친과 인도계 무슬림 모친 사이에 태어나 영국에서 대학을 나온 청년이었다. 2005년 9월 1일에 칸의 비디오테이프가 공개되면서 영국 사회에 큰 충격을 주었는데, 칸은 폭탄테러사건을 준비하게 된 이유를 다음과 같이 밝혔다.[28]

> 나와 수천 명의 나와 같은 사람들[무슬림들]은 우리가 믿는 것을 위해 모든 것을 포기해 왔다. 우리의 목적과 방향은 이 세상이 제공해야만 하는 유형의 물질에서 기인한 것이 아니다. 우리의 종교는 이슬람이다. 유일하신 참된 하나님[알라]

---

26) 영국 남아시아 이주자의 종교적 성향에 대해서는 Kim Knott, "The Religions of South Asian Communities in Britain," ed. John R. Hinnells, *A New Handbook of Living Religions* (Oxford: Blackwell, 1997), 756-774를 참고하라. 노트가 인용한 1992년 조사에 따르면, 규모면에 무슬림(120만), 시크교인(50만), 힌두교인(30만), 자이나교(2만), 조로아스터교(5천) 순으로 이주했다.

27) 예를 들어, 2005년 하원의원 선거에서 무슬림 남성 칸(Sadiq Kahn)과 말리크(Sahid Malik)가 당선된 데 비하여, 아직까지 여성 무슬림 하원의원은 선출되지 않았다.

28) *BBC News* (Sep. 1 2005). 알 자지라(Al Jazeera) 카타르 방송이 공개한 비디오테이프 내용의 전문을 싣고 있다.

께 순종하고 마지막 예언자이신 사도[무함마드]의 뒤를 따르는 것이다. 당신이 민주적으로 선출한 정부들은 세계에 있는 나의 동포[무슬림]들에 대한 잔학행위를 계속해서 자행하고 있다. 그리고 그러한 정부를 지지하는 당신에게도 직접적인 책임이 있듯이, 나도 무슬림 형제와 자매를 보호하고 그들을 위해 복수할 책임이 있다. 우리가 안전을 느낄 때까지 당신은 우리의 목표가 될 것이다. 당신들이 나의 동포[무슬림]들에 대한 폭탄, 가스, 감옥, 고문 등의 사용을 멈출 때까지 우리는 이 싸움을 멈추지 않을 것이다. 우리는 전쟁 중이고 나는 군인이다. 이제 당신들도 이러한 상황의 진실을 맛보게 될 것이다.

이러한 유언을 남긴 칸과 함께 사건을 함께 모의하고 실행했던 무슬림 청년들도 영국 시민들이었다. 대부분 파키스탄 무슬림의 후손들로서 사건 전에 파키스탄을 방문한 경험이 있었다. 파키스탄계 무슬림 탄위(Shehzad Tanweer, 22세)는 2004년 파키스탄에 가서 이슬람을 공부했다. 자마이카계 무슬림 린세이(Germaine Lindsay, 19세)는 이슬람으로 개종한 뒤에 급진적인 무슬림이 되었다. 18세의 하시브 후세인(Hasib Hussein)도 파키스탄을 방문했고 메카 순례를 마친 인물이었다. 이 사건이 미국의 9·11 테러사건보다 더 큰 충격을 영국 사회에 준 이유는 범인들이 바로 외국인이 아닌 영국에서 태어나 영국에서 교육받은 영국 청년이었다는 점이다. 영국이 자랑하는 다문화주의에 기초한 시민교육을 받은 영국 무슬림들에 의하여 영국인들을 대상으로 한 테러가 계획되고 실행되었던 것이다.

이 사건으로 영국이 지향해 오던 '다문화주의' 교육에 대하여 영국 시민들은 의문을 제기하고 있다. 한 사회에 살면서 기독교 가치관과 이슬람 가치관이 상호 분리되어 교육되어 왔고, 그렇게 교육받은 대부분 이주 공동체의 청년들은 자신의 인종적 벽 혹은 종교적 벽 안에 고립된 채 영국 주류 사회로부터 소외되어 불만을 키워왔던 것이다. 영국 주류 기독교인들과 대다수 온건한 무슬림들도 이제 소통과 공전을 위한 '평화적 대화의 문화'가 확립되는 일이 시급하다는 견해에 동의하고 있다.

그러나 다양성을 어느 정도까지 인정해야 할지는 심도 있는 논의가 필요한 부분이다. 예를 들어, 최근에 영국 무슬림 여학생이 학교에서 정해진 파키스탄 방식의 히잡(머리가리개)을 착용하는 것을 거부하고 방글라데시 방식의 히잡을 착용할 권리를 주장한 바 있다.[29] '교복 자율화'라는 대안도 있겠지만, 영국 공립학교의 교장들은 무슬림 학생이 다수인 경우에 학교에서 적정한 교복에 대한 학칙을 학교장과 이사회의의 재량으로 정하고 있다. 앞으로 학생들의 연대감과 다양한 문화의 독특성을 동시에 반영할 수 있는 교복과 프로그램의 마련이 필요하다. 2008년 10월 신임 이민국 국장 필 울라(Phil Woolas)가 학교에서 히잡이 공동체의 분리를 조장한다는 이유를 들어 착용을 반대한다는 입장을 표명함으로써 히잡에 대한 논란이 다시 일고 있다.[30]

2. 프랑스 이주 무슬림의 현황 : 세속주의와의 긴장과 갈등

프랑스는 20세기에 북아프리카를 식민지로 통치하고 근동 지방(레바논과 시리아)을 정치적으로 장악했다. 알제리는 독립전쟁(1954-1962)을 통하여 프랑스 사회에 무슬림에 대한 부정적인 공동체의 기억을 남겼다. 프랑스 정부는 속지주의를 채택하고 있기 때문에, 프랑스에 이주해 온 북아프리카 출신 무슬림 이민자들의 2세대와 3세대는 지금 프랑스 시민으로 살아가고 있다. 미

29) *The Times* (Jul. 30 2005). 학교에서 무슬림 여학생 베검(Shabina Begum)의 히잡 착용을 금지하여 2년간 학교에서 수학을 하지 못하다가 결국 히잡 착용을 허락하는 다른 학교로 전학한 사건이 있었는데, 이 사건을 계기로 히잡 착용에 대한 논쟁이 영국에서 계속되고 있다.

30) *The Times* (Oct. 18 2008). 울라는 히잡 착용에 반대할 뿐만 아니라, 조혼을 위해 외국에서 이주해 오는 여성들에 대한 이민법을 강화할 것을 주장하고 있다.

국 국무성 자료에 따르면, 현재 프랑스의 6천만 인구 중 10%인 6백만 정도가 무슬림이다(프랑스인 10명 중 1명이 무슬림인 셈이다.). 나머지 90% 중 85%는 천주교, 2%는 개신교, 그리고 1% 정도는 유대인이다.[31] 프랑스는 다른 어느 서유럽 국가보다도 전통적으로 이민자들의 수가 많은 국가이다. 프랑스 정부는 1872년 이래로 인구조사에서 개인의 종교를 묻지 않고 있지만, 2007년 한 여론조사에 따르면, 51%는 로만 가톨릭, 31%는 무종교인으로 추정된다. 프랑스 이주 무슬림의 출신 국가별 분포를 살펴보면, 알제리 150만, 모로코 100만, 튀니지 35만, 터키 30만, 사하라 남부 25만, 중동 10만, 아시아(인도와 파키스탄) 10만, 프랑스 개종자 4만, 불법 체류자 35만 등으로 추산되고 있다.[32] 주목할 점은 프랑스 무슬림은 북아프리카에서 이주한 아랍 무슬림이라는 사실이다.

1차 세계대전에 참전한 무슬림들에게 사의를 표하기 위하여 1922년에 파리에 최초로 이슬람 성원(모스크)이 건축되었고, 2차 세계 대전 뒤에 폐허가 된 프랑스를 재건하기 위하여 1960년대와 1970년대에 걸쳐 북아프리카로부터 백만 명에 이르는 무슬림 노동자들이 프랑스로 이주했다. 현재 프랑스에서 '이슬람'은 매우 포괄적인 개념으로 사용되고 있다. 종교의 소속만을 표시하는 것이 아니라 동시에 문화적 유산을 포함하기 때문이다. 정기적인 예배와 금요일의 합동예배 및 라마단을 성실히 준수하는 '헌신적인' 무슬림이 있는가 하면, 알라(하나님)의 존재와 내세만을 인정하고 고백하는 '문화적' 무슬림도 있다.

1789년 프랑스 혁명의 유산을 물려받은 프랑스 정부는 중앙집권적인 행

---

31) http://www.state.gov/r/pa/ei/bgn/3842.htm (Oct. 31 2008). 미 국무성의 자료와 마찬가지로, 미국 CIA에서도 로만 가톨릭 83-88%, 개신교 2%, 유대교 1%, 무슬림 5-10%로 기술하고 있다.

32) J. Lawrence, "Islam in France," http://www.brookings.edu/articles/2001/12france_laurence.aspx을 참고하라 (Oct. 20 2008 접속).

정부의 성격을 지니고 있으며, 법 앞에서 모든 시민은 종교와 상관없이 공적 영역에서 권리와 의무가 평등하다는 원리를 강조해 왔다. 1901년 이래로 정부는 교회와 정치의 관계를 엄격하게 분리하는 "세속주의(secularism)" 정책을 시행해 왔다. (앞에 살펴본 영국과는 달리) 프랑스에서 종교는 사적인 영역에 제한되어 있으며, 공적인 영역으로는 표출되어서는 안 된다는 금기를 가지고 있다. 프랑스 헌법도 공적 영역의 사안들은 어떤 종교기관의 영향을 받아서도 안 된다고 명시하고 있다. 이러한 프랑스 문화의 비종교적이며 세속적인 가치를 가지고 프랑스 정부는 다양한 문화의 독특성이 표출되는 것을 제한해 왔고, 프랑스 문화 안으로 식민지들의 다양한 문화를 포섭하는 제국의 이념과 가치를 확산시켜 왔다. 그리고 그 과정에서 프랑스어와 프랑스 문화를 '지속적으로' 교육하는 일에 노력해 왔다.[33]

북아프리카의 프랑스와의 지리적 근접성은 프랑스 정부가 알제리, 튀니지, 모로코의 무슬림을 프랑스 문화로 동화시키는 데 도움이 되었다. 북아프리카는 전통적으로 해변을 중심으로 사는 아랍 민족과 산악지대에 거주하는 베르베르족(Berber) 사이의 인종적 긴장이 있었다. 이러한 갈등이 해소되도록 이슬람 지도자(마라부트)[34]와 신비주의종파(투루크)는 다각적으로 노력해 왔다. 전통적인 이슬람 법학자들(울라마)도 이러한 인종적 갈등에 비판적이다.[35]

북아프리카의 개인적 생활양식에 익숙해져 온 무슬림들이 개인주의적 분위기가 팽배한 프랑스 사회에 적응하는 데에는 큰 어려움이 없었지만, 정

33) Waardenburgh, *Muslims and Other-Relations in Context* (2003), 318.

34) 마라부트(Marabout)는 서아프리카와 북아프리카의 이슬람 지도자로서 꾸란을 가르치고 다른 무슬림의 도움을 받으며 유랑하는 정신적 지도자를 의미한다. 아프리카 토착 종교와 혼합되어 부적을 써 주거나 의례를 집례하고 미래를 예언하기도 한다.

35) Waardenburgh, *Muslims and Other-Relations in Context* (2003), 318-319.

교 일치에 익숙해져 온 북아프리카 출신 무슬림들이 정교 분리를 지향하는 프랑스 생활에 적응하는 일은 쉽지 않았다. 최근까지도 무슬림들은 프랑스의 공적 영역에서 종교를 표현하는 것이 금지되어 있다. 북아프리카의 노동자와 지식인은 프랑스로 이주하기 전에 이미 프랑스의 언어와 문화에 익숙해 있고, 프랑스에서는 인종 간 결혼이 (영국에 비하여) 대중적으로 인정받고 있었기 때문에 주류 사회에 통합하기가 비교적 용이해 보였다. 그러나 여전히 프랑스 식민주의자들과 프랑스 남부 사람들은 북아프리카에서 온 무슬림 노동자에 대하여 인종적 편견과 차별을 보이고 있다.[36]

프랑스 이주 무슬림들은 다른 유럽 국가들과는 달리 1980년대 중반에 이르러서야 기도처와 성원을 자유롭게 설립할 수 있었다. 그러나 이슬람에 대한 편견을 아직도 갖고 있는 지방의회를 설득하여 기도처나 성원(모스크)의 설립 허가를 받는 일은 쉽지 않다. 때때로 파업과 같은 강경한 수단을 사용하며 무슬림들은 기도처 개설과 사용을 위하여 고용주와 행정 관료를 설득해 왔다. 다른 유럽 국가들과는 달리, 무슬림 여성의 히잡(머리가리개) 문제는 지역사회 문제로 국한되지 않고, 항상 국가적 차원에서 논의되어 왔다. 무슬림 여성들이 히잡을 착용하는 행동은 프랑스의 근본이념인 세속주의의 기초를 붕괴시키며, 동시에 종교로서 이슬람과 무슬림 정체성의 존재를 공적으로 인정하는 매우 상징적인 행동이기 때문이다. 1990년대에 프랑스 정부가 도시 주변의 무슬림 공동체에 대한 사회적 지원과 교육 기회를 줄이자, 젊은 이슬람주의자들은 프랑스 도시들의 가난한 무슬림 지역에서 사회적이며 교육적인 지도자의 역할을 감당하며 청년들을 교육했다. 1954년 알제리 전쟁과 1980년대와 1990년대의 테러리스트의 공격은 프랑스 사

36) Waardenburgh, *Muslims and Other-Relations in Context* (2003), 319.

회에 각인된 무슬림에 대한 부정적 이미지를 보다 악화시켰다.[37]

프랑스에서는 기독교나 이슬람이 공립학교에서 교육과정에 포함될 수 없으며, 이슬람 지도자(이맘)도 어떤 법적 권위를 지니지 못한다. 이슬람과 관련된 문제에서 지방단체장들은 사회질서를 유지한다는 이유를 내세워 기도처나 성원을 설립하는 것은 불허해 왔다. 국가적 차원에서도 프랑스 정부도 1980년대와 1990년대 프랑스 무슬림을 대표하는 단체를 임의로 임명함으로써, 프랑스 무슬림 공동체 안의 분열과 갈등을 초래했고 이슬람에 대한 사회적 몰이해를 증폭시켰다. '세속주의'를 지향하는 프랑스에서 무슬림으로서의 자존감을 유지하기 위하여 프랑스 이주 무슬림들은 이슬람 공동체를 위한 나름대로의 공간을 만들 수밖에 없다. 그러나 프랑스인에게 각인된 반이슬람 정서를 개선하는 일은 쉽지 않아 보인다.[38]

프랑스에서 무슬림에 관한 담론은 영국에서의 경우와 상당한 차이를 보인다. 국가적 차원에서 종교로서 이슬람을 인정하지 않는 태도는 젊은 무슬림들이 정체성을 형성하는 데 어려움을 주고 있다. 그러므로 무슬림 공동체의 형제애를 강조하는 이슬람 전통의 공동체적 경향을 대신하는 매우 개인적인 형태의 이슬람이 젊은 세대를 중심으로 등장하고 있는 것이다. 무슬림들은 전통적인 의미의 종교적 전통을 유지하기 위하여 이슬람 종교지도자 교육과 이슬람 학교 설립을 시도했지만 아직까지 뚜렷한 결실을 거두지 못하고 있다.

그러나 21세기에 들어 프랑스 정부는 세속주의가 안고 있는 종교교육의 문제점을 인정하고 변화의 노력을 하고 있다. 현 프랑스 대통령 싸르코지(Nicholas Sarkozy)는 무슬림 공동체에 대한 상당한 관심과 지지를 표명해

37) Waardenburgh, *Muslims and Other-Relations in Context* (2003), 319-320.
38) Waardenburgh, *Muslims and Other-Relations in Context* (2003), 321.

왔다. 그가 내무부장관 시절 2003년 5월에 '이슬람 신앙의 프랑스 위원회(French Council of Islamic Faith)'가 프랑스 이주 무슬림을 대표하는 기관으로 설립되면서 정부와의 공식적인 대화와 소통의 동반자가 되었다. 이후 2004년 싸르코지는 『공화국, 종교들, 희망』이라는 자신의 저서에서 젊은이들이 더 이상 세속적인 가치로 교육되어서는 안 된다고 주장했으며, 정교 분리의 정책을 완화하여, 모스크를 보수·유지하고 이슬람 지도자를 교육하는 데 지원될 정부보조금을 마련할 것을 제안했다.[39]

노동자로 온 1세대 무슬림들과는 달리, 프랑스 본토에서 태어난 2세대와 3세대 무슬림들은 프랑스 시민으로 살아가고 있다. 그러나 대부분 도시 교외의 정부 임대주택에 거주하며 높은 실업률과 심각한 사회적 빈곤을 경험하고 있다. 이와 같은 범죄의 온상에서 성장한 무슬림 청년들은 프랑스 사회의 범사회적인 문제를 일으켰다. 2005년 10월 27일에 북아프리카 이주민 2세대와 3세대 청소년들을 중심으로 시작된 방화와 소요사건은 프랑스 전체로 확산되면서 11월 16일까지 20일간 계속되었다. 세계 언론들은 연일 불타는 차량과 건물을 방송했고, 세계인들은 그 원인을 궁금해 했다.[40] 일차적으로 무슬림 청년들과 무슬림 부모들에게 그 책임이 있겠지만, 보다 근본적이며 구조적인 차원에서 보면 이슬람에 대한 오랜 프랑스인의 편견과 사회적 차별에 보다 더 큰 책임이 있다. 그 사건으로 8,900여 대의 차량이 불탔고, 2,900명이 체포되었는데, 그 대부분은 북아프리카 출신의 무슬림 2세대와 3세대였다. 모든 종교인들에게 종교적 진리는 절대적이다. 무슬림의 경

---

39) Mayanthi Fernando, "Republic's the Second Religion: Recognizing Islam in France," Middle East Report, summer 2005, http://www.merip.org/mer/mer235/fernando.html (Oct. 23 2008 접속) 이슬람 국가들의 자금과 이맘이 프랑스 이슬람 공동체에 유입되는 것은 프랑스의 사회 안정과 치안 유지를 위해 부정적이라는 판단 때문이다.

40) *BBC News* (Nov. 2 2005). http://news.bbc.co.uk/1/hi/world/europe/4399748.stm (Oct. 20 2008 접속).

우도 마찬가지이다. 그러나 프랑스의 '세속주의'는 종교인으로서 무슬림의 존재를 인정하지 않고 종교적 독특성을 고려하지 않은 채 프랑스 사회를 통합해 왔다. 프랑스 가톨릭교회의 급속한 세속화를 초래했던 세속주의가 이제 이슬람이라는 강력한 종교 공동체를 만나 고전하고 있다.

3. 독일 이주 무슬림의 현황 : 보이지 않는 노동자

독일에는 현재 8천 2백만의 총 인구 중 약 3%인 3백만의 무슬림이 거주하고 있다. 독일은 20세기 유럽에서 정치적으로 주도적인 영향력을 펼쳐왔지만, 프랑스와 영국과는 달리 이슬람 지역에 장기간 독일의 식민지를 만들지는 못했다. 대신에 독일은 1차 세계대전에 주축국의 일원으로 참여했던 오스만 제국(Ottoman Empire, 1293-1922)과 정치적 협력을 하면서 이슬람을 본격적으로 접하게 되었다. 이후에 터키 공화국과 독일의 정치적 우호관계가 유지되었고, 1962년 조약을 통하여 무슬림 '손님노동자(Gastarbeiter)'들이 대거 독일로 이주했다. 지금까지도 90% 이상의 무슬림이 터키 출신이지만 독일 시민권을 획득하지 못하여 사회적 문제가 되고 있다.[41] 서구 문화를 잘 알고 있는 터키 무슬림들도 독일로 이주하게 되면 독일어라는 문화적 장벽에 부딪혀 독일 사회에 적응하는 데 큰 어려움을 경험한다. 독일 정부에서 문화적이며 종교적인 사항들은 각 지역의 주정부가 결정하고 관할한다. 그리고 구서독 지역보다 구동독 지역에서 외국인에 대한 폭력사건들이 자주 보고되고 있다.[42]

독일에 있는 터키 이주 무슬림들을 이해하기 위해서는 터키 현지의 종

41) Waardenburgh, *Muslims and Other-Relations in Context* (2003), 322.

42) Liz Fekete, "Anti-Muslim Racism and the European Security State," *Race and Class,* 46, (2004), 3-29,

교적 상황을 이해해야 한다. 터키에서는 종교위원회(디야네트)가 설립되어 모든 종교에 관련된 사항을 통제하고 있다.[43] 그러므로 종교위원회가 인정하는 공식적인 수니파 이슬람에서 벗어난 형태의 이슬람들을 믿는 무슬림들은 통제와 박해를 받아왔고, 일부는 독일로 이주했다. 세속국가를 지향하는 터키의 입장에 반대하여 소외되거나 금지되었던 대중적인 형태들의 민속 이슬람들이 독일 무슬림 사회에서는 번성하고 있다. 그들은 터키를 다시 이슬람 국가로 재건하기 위해 노력하는 극단적인 이슬람주의자들을 적극적으로 지지하거나 혹은 터키 정부의 종교 지배를 비판한다. 터키에서 '이단'으로 간주되는 알레비파(Alevi)와 쿠르드족(Kurd)[44]이 독일 무슬림 공동체의 상당부분을 이루고 있다. 알레비파는 모스크에 가지 않고 '세메비(Cemevi)'라는 회당에서 남녀가 음악에 따라 원을 그리며 춤을 춘다. 시아파 무슬림처럼 무함마드와 알리를 함께 숭상하지만 타종교에 대하여 매우 개방적이며 인간애와 황금률을 강조한다. 이와 같은 신비주의 종파와 소수 이슬람 종파들이 독일에서 활발히 활동하고 있다. 물론 독일에는 발칸반도와 북아프리카에서 온 무슬림들도 있다. 이러한 무슬림의 현존에도 불구하고 이슬람은 기독교와 유대교처럼 주마다 공인된 이슬람 기관을 통하여 공식적인 대화의 동반자로 인정받고 있지는 못하고 있다.[45]

영국이나 프랑스의 무슬림과 비교할 때 가장 큰 차이점은 거의 대부분

43) Gazi Erdem, "Religious Services in Turkey," *The Muslim World*, 98, 199-215. 터키에서 1924년 칼리프제도가 소멸되면서 종교위원회(Diyanet, Presidency of Religious Affairs)가 설립되었다. 현재 독일에도 종교위원회 지부를 설치하여 독일에 거주하는 터키 무슬림의 종교활동에 관여하고 있다.

44) 쿠르드족은 터키 인구의 15%를 차지하는 대표적인 소수민족이다. 1930년대부터 계속되는 터키어 전용을 강요하는 터키 정부의 동화정책에도 불구하고 쿠르드족은 자신들의 언어와 문화를 지켜왔으며, 일부 쿠르드 민족주의자들은 터키 정부로부터 독립을 요구함으로써 정치적 분쟁이 계속되고 있다.

45) Waardenburgh, *Muslims and Other-Relations in Context* (2003), 322.

독일 무슬림들이 터키에서 오거나 터키와 관련을 맺고 있다는 점이다. 그러므로 독일 무슬림은 '무슬림'보다는 일반적으로 '터키인'으로 알려져 있다. 영국 무슬림과 프랑스 무슬림은 서유럽의 제국주의와 식민주의와 연관되어 있지만, 독일 무슬림은 제국주의의 죄책감에서 비교적 자유로운 편이다. 독일 무슬림은 독일의 주류 기독교 문화 안에 큰 문제없이 공존하고 있지만, 여전히 소통과 대화의 문제가 중요한 과제로 남아 있다. 터키 이민자들도 주류 이슬람뿐만 아니라 다양한 형태의 이슬람 신앙을 표현하고 있고, 터키 출신 기독교인과 유대인도 있기 때문이다. 이러한 터키 이슬람의 다양성 때문에 이슬람으로 개종한 독일 시민들이 세계의 주류 이슬람을 비판하곤 한다.

표현의 자유가 허락된 독일에서 이슬람 국가에서 찾아보기 힘든 이슬람의 급진화와 정치화에 대한 자성과 변화의 목소리를 들을 수 있다. 최근까지 독일 이슬람 지도자를 양성하는 기관을 설립하려는 시도는 아직까지 구체적인 결실을 맺지 못하고 있지만, 함부르크 대학교와 베이로이트 대학교에 '무슬림의 시각에서' 이슬람을 연구하는 연구 프로그램이 만들어졌다. 그리고 독일어에 익숙한 2세대와 3세대 터키계 독일 무슬림들이 등장하면서 이슬람에 대한 보다 심도 있는 이해와 소통의 가능성이 보인다. 함부르크에는 이란계 시아파 무슬림 공동체가 있으며, 이슬람 신비주의 종파들도 베를린 등의 대도시를 중심으로 활동하고 있다.[46]

최근 독일 무슬림에게 가장 큰 문제는 내부적으로는 터키인과 쿠르드족 사이의 긴장과 갈등이며, 외부적으로는 독일 젊은이들에 의해 자행되는 무슬림들을 향한 인종적·종교적 편견과 폭력의 증가이다. 그리고 교육기관에서 교사의 히잡 착용은 금지되었지만 (프랑스의 경우와는 달리) 학생의 히

46) Waardenburgh, *Muslims and Other-Relations in Context* (2003), 323-324.

잡 착용은 여전히 허용되고 있다. 독일 기독교 교회도 무슬림과의 대화를 시도하고는 있지만, 공식적인 공공기관으로 인정하는 데에는 여전히 소극적이다. 유럽 전역에 확산되어 있는 이주 무슬림 공동체에 대한 부정적인 이미지는 기독교 다수 사회에서 소수로 살아가는 독일 이주 무슬림에게도 잠재적인 불안요인으로 남아 있다.

4. 유럽 미디어의 이슬람에 대한 왜곡 : 덴마크, 네덜란드, 스웨덴의 사례를 중심으로

유럽에서 이슬람에 대한 왜곡된 콘텐츠가 미디어를 통하여 널리 유포되고 있다. 세속화가 가장 심화되어 있는 덴마크, 네덜란드, 스웨덴에서 무슬림들이 숭상하는 마지막 예언자 무함마드, 꾸란, 히잡의 착용 등 이슬람 문화의 전반을 비판하는 다양한 콘텐츠가 제작되어 공개되면서 유럽의 이주 무슬림 공동체를 넘어 전 세계의 무슬림 공동체에 큰 충격을 주고 있다.

덴마크는 종교의 자유가 허용되어 있지만 아직까지 루터교가 국교이며, 국민의 92%가 개신교 루터교인이다. 이슬람은 기독교에 이어 두 번째로 큰 종교로서 16만 명의 무슬림이 거주하고 있다.[47] 거의 대부분 1970년대 이후 노동자나 망명자의 신분으로 이주해 왔다. 그러나 주류 덴마크 사회에 진입하지 못한 채 소외되어 높은 실업률과 범죄율을 보이고 있다. 첨탑과 돔의 형식을 가진 이슬람 성원은 없지만, 조합을 결성하여 공동체를 형성하고 있다.

덴마크 일간지 《율란트 포스텐(*Jyllands-Posten*)》은 2005년 9월에 예언자

47) http://www.islam.dk/content.asp?art_id=28 (Oct. 26 2008 접속). 자료에 따라 차이가 많다. *Operation World* (2001)에 따르면, 기독교인이 86%, 무종교인이 11%, 무슬림이 3%로 조사되었다.

무함마드를 묘사한 열두 편의 만평을 동시에 공개함으로써 전 세계 무슬림들의 분노를 촉발시켰다. 열두 편의 만화 가운데 한 만화는 예언자 무함마드가 점화된 다이너마이트가 설치된 터번을 쓰고 있고, 그 터번 위에는 무슬림의 다섯 가지 의무 중 첫 번째 기둥인 신앙고백(샤하다)이 쓰여 있다. "하나님 외에 다른 신이 없으며, 무함마드는 하나님의 사도이다."라는 이슬람의 신앙고백을 예언자와 함께 '폭파'시킨다는 의미에서 이슬람을 비하하는 만화였다. 그리고 또 다른 만화는 검은 니카브(히잡의 일종)를 착용한 두 무슬림 여인 앞에서 칼을 든 예언자 무함마드의 눈이 검은 가리개로 가려져 있다. 수니파 무슬림들은 우상 숭배를 경계하여 형상으로 만들지 않는 예언자를 무지와 폭력의 상징으로 묘사했다는 점에서 무슬림들에게는 큰 충격을 주는 만화였다. 이슬람 국가에서는 이 만화가들을 암살하는 데 현상금을 걸었으며, 무슬림들은 대규모 시위를 하며 덴마크 대사관을 방화하거나 덴마크 제품에 대한 불매 운동을 세계적으로 벌였다. '표현의 자유'와 '종교에 대한 존중' 사이에 논쟁이 일어나고 있지만, 보다 주목해야 할 사항은 유럽의 세속주의와 이슬람 원리주의가 미디어를 통하여 충돌하고 있다는 사실이다.

네덜란드에서는 정치인의 발언과 단편영화 제작이 이슬람을 비판하는 기제로 사용되어 왔다. 90만 명의 무슬림이 거주하는 네덜란드에서는 이슬람에 대한 담론이 정치적으로 매우 민감한 문제가 되고 있다.[48] 무슬림들은 대부분은 1960년대와 1970년대 이후 이주해 온 노동자와 이민자로서 터키, 모로코, 네덜란드의 구식민지(수리남, 인도네시아) 출신이 많다.

21세기에 들어 네덜란드 무슬림 공동체는 큰 위기에 직면하고 있다. 이슬람을 "적개적인 종교"로 간주하며 무슬림 이주를 반대했던 정치인 핌 포

---

48) *Operation World* (2001)에 따르면, 기독교인 56%, 무종교인, 38%, 무슬림 5% 등으로 나타났지만, Euro-Islam에 따르면, 네덜란드 무슬림을 백만 명으로 추산하고 있다. http://www.euro-islam.info/spip/article.php3?id_article=294 (Oct. 26 2008 접속).

르튼(Pim Fortuyn)이 2002년 5월에 살해되었다. 그리고 2005년 11월에는 단편영화 "복종(Submission, 이슬람)"을 제작한 무신론자 테오 반 고흐(Theo van Gogh)가 모로코 출신의 무슬림 청년에 의하여 피살되었다. 그의 영화는 여성을 차별하는 꾸란의 내용과 무슬림 여성에 대한 폭력을 다루고 있다. 올해 3월 27일, 네덜란드 하원의원 제르트 빌더스(Geert Wilders)가 단편영화 "피트나(Fitna, 시험)"를 제작하여 이슬람의 폭력성을 공개적으로 고발했다. 이 영화는 최근 무슬림들의 테러와 폭력사건을 꾸란의 내용과 연결시켜 설명하고 있으며, 특히 네덜란드에서 무슬림 공동체의 증가와 확산을 "이슬람화(Islamization)"로 해석하며 경계할 것을 경고하고 있다.

스웨덴은 18세기부터 오스만 제국과 정치적 우호관계를 갖고 있었기 때문에 유럽 국가 가운데 비교적 일찍 이슬람에 관심을 갖게 되었다. *Operation World* (2001)에 따르면, 스웨덴은 2000년까지 루터교가 국교였으며, 기독교인이 55%, 무종교인이 42%, 무슬림이 3%이다. 현재 28-30만에 이르는 무슬림들은 스웨덴에 살고 있다. 최근 2007년 스웨덴 설치미술가 라르스 빌크스(Lars Vilks)가 무함마드를 순환도로 개의 형상(roundabout dog)으로 묘사한 만화가 공개되면서 스웨덴을 비롯한 세계 무슬림들의 거센 항의를 받았다.

최근 한국 사회에서도 미디어를 통하여 특정 종교의 왜곡된 이미지가 확산되고 있다는 논란이 일면서, 한편에서는 '언론과 표현의 자유'를 주장하고, 또 다른 한편에서는 '종교를 존중해야 한다.'는 입장이 대립되고 있다.

유럽의 무슬림 사례에서도 알 수 있듯이, 종교인들이 신앙하는 대상에 대한 적절한 존중의 태도가 필요하다. 그러나 예술과 외설, 자유와 방종, 존중과 맹신을 분별하는 범주에 대한 진지한 학문적 논의는 독일 사회에서 계속될 필요가 있다.

VI. 이슬람의 다양한 세계관과 유럽에 대한 새로운 인식 : 이슬람 '선교의 영토'의 재발견

지금까지 우리는 영국, 프랑스, 독일을 중심으로 이주 무슬림의 현황과 그들이 유럽에서 직면한 다양한 정체성의 문제를 다루었다. 그리고 덴마크, 네덜란드, 스웨덴에서 촉발된 이슬람의 왜곡된 담론의 사례들도 살펴보았다. 그렇다면 유럽 이주 무슬림은 세속주의가 팽배한 유럽에서 어떤 세계관을 가지고 살아가며 유럽을 인식하고 있는지에 대하여 알아보자.

스위스 무슬림으로서 최근 옥스퍼드 대학교 교수가 된 타리크 라마단(Tariq Ramadan)은 유럽 무슬림의 정체성을 형성하기 위해서는 무슬림들이 이주해 온 국가의 이슬람 전통과는 구별되는 자신이 거주하는 유럽 문화와 사상에 맞는 새로운 무슬림의 정체성을 형성해야 한다고 주장한다. 나아가 그는 유럽의 이슬람을 '자유주의적'이며 '다원주의적'으로만 보는 획일적인 기존의 설명방식을 비판하며, 오히려 이슬람과 무슬림의 정체성이 다양한 방식으로 확립되는 것이 바람직하다고 역설해 왔다.[49] 라마단은 유럽의 무슬림들이 갖고 있는 세계관을 여섯 가지 유형으로 구분했다.[50]

첫째, "법학자 전통주의(Scholaristic Traditionalism)"는 꾸란과 순나에 권위를 두면서 여러 이슬람 법학파(하나피, 말리키, 샤피, 한발리 등) 중 하나에 소속하여 엄격하고 배타적인 해석을 내리는 입장이다. 소속된 학파의 법학자가 내린 해석은 꾸란과 순나의 의미를 해석하는 데 절대적인 권위를 지니

49) 라마단 교수의 홈페이지 http://www.tariqramadan.com/를 참고하라. 라마단 교수는 제네바 대학교에서 아랍어와 이슬람학으로 박사를 마쳤으며, 미국 노트르담 대학교를 사임하고 2005년에 옥스퍼드 대학교 신학부 이슬람학 교수로 재직 중이다. 2007년 라이덴 대학교가 그를 이슬람 교수로 초빙했지만 거절했다.

50) Tariq Ramadan, *Western Muslims and the Future of Islam* (New York: Oxford University Press, 2004), 24-28.

기 때문에 개인의 자유로운 해석이나 주석의 발전이 불가능하다. 이 그룹에 속하는 무슬림들은 대체로 데오반디파, 바렐위파, 알 알 순나, 탈레반, 탈리크 이 자마트 등이 있다. 전통주의자는 8세기부터 11세기 사이에 결정된 의례나 복장의 규율을 현대에도 그대로 적용한다. 그러므로 근대화나 사상의 자유에 의지하여 독창적인 해석(이즈티하드)을 내리거나 재해석하는 것이 허용되지 않는다. 인도와 파키스탄에서 이주해 온 영국 무슬림과 터키에서 이주해 온 독일 무슬림이 주로 이러한 "법학자 전통주의" 세계관을 가지고 있다. 전통주의자는 종교적 영역에만 주로 관심을 두기 때문에 유럽의 주류 사회에 적극적으로 참여하지 않고 유럽의 문화를 거부한다. 그들은 특정 이슬람 법학자의 해석에 기초하여 이슬람 세계관을 구성하기 때문이다.

둘째, "살라피 문자주의(Salafi Literalism)"는 먼저 살펴본 전통주의와는 달리, 꾸란을 해석할 때 특정 법학파의 해석이 개입하는 것을 거부한다. 그들은 예언자 무함마드를 알고 있던 처음 3세대까지의 무슬림들을 가리키는 '살라프(salaf)'의 해석의 권위를 따른다는 의미에서 스스로를 '살라피(salafi)'라고 부른다. 그들은 꾸란과 순나는 어떤 주석이나 학파의 해석 없이 문자 그대로 이해한다. 그러므로 "살라피 문자주의자"는 교리 문제에 있어서 비이슬람적인 요소를 제거하는 대신에 사우디아라비아, 요르단, 이집트, 시리아 등의 학자들과 지속적인 교류를 갖는다. 이들은 '전쟁의 영토(다르 알 하르브)'의 개념을 가지고 유럽의 문화적 영향을 거부하며 문자주의적인 이슬람 세계관을 구축하려고 노력한다.

셋째, "살라피 개혁주의(Salafi Reformism)"는 문자주의 입장과 마찬가지로 꾸란과 순나의 해석에서 특정 법학자의 개입을 반대한다. 그러나 8세기부터 10세기의 법학자가 지닌 해석의 권위를 인정하지는 않지만, 상황과 쟁점에 따라 개인적인 해석(이즈티하드)을 어느 정도 허용한다는 큰 차이를 보인다. 그들은 이슬람 법률체계에서 개인적 해석은 객관적이며 필수적이고 지속적인 요소라고 믿는다. 유럽에 살라피 개혁주의자들이 이주하게 된 것은 이집트와 리비아의 이슬람 형제단이 등장하는 것을 비롯하여, 튀니지, 모로코, 알제리에서 과격한 이슬람주의자들이 제재를 가했기 때문이다. 개혁주의자는 개혁의 정신을 서구 문화에 적용하면서도 특정 이념에 고착되지는 않았다. 라마단에 따르면, 살라피 개혁주의의 목표는 "무슬림 정체성과 종교적 신행을 보호하고, 서구 헌법체계를 인정하고 사회적 차원에서 시민으로서 관여하고, 자신이 속한 국가에 진정한 충성심을 가지고 살아가는 것"이다.[51]

넷째, "정치적 문자주의 살라피즘(Political Literalist Salafism)"은 정치활동을 강조하며 유럽의 지배 세력에 반대하며 칼리프제도를 대신하는 범국가적 이슬람 국가를 건설하려 한다. 급진적인 혁명사상을 가지고 서구 사회와 어떤 형식으로도 관계와 협력을 거부한다. 히즈브 알 타흐리르(해방정당)와 알 무하지룬(이주자)이 대표적인 단체이다. 영국에서 두 그룹을 지도했던 오마르 바크리 무함마드(Omar Bakri Muhammad)는 레바논으로 출국한 후에 영국 정부가 그의 입국을 금지했다.

다섯째, "자유주의적 혹은 합리주의적 개혁주의(Liberal or Rationalist Reformism)"는 서구의 식민주의에 영향을 받아 유럽의 세속주의를 이슬람 정체성에 적용할 수 있다고 보는 입장이다. 이 자유주의자는 터키공화국의 초대 대통령 무스타파 케말 아타턱(Mustafa Kemal Ataturk, 1881-1938)의 세속주의를 지지하며, 종교와 정치의 완전한 분리를 주장한다. 유럽에서 자유주의자는 무슬림이 서구 문화와 통합하여 서구의 생활방식을 수용한다. 매일 종교를 실천하는 것보다는 개인적인 차원에서 영적인 수준에 종교가 머물

51) Ramadan, *Western Muslims and the Future of Islam* (2004), 27.

려야 한다고 주장한다. 그러므로 이들은 종교적 상징을 공적인 영역에서 표현하는 것은 원리주의나 분리주의로 규정하며 반대한다. 자유주의자에게는 꾸란과 순나의 권위보다는 이성과 개인의 판단이 무슬림으로서 행동하는 사회적 근거가 되기 때문이다.

여섯째, "신비주의(Sufism)"는 다양한 신비주의 종파가 있지만 영적인 생활과 신비적 경험을 강조한다는 공통점을 지닌다. 물론 신비주의자도 공동체와 사회 참여의 측면이 있다. 꾸란은 명상과 이해의 중심에 있으며 제자들과 스승(shaykh)을 연결시켜 준다.

요컨대 라마단의 여섯 가지 유형에 따르면 유럽의 이주 무슬림은 한 축에는 꾸란과 하디스를, 또 다른 한 축에는 이성을 두고 그 사이에서 종교적 권위를 어느 쪽에 두느냐에 따라 세계관의 차이를 보여 준다. 라마단의 모델은 예일 대학교의 문화신학자 리처드 니부어(Richard Niebuhr)가 제시한 그리스도와 문화의 관계를 조명한 다섯 가지 유형들과 유사하다.[52] 니부어에 따르면, 기독교 세계관은 ① 문화에 대립하는 그리스도, ② 문화의 그리스도, ③ 문화 위의 그리스도, ④ 역설적 관계의 그리스도와 문화, ⑤ 문화의 변혁자 그리스도 등으로 구분할 수 있다. 여기서 라마단이 제시한 "살라피 개혁주의"는 니부어의 "문화의 변혁자 그리스도"처럼 중립적이며 개혁주의적인 입장을 띠고 있다.

그렇다면, "살라피 개혁주의" 세계관을 지닌 무슬림과 "문화의 변혁자 그리스도" 모델을 취하는 기독교인이 같은 공동체에 공존하기 위해서는 어떤 태도가 필요할까? 라마단은 전통적으로 무슬림이 지닌 유럽에 대한 세계관의 편견이 먼저 바뀌어야 한다고 주장한다. 지금까지 무슬림은 전통적인 이분법에 따라 세계를 "이슬람의 영토(다르 알 이슬람)"와 "전쟁의 영토(다르 알

---

52) H. Richard Niebuhr, *Christ and Culture* (New York: Harper&Row, 1951).

하르브)"로 구분해 왔다. 이 이분법을 가지고 이슬람 국가에 거주하는 무슬림과 비이슬람 국가에서 거주하는 무슬림이 서로 다른 우주관을 지니고 살아왔다. "이슬람의 영토"는 무슬림들이 안전하게 이슬람 신앙을 신행하는 데 두려움이 없는 곳이다. 반면에 "전쟁의 영토"는 법체계와 정치체계가 비이슬람적인 유럽과 같은 곳이다.[53] 이 기준에 따르면, 무슬림 다수가 거주하는지의 여부는 중요치 않다. 오히려 무슬림이 보호를 받으며 평화롭게 살 수 있는지 그 여부가 중요하다. 그러므로 소외된 종파의 무슬림에게는 주류 무슬림이 다수인 지역보다는 주류 무슬림이 소수인 유럽이 "이슬람의 영토"일 수 있다. 이분법의 한계를 극복하기 위하여 휴전상태를 의미하는 제3의 영토로서 "조약의 영토"(다르 알 아흐드)가 제안되기도 했다.

라마단은 이분법이나 삼분법에 기초한 전통적인 분류법 대신에 인간이 사는 모든 지역(오이쿠메네)을 포함하는 영토를 "신앙고백의 영토(다르 알 샤하다)" 혹은 "선교의 영토(다르 알 다와)"로 볼 것을 제안한다.[54] 이슬람의 진리는 '보편적'이기 때문에 모든 영토에 전해질 책임이 모든 무슬림들에게 있다는 주장이다. 무함마드가 메카 시대에 소수의 무슬림을 이끌고 평화적 선교를 했던 것처럼 유럽 무슬림들은 알라와 사람들 앞에 자신의 신앙을 고백해야 한다는 것이다.: "알라 외에 다른 신은 없고 무함마드는 알라의 사도이다." 그는 사람들 가운데 선행을 하며 살면서 신앙고백을 모든 인류에게 드러내야 한다고 주장한다.

53) Ramadan, *Western Muslims and the Future of Islam* (2004), 65.
54) Ramadan, *Western Muslims and the Future of Islam* (2004), 73.

VII. 결론 : 개종에서 변혁으로

지금까지 우리는 유럽에서 이슬람이 어떻게 확산되어 왔는지, 그리고 세속화된 유럽 문화와의 갈등을 극복하며 2세대·3세대 유럽 이주 무슬림들이 자신들의 정체성 문제를 어떻게 해결하고 있는지에 대하여 살펴보았다. '세계 종교'로 급부상하고 있는 이슬람은 이제 본격적으로 유럽에서와 마찬가지로 한국에서도 다양한 방식으로 선교활동을 진행하고 있다.

2001년 9·11사태 이후 미국 정부는 수니파 이슬람 단체 탈레반 측에 알 카에다를 비롯한 테러리스트의 이양을 요구하며 전쟁을 시작했다. 이렇게 정치적 긴장이 고조된 상태에서 2007년 7월 아프가니스탄에서 단기 '선교(mission)' 봉사를 하던 23명의 한국인이 탈레반에 의하여 피랍되었고, 그 중 2명이 '순교(martyrdom)'하였다.[55] 이 사건은 두 가지 차원에서 한국 기독교회사와 선교역사에 획을 긋는 중요한 사건으로 기억될 것이다. 한국교회와 사회 안에 이슬람과 이슬람 선교에 대한 관심을 불러일으켰고, 성장 위주로 경쟁해 온 선교정책과 방식에 대하여 한국교회가 반성할 수 있는 계기를 마련했기 때문이다. 현재 한국 무슬림들은 이슬람 성원과 기도처 및 대학교를 중심으로 출판사업과 방송 및 미디어를 통하여 서구 편향적으로 왜곡되어 온 이슬람의 이미지를 쇄신하기 위하여 다각적으로 노력하고 있다. 용인시 부근에 이슬람 대학교를 설립할 계획이고, 2010년 아시안게임을 맞아 인천에는 이슬람센터와 모스크가 설립될 계획이다.

21세기에 접어들면서 한국 사회는 '단일문화(mono-culture)'에서 '다문화

55) "'2007 아프간' 못다한 이야기," *Christianity Today* 한국판 (2008년 7월호), 49-55. 최근 피랍되었던 청년들의 인터뷰가 공개되면서 '선교'와 '순교'라는 용어를 '2007년 아프간 사태'에 사용하는 것이 적절한가에 대한 보다 심도 있는 연구와 논의가 필요하다.

(multi-culture)'로 급변하고 있다. 미국 사회를 하나의 단일문화로 녹아드는 '용광로(melting pot)'라고 비유하는 대신에 다양한 문화들이 상호 공생하는 '야채그릇(salad bowl)'이라고 한 종교학자가 설명할 때, 필자는 그 용어를 한국사회에 적용하기에는 부적절하다고 생각했다. 그러나 지난 10년 동안 외국인 이주자와 국제결혼이 급격히 늘어나면서 다문화 가정이 증가하고 있다. 이제 '단일민족'이라는 용어를 우리 주변에서 찾아보기 힘들다.

이러한 변화를 경험하며 필자는 유럽 이주 무슬림 공동체의 최근 동향에 대한 분석을 통해 한국 이슬람과 무슬림의 선교와 사역에 대하여 앞으로 한국의 기독교 교회가 나가야 할 몇 가지 방향을 제시하며 글을 마치고자 한다.

첫째, 종교로서 이슬람을 "무슬림의 입장에서" 이해하고 설명하려는 학문적 관심과 노력이 기독교 공동체 안에 필요하다. 사실 이슬람에 대한 관심은 단순히 지적인 호기심으로 끝나는 경우가 많았다. 그러나 지금은 그 관심이 구체적인 행동으로 옮겨져야 할 때이다. 다양한 형태로 다가오는 이슬람과 무슬림 공동체의 현존을 "편견 없이" 그리고 "공감적으로" 이해할 수 있는 선교사, 목회자, 평신도, 그리고 이슬람 전문가가 교회 안에 필요하다.[56] 이 점에서 전재옥 교수의 기도와 헌신으로 1992년 설립된 한국이슬람연구소가 올해 10주년을 맞는 횃불트리니티 신학대학원대학교에 자리를 잡게 된 것은 매우 의미 있는 일이다. 앞으로 한국이슬람연구소가 한국교회와 사회가 이슬람을 이해하고 무슬림과 대화하며 선교하는 데 큰 기여를 할 것을 기대한다. 이슬람에 대한 무지와 편견을 극복하고, 그리스도의 복음을 겸손함과 담대함 그리고 열정을 가지고 '우리 형제'인 이스마엘의 후손

56) 안신, 허우성, "예언자 무함마드의 평화사상에 대한 연구-소통과 공존의 지하드론을 중심으로," 『한국 이슬람학회 논총』 제18-2집 (2008), 23-45.

과 나누며 증언하기 바란다.

영국과 미국에서 필자가 공부했던 연구소들 가운데에도 좋은 모델들이 있다. 미국 코네티컷 주에 위치한 하트포트 신학대학원(Harford Seminary)에는 던컨 블랙 맥도날드 연구소(Duncan Black Macdonald Center)[57]가 있다. 1893년에 설립된 이 연구소는 이슬람 그리고 기독교-이슬람 관계를 연구하는 미국에서 가장 오래된 연구소이며, 1911년부터는 세계적 권위를 가진 『무슬림 세계(*Muslim World*)』라는 학술지를 지금까지 출판하고 있다. 그리고 미국 예일 대학교 인근에 위치한 해외선교연구소(Overseas Ministries Study Center)[58]도 다양한 이슬람 선교의 경험을 지닌 선교사와 선교학자가 안식년(혹은 연구년)을 보내며 상호 만남과 배움을 통하여 경험과 이해의 폭을 축적해 가고 있다. 영국 옥스퍼드 대학교의 이슬람연구소(Oxford Centre for Islamic Studies)와 2008년 사망한 데이비드 커(David Kerr)가 1976년 버밍햄에 설립한 '이슬람과 기독교인-무슬림 관계 연구소'[59]도 영국에서 이슬람과 기독교의 이슬람 선교에 대한 이해의 폭을 넓히는 데 큰 기여를 했다.

둘째로, 한국교회의 선교 방식에 대한 겸손하고 냉철한 반성이 필요하다. 교회의 선교는 생명활동이다. 따라서 선교를 하지 않거나 선교를 하지 말라는 것은 교회의 생명을 끊는 사망선고와도 같다. 21세기의 한국 선교사는 제국주의 시대에 서양 선교사가 했던 실수를 똑같이 반복할 필요가 없다. 인종적·문화적 우월주의를 버리고 토착교회의 지도자와 협력하여 선교현장의 '필요'를 알고 토착민과 '마음으로' 소통할 수 있는 선교사들이 필요하다. 파송되는 지역의 종교와 문화를 잘 이해한다면 불필요한 오해를 일

57) http://macdonald.hartsem.edu를 참고하라.

58) 필자는 OMSC에서 Andrew Walls, Dudley Woodbury, Lamin Sanneh, David Kerr, 전재옥 교수의 강연을 들을 수 있었다.

59) 최근 버밍햄 대학교에 통합되어 이슬람 연구에 큰 기여를 하고 있다.

으키지 않고도 기독교의 복음을 보다 효과적으로 전할 수 있을 것이다. 이를 위하여 종교학, 지역학, 인류학, 사회학, 농학, 공학, 의학 등 다양한 학문 분야의 전문가들이 갖고 있는 지혜와 경험을 나누어, 복음 전도와 사회봉사라는 두 축 위에 균형 잡힌 건전한 선교관을 확립해야 할 것이다.

셋째로, 한국 기독교는 한국 무슬림과 다문화 가정에 대한 한국 상황에 맞는 사역모델을 구상하고 돌봄과 섬김의 사역을 해야 할 것이다. 서양 기독교와 달리, 한국 기독교는 무슬림에게 억압적인 제국주의적 종교라는 부정적인 이미지로 각인되지 않았다. 현재 서양 기독교가 십자군 전쟁과 식민 지역사로 인하여 타문화 선교에 대하여 심리적 부담감과 죄책감을 갖고 있는 것과는 달리, 한국 기독교는 오히려 일본의 제국주의를 극복하고 민족주의와 근대화를 성취하는 데 큰 도움을 준 '자유와 해방'의 종교이다. 이러한 독특한 역사적 경험을 강조하며 이슬람 지역에 파송될 선교사와 한국 무슬림을 위한 사역자를 교육하고 훈련한다면, 인종적·문화적 벽을 보다 쉽게 허물 수 있을 것이다.

우리가 이미 살펴본 것처럼, 영국의 "다문화주의(multi-culturalism)"는 진정한 소통을 결여한 채 무슬림 공동체를 주류 영국 사회로부터 소외시키고 격리시켜 전체 영국 공동체의 큰 단절을 가져왔다. 프랑스의 "세속주의(secularism)"는 공적 영역에서 이슬람을 종교로 인정하지 않고 사적 영역으로만 제한함으로써 무슬림 공동체 가운데 프랑스 주류 사회에 대한 불만을 증폭시켰다. 또한 독일의 "무관심"도 무슬림의 존재를 무시한 채, 독일의 '시민'이 아닌 언젠가는 떠날 '노동자'로 차별해 왔다. 그러므로 유럽의 선례를 교훈삼아 한국교회는 이슬람 지역 선교와 한국에 거주하는 이주 무슬림과 다문화 가정을 위한 한국적 모델을 만들어야 할 것이다.

분명한 것은 세속화된 유럽에서 무슬림과 같이 종교적 소수자로 살아가는 유럽의 교회는 더 이상 사회를 변혁할 힘을 거의 상실했다는 점이다. 그러나 한국 기독교는 다르다. 아직까지 한국교회는 한국 사회를 섬길 수 있는 힘과 비전을 잃지 않았다. 한국교회는 기독교인으로서 사회적 변혁과 책임을 다하는 성숙한 모습을 세계 무슬림 공동체에 보여 주어야 한다. 유럽에서 기독교인과 무슬림이 세속주의 앞에 모두 종교적 소수자로 전락했지만, 아직까지 한국에서는 기독교 공동체가 한국 사회를 위해 봉사(디아코니아)할 기회와 역량이 많다.

넷째로, 다문화 현상에 대한 지속적 연구와 건전한 선교를 위한 보다 유연하고 포용적인 자세가 필요하다. 개종, 개인 구원, 교회 설립과 같은 고전적인 선교의 고정관념에서 벗어나 선교현장에서 들려오는 미세한 소리를 들어야 한다. 경제적 이유 혹은 국제결혼으로 한국에 오게 된 외국인들이 겪는 외로움과 두려움을 이해하고 그들을 다양한 방식으로 돕는 구체적인 현존과 동행 그리고 나눔의 사역이 필요하다.

최근 한 조사에서 다문화 가정의 학생들 가운데 학교에 다니지 않는 학생이 고등학교는 70%, 중학교는 40%, 초등학교는 15%로 나타났다.[60] 이 점에서 무슬림을 포함하여 다문화 가정의 학생과 가족을 지원할 수 있는 교육과 복지 프로그램의 개발이 시급하다. 미국과 같이 한국에서도 '정교 분리' 정책의 영향을 받아 교회의 사회 개혁을 위한 참여와 사회에 대한 책임의식이 부족하다. 사실 유럽에서 기독교의 세속화가 급속도로 진행된 것은 바로 기독교가 사회와 문화에 갖는 변혁의 힘을 상실했기 때문이다. 그러므로 한국 기독교 공동체는 개인 구원과 복음화의 영역을 넘어 사회 전반에 대한 변혁과 봉사로 그 섬김의 영역을 확대해야 할 것이다.

무슬림들은 한국 사회를 매우 충격적으로 바라보고 있다. "종교의 공

60) 《조선일보》 (10/25/2008).

백"이 공적 영역에서 느껴지기 때문이다. 한국에 기독교인과 불자가 많다고는 하지만, 공적 영역에서는 "익명의 무신론자"처럼 행동하기 때문이다. 교회 안에서는 교인인데, 교회 밖에서는 교인이 아닌 것처럼 보이기 때문이다. 그러나 세계의 무슬림은 인간의 모든 영역을 이슬람 법으로 통치하는 정교 일치를 주장한다. 때때로 종교학자로서, 한 신앙인으로서 이슬람이 정치, 경제, 사회, 교육의 각 분야에서 자신들의 신앙고백을 가시적으로 실천하고 표현하는 자신감과 열정이 부러울 때도 있다.

필자는 한국교회가 현재의 변화된 다문화 다종교의 상황을 기독교의 '위기'가 아닌 선교와 갱신의 '기회'로 삼았으면 한다. 우리가 기억해야 할 사실은 앞으로 무슬림을 향하여 한국교회가 감당해야 하는 21세기 선교와 사역의 모델은 다음과 같은 전재옥 교수가 언급한 예수의 선교 모델에서 그 가능성을 찾아야 한다는 점이다.

> 예수는 개종을 권하는 선교를 한 것이 아니라, 일그러지고 분노하고 격리되어 있으며 소외시키는 현장에서, 언제나 고치고, 잠잠하게 하고, 둘을 하나로 받아들이게 하고, 소속시키는 활동을 하였고, 예수 자신이 그러한 선교의 모든 차원을 생애에서 보여 주었다. 그러기에 예수의 선교에 깊이 참여한다는 것은 정복이나 내 편을 만드는 것이 아니라, 그들의 상황에 성육되어 있는 것이다.[61]

---

61) 전재옥, 『기독교와 이슬람』 (서울: 이화여자대학교 출판부, 2003), 264.

[참고문헌]

안 신. "잉글랜드와 웨일즈 종교교육의 최근 변화와 한계-1988년 교육개혁법을 중심으로." 『종교연구』 48집 (2007년 여름) : 241-261.

______. "이슬람 다와와 기독교 선교에 대한 비교 연구-폭력과 비폭력의 경계를 중심으로." 『종교연구』 50집 (2008년 봄) : 219-245.

______. 허우성, "예언자 무함마드의 평화사상에 대한 연구-소통과 공존의 지하드론을 중심으로." 『한국 이슬람학회 논총』 제 18-2집 (2008) : 23-45.

전재옥. 『기독교와 이슬람』. 서울: 이화여자대학교출판부, 2003.

전재옥 편. 『아시아 무슬림 공동체』. 서울: 예영, 1998.

최영길 역. 『성 꾸란-의미의 한국어 번역』. 메디나: 파하드 국왕 꾸란 출판청, 1997.

한국이슬람교중앙회. 『한국 이슬람 50년사』. 서울: 한국이슬람교중앙회, 2005.

Esposito, John. *Religion and Globalization-World Religions in Historical Perspective.* Oxford: Oxford University Press, 2008.

European Commission. *Special Eurobarometer* 225/Wave 63.1 (June 2005).

Fekete, Liz. "Anti-Muslim Racism and the European Security State." *Race and Class.* 46, no. 1 (2004): 3-29.

Fernando, Mayanthi. "Republic's the Second Religion: Recognizing Islam in France." *Middle East Report* (2005).

Gill, Robil. *The 'Empty' Church Revisited.* Hants: Ashgate, 2003.

Goddard, Hugh. *A History of Christian-Muslim Relations.* Chicago: New AmsterdamBooks, 2000.

Hinnells, John R. "The Study of Diaspora Religion." ed. John R. Hinnells. *A New Handbook of Living Religions.* Oxford: Blackwell, 1997.

Knott, Kim. "The Religions of South Asian Communities in Britain." ed. John R. Hinnells, *A New Handbook of Living Religions.* Oxford: Blackwell, 1997.

Niebuhr, H. Richard. *Christ and Culture.* NY: Harper & Row, 1951.

Partridge, Christopher. *The Re-Enchantment of the West.* London: T&T Clark, 2005.

Rivera, Luis N. *A Violent Evangelism: the Political and Religious Conquest of the Americas.* Louisville: Westminster John Knox Press, 1992.

Ramadan, Tariq. *Western Muslims and the Future of Islam.* NY: Oxford University Press, 2004.

Ruthven, Malise. *Historical Atlas of the Islamic World.* Oxford: Oxford University Press, 2004.

Said, Edward W. *Orientalism.* NY: Random, 1978.

Waardernburg, Jacques. *Muslims and Others : Relations in Context.* Berlin : Walter de Gruyter, 2003.

http://www.islamicpopulation.com

http://www.state.gov/r/pa/ei/bgn/3842.htm

J. Lawrence, "Islam in France," http://www.brookings.edu/articles/2001/12france_laurence.aspx

Mayanthi Fernando, "Republic's the Second Religion: Recognizing Islam in France," *Middle East Report* (2005). http://www.merip.org/mer/mer235/fernando.html

http://news.bbc.co.uk/1/hi/world/europe/4399748.stm

이슬람 다와 이해를 바탕으로 한 한국 무슬림의 다와 활동에 대한 연구

권지윤

I. 서론

포괄적인 의미로 무슬림의 세계 선교를 목적으로 하는 다와 활동은 그들의 이슬람에 대한 신념과 이것을 실천하는 양식에 있어 다양함을 보여주고 있다. 다시 말해서, 이슬람의 다와 활동은 1,400여 년을 지나오면서 그 깊이 있는 역사를 따라 사라지거나 침체되지 않고 신학적으로 방법론적으로 변화를 겪고 새로운 의미로 현대 무슬림들에게 인식되었다. 내부적으로는 무슬림의 정체성을 확립하고, 외부적으로 이슬람적 사회환경을 조성하여 세계에 다양한 이슬람 전파활동을 끊이지 않고 실천하고 있다. 즉 다양한 나라에서 각각 새로운 문화와 접하면서 여러 가지 방법으로 다와 활동을 전개하여 이슬람을 전파하고 무슬림으로서의 정체성을 지키고 있다. 예를 들어, 모로코 무슬림(Morocan Muslim), 터키 무슬림(Turkish Muslim), 나이지리아 무슬림(Nigerian Muslim) 등 각각의 나라에서 그 나라의 문화와 접촉하면서 무슬림 공동체를 형성하여 내부적으로는 무슬림으로서의 정체성을 지키고 외부적으로는 이슬람을 전파하면서 새로운 이름을 가지게 된 것이다. 즉 그들의 이슬람적 신념과 신앙의 양식이 다와 활동을 통하여 각각의 나라에서 다양한 모습으로 무슬림으로서의 정체성을 가지고 살아갈 수 있도록 만들고 있는 것이다.[1]

다양하고 적극적인 이슬람 다와 활동을 통하여 한국에 비해 더 많은 양적 성장을 보이고 있는 유럽의 경우를 보면서, 미국의 중동역사 전문가로 잘 알려진 버나드 루이스(Bernard Lewis)는 2004년 한 독일 신문기자와 인터뷰에서 현재 나타나는 양상들로 보아 유럽은 21세기 끝에 다수의 무슬림(Moslem Majority) 국가가 될 것이며, 결국에는 유럽은 서구 아랍(Arab West)의 한 부분으로서 서구의 마그렙이 될 것이라고 말한 바 있다.[2] 더 나아가 온건파 무슬림 학자 바삼 티비(Bassam Tibi)는 유럽이 이슬람화 되는 것과 동시에 이슬람 또한 유럽화 되는데, 여기서 중요한 것은 다수의 유럽인이 이슬람화 되었다는 것보다는 이슬람, 즉 이슬람 법 샤리아가 유럽의 상황 안에서 유럽 이슬람화(Euro-Islam), 즉 유럽화 되어가고 있다는 것이라고 말한 바 있다.[3] 무슬림 공동체의 빠른 수적 증가를 보이고 있는 유럽에서 무슬림들은 유럽의 토착 문화에 다양한 다와 활동을 통하여 무슬림으로서 정체성을 유지하기도 하며, 유럽의 새로운 문화에 고전적인 다와 활동과는 차별적인 다와 활동을 통하여 새로운 이슬람적 사회환경을 형성하고 있는 것

---

1) Jenkins Philip, *God's Continent* (NY: Oxford University Press, 2007), 124.
2) Jenkins Philip, *God's Continent* (NY: Oxford University Press, 2007), 4.
3) Jenkins Philip, *God's Continent* (NY: Oxford University Press, 2007), 4.

이다. 필립 제킨스(Philip Jenkins)는 이러한 유럽의 이슬람화 또는 이슬람의 유럽화에 대해서 현재 비이슬람 국가인 유럽에서 이슬람의 신앙이 지속되면서 전파되는 상황은 포괄적인 의미의 종교적 상황화로 이해할 수 있는데, 이러한 상황화는 서구 유럽의 세속적인 사회질서와 무슬림들의 관계 안에서 무슬림들이 끊임없이 적응해 나가기 위해 변화하는 것으로 볼 수 있다고 한다.[4] 따라서 무슬림들에게 다와 활동도 그들의 믿음을 유지하고 지켜나가기 위한 방법으로 무슬림 문화와 이질적인 문화에 적응과 변화가 고려되어 진행되고 있는 것이다.

그렇다면 한국의 무슬림들은 한국이라는 토착 문화 안에서 어떠한 양상으로 그들의 정체성을 형성하고 자리잡아가고 있는지, 즉 한국에서는 이슬람 다와가 어떤 방법과 양상으로 실천되고 있는지 질문하지 않을 수 없다. 분명히 한국의 무슬림들도 다른 나라들, 특히 비이슬람 국가인 유럽의 무슬림들처럼 한국 무슬림으로서의 정체성을 가지고 한국의 문화에 적응과 변화를 경험하면서 다와 활동을 전개하고 있을 것이다.

그러나 실제로 이러한 한국 무슬림의 다양한 다와 활동에 관한 연구들이 그동안 활발하게 진행되어지지 않았다. 현재 한국의 무슬림들은 유럽의 경우처럼 깊은 역사를 가지지 않았고, 다수의 무슬림들이 한국 사회에 영향력을 행사할 정도로 발전을 가지지 않았다. 다시 말해서 한국 사회 내의 무슬림들은 한국 사회에 익숙하지 않은 공동체로 한국 사회에 무슬림으로서 자리매김하며, 이슬람 문화와 이질적인 한국 문화에 현실적으로 대응하고, 적응할 수 있는 이슬람을 전파하려는 다양한 시도들을 전개하고 있는 과도기적인 단계에 있다고 볼 수 있다. 따라서 한국 사회 내에서, 최근까지 이러한 한국 무슬림의 다와 활동에 대해서 관심을 가지지 않고 있

---

4) Jenkins Philip, *God's Continent* (NY: Oxford University Press, 2007), 2.

다가 최근에 국내외적인 상황(무슬림 국가에서의 한국인 납치사건 및 이주 무슬림의 한국 유입 증가 등)과 맞물려 이슈가 되면서 한국 무슬림에 대한 관심이 고조되고 있다는 측면에서 이러한 질문이 여러 학자들 사이에서 일어나고 있는 것이다.

무슬림들은 기존의 한국 무슬림들이든지, 이주 무슬림이든지 이슬람이라는 고유한 정체성을 가지고 한국 사회, 정치, 경제 어떤 부분에 있어서든 한국 사회에 노출되어 있기 때문에 한국 사회 내에서 무슬림으로 살아간다는 것은 특별히 이슬람이라는 문화와 종교를 실천하는 신념과 행위에 있어 그들에게 고유하고 특별한 정체성을 형성하게 하여, 한국 사회에 현실적으로 대응하고, 적응할 수 있는 다와 활동을 시도하면서 자리매김하고 있다. 따라서 한국 무슬림들이 그들 나름대로 다와 활동을 통해서 무슬림으로서 정체성을 형성해 가고, 이슬람적 환경 조성, 즉 이슬람을 전파하는 과정에 있어 한국의 무슬림들이 가지고 있는 특징이 무엇인지 분석하고 한국 사회에서 어떻게 그들의 다와 활동이 전개되는지 연구하는 것은 의미 있는 일이다.

II. 이슬람 다와

1. 의미론적 접근으로서 꾸란의 다와 이해

1) 아랍어 다와(*Da'wah*)의 의미

이슬람 학자 알 파루키(Al-Faruqui)에 의하면 다와는 무슬림들에게 알라의 부름에 대한 응답이며 알라의 명령에 대한 충실한 완성으로 받아들여지고 있다. 좀더 일반적인 의미로는 이슬람으로의 '초대(invitation)'와 '부름(call)'을 뜻한다. 다와라는 아랍어는 동사 다(*da'a*)에서 유래하는데 이 단어의 분사형인 다이(*da'is*)는 부르거나 초대하는 행위를 하는 사람을 뜻한다.[5] 아랍어 다와의 일반적인 의미를 살펴볼 때 이슬람 다와는 이슬람 안으로 비무슬림을 '초청'하는 행위라는 점에서 기독교 선교와 의미상의 차이를 보인다. 일반적으로 기독교 선교는 잘 훈련된 선교사를 비기독교 지역으로 파송(sending)하는 것을 의미하는 반면, 이슬람 다와는 비무슬림들을 무슬림 공동체 안으로 강요 없이 초대(calling)하는 행위를 뜻하기 때문이다.[6]

다와가 이슬람으로의 초대를 의미한다면, 무슬림 공동체 안으로 초대하는 행위를 하는, 즉 다와를 행하는 것은 누구인가 하는 질문을 해볼 수 있다. 꾸란은 다와를 행하는 주체, 즉 이슬람 안으로 초대하는 행위를 하는 주체를 세 가지로 분류하여 설명하고 있다.

첫 번째는 수라 10:25[7] "하나님은 평화의 집으로 불러 그분이 원하시는 이들을 옳은 길로 인도하시니라."에 의하면 알라가 행위의 주체가 된다. 두 번째는 수라 57:8[8] "선지자께서 주님을 믿으라 촉구하였고…."에 의하면 다와를 행하는 주체는 이슬람의 선지자를 의미한다. 세 번째로 수라 10:25[9]를

5) David A. Kerr, "Islamic Da'wah and Christian Mission: Toward a Comparative Analysis," *International Review of Mission* 89 (2000), 150-171.

6) 꾸란의 구절을 참고하라 "invite all to the way of thy Lord with wisdom and beautiful preaching: and argue with them in ways that are best and most gracious: for thy Lord knoweth best, who have strayed from his Path, and who receive guidance." (Surah 16:125) "지혜와 아름다운 설교로 모두를 하나님의 길로 인도하되 가장 훌륭한 방법으로 그들을 맞으라 하나님은 그분의 길을 벗어난 자와 바른 길로 가는 자를 알고 계심이라."
본 논문에서 꾸란을 인용할 때에는 최영길 역, 『성꾸란: 의미의 한국어 번역』 (마디나: 파하드 국왕 성 꾸란 출판청, 1997)을 사용하였고 이후 『꾸란』으로 표기하였다.

7) 『꾸란』 10:25; "but Allah doth 'calls' to the home of peace (*Dar al -Islam*). He doth guide whom he pleaseth to a Way that is straight." (Surah 10:25)

8) 『꾸란』 57:8; "And the Messenger invites you to believe in your Lord." (Surah 57:8)

9) 『꾸란』 10:25; 알라로부터 부르심을 받은 믿음의 사람들-"They cry to Allah, sincerely offering their duty to Him." (Surah 10:25).

살펴보면 행위의 주체를 무슬림들, 즉 알라로부터 이슬람으로 부르심을 받은 믿음의 사람들이라고 표현하고 있다.[10] 따라서 무슬림들에게 다와의 근본적인 행위의 주체는 첫 번째로 알라가 되고, 그 다음이 이슬람의 선지자 무함마드 그리고 이슬람을 신앙으로 살아가는 무슬림들이 되는 것이다. 따라서 무슬림들에게 다와는 무슬림으로 살아가면서 알라와의 관계 안에서 행위의 주체가 되어 자연스럽게 행해야 하는 의무 중 하나라고 볼 수 있다.

2) 구체적인 꾸란의 다와(*Da'wah*) 해석

다와라는 단어는 꾸란에서 여러 번 반복되어 사용되는 것을 발견할 수 있다. 특히 사람을 향한 알라의 부르심, 알라를 향한 신앙인들, 즉 무슬림들의 간구 혹은 기도를 표현할 때 상호적인 의미로 쓰였다. 특별히 수라 3:104을 중심으로 다와는 그 내용상 두 가지의 중요한 의미를 가진다.

> "There may spring from you, a nation (umma) who invite for goodness, and enjoin right conduct and forbid indecency".[11]
> "They are successful. Let there arise out of you, a band of people (umma) inviting to all that is good enjoining what is right and forbidding what is wrong. They are the ones to attain felicity".[12]
> "그러므로 너희는 한 공동체가 되어 선을 촉구하고 계율을 지키며 악을 배제하라 실로 그들이 번성하는 자들이라."[13]

첫 번째로 꾸란의 이 구절이 의미하는 다와의 목적은 선으로의 초대이다. 이 꾸란의 구절 중 "inviting to all that is good"의 주체가 되는 이들을

10) Kerr, "*Islamic Da'wah and Christian Mission : Toward a Comparative Analysis*" (2000), 353.
11) Marmaduke Pickthall. *The meaing of the Glorious Koran*, 78.
12) Yusuf Ali, *The Meaning of the Holy Quran*, 154.
13) 『꾸란』 3:104.

데이비드 커(David A. Kerr)는 다음과 같이 두 가지로 해석하면서 다와의 중요한 의미를 설명하였다. 즉 '선으로의 초대'에서 초대의 주체가 되어 이 행위에 책임을 지는 이들은 무슬림 공동체 전체(whole community)를 의미하기도 하며, 또는 제한적인 의미를 두어 공동체 안에서 움마를 대표한 특별한 이들(band of people)을 의미하기도 한다. 좀더 구체적으로 살펴보면, 다와는 의미상 '선으로의 초대'를 위해 무슬림들이 옳은 행동을 추구하고, 악한 행동을 금지하려는 노력을 말하는데 이러한 행위의 책임과 의무는 무슬림 공동체 전체의 유익을 위해 특정한 개인이나 그룹의 헌신을 의미하기도 한다.[14]

두 번째로 '선으로의 초대'는 특별히 그 다음 구절 "enjoining what is right" and "forbidding what is wrong"과 깊은 연관성을 가진다. 즉 선으로의 초대는 옳은 행동을 추구하고 악한 행위를 금지할 것을 요구하는데, 이러한 다와의 의미는 무슬림들에게 이슬람식 삶의 자세를 의미한다. 유일신 알라의 완전성에 대한 믿음(belief)과 신실한 알라의 명령과 금지에 온전히 순종하고자 하는 삶의 자세(ethics)를 설명한다. 이는 꾸란의 핵심적인 주제가 윤리적인 유일신론이라고 하는 무슬림 해석학자들의 주장을 뒷받침 하는 것이다. 다시 말해서 무슬림 학자들은 다와의 중심적인 목적은 '선으로의 초대'를 의미하는데 이는 무슬림들의 삶에서 'right faith'와 'right conduct'를 동시에 추구하려는 노력으로 다와는 무슬림 공동체 또는 공동체에서 특별한 책임을 가진 무슬림들이 이러한 이슬람식 삶에 초대하고자 하는 모든 노력을 의미한다고 주장한다.[15]

---

14) Kerr, "*Islamic Da'wah and Christian Mission : Toward a Comparative Analysis*" (2000), 151.

15) Roset Crllius, "Mission and Morality," in *Studia Missionlia* 27 (Rome: Gregorian Universtiy Press, 1978), 257-283.

2. 방법론적 접근으로서의 다와의 역사적 발전과 변화

다와는 이슬람의 역사 안에서 그 방법론에 있어 다양한 변화를 통해 발전하면서, 무슬림들의 삶과 그 역사를 함께해 왔다. 이러한 변화와 발전의 과정은 세계를 향한 무슬림 선교방법론과 관련하여 다와의 방법론에 있어 이슬람 신학적으로 새로운 해석들을 가능하게 한 것이 사실이다.

1) 초기의 다와

초기의 다와는 크게 무슬림 공동체가 처음 형성되었을 때, 즉 무함마드가 이슬람의 선지자로서의 역할이 강조되던 시기와 그 이후 이슬람의 선지자로서 종교적 역할뿐만 아니라 정치적 역할까지 강조되던 시기의 다와의 방법론에 대한 해석에 약간의 상이함이 있음을 엿볼 수 있다.

첫 번째로 이슬람 초기 공동체의 역사에서 무슬림 학자들은 무함마드의 진정한 목적은 아랍 지역에 유일신 사상을 전파하고 성립하는 것이었다고 주장한다. 따라서 무함마드 시대의 초기 메카에서의 무슬림 공동체의 다와는 순수한 종교적 전파활동이었다고 볼 수 있다.[16]

두 번째로 순수한 종교적 전파활동이었던 다와에 방법론적으로 새로운 역할이 더해진 시기는 리다 전투(Riddah Wars)[17] 이후의 시기이다. 이 전투는 초기 무슬림 공동체 역사에서 중요한 의미를 가진다. 메디나로 무슬림 공동체가 이주해 오면서, 무슬림 공동체는 다양한 전쟁을 치른다. 대표적인 전투로 알려진 리다 전투 후에 이슬람의 다와 개념은 무슬림 공동체의 정치

---

16) L, Poston, *Islamic Da`wah in the West: Muslim Missionary Activity and the Dynamics of Conversion to Islam* (NY: Oxford University Press, 1992), 12.

17) 리다 전투는 칼리파 아부 바크르(Abu Bakr) 시기에 아랍 부족들을 상대로 일어났던 이슬람 초기 확장의 역사에 중요한 전투이다.

적 확장과 맞물려 초기 무슬림 공동체의 순수한 종교적 전파활동과는 다른 차원의 의미를 가지게 된다. 다와는 무슬림 공동체를 세우고 유지하기 위해 새로운 역할을 가지게 되는데 이를 지하드(*Jihad*)라고 한다.

다와의 새로운 방법론적 접근으로서 지하드는 이슬람의 확장과 전파를 위해 군사력 사용을 이슬람의 지하드 개념 안에서 정당화할 수 있는 토대를 마련해 준다. 지하드를 통한 군사적 정복은 결국 이슬람의 확장과 전파를 위한 다와 활동에 기여하는데, 그 궁극적인 목적에 있어 다와와 지하드는 이슬람의 세계화(Islamization toward the world)를 추구하기 때문이다. 그러나 특별히 지하드의 이러한 활동에도 무분별한 폭력 사용을 정당화하지 않고, 단순한 정복을 통한 부의 확장 등의 목적보다는 이슬람의 강화와 전파를 목적으로 하는 종교적 차원의 전투라는 것을 하디스와 꾸란에[18] 근거해서 무슬림 학자들은 주장하고 있다. 이러한 지하드 활동은 군사적 정복을 통해, 피정복국가에서 이슬람이 정치력을 행사하여, 행정적, 사법적, 입법적으로 이슬람의 제도화를 통해 '이슬람 환경'을 조성하므로 안정적으로 무슬림들의 다와 활동을 지원하게 하는 데 그 목적이 있다.[19]

무슬림 초기의 다와 방법론에 있어 또 하나의 중요한 역할을 한 것은

18) 부카리(Bukhari) : "*wa'i –da'wah qubla al-qatal*" (the invitation to Islam is essential before declaring war) Surah 17:15 : "who receiveth guidance, receiveth it for his own benefit: who goeth astray doth so to his own loss. No bearer of burdens can bear the burden of another: nor would we punish Until, we had sent a messanger(to give warning)" "정도로 가는 자 그 자신을 위해 가는 것이며 방화하는 자 누구나 스스로를 방황케 할 뿐이라 짐진 자는 다른 사람의 짐을 질 수 없으니 하나님은 한 선지자를 보낼 때까지 벌을 내리지 않노라." Surah 16:125: "invite all to the way of thy Lord with wisdom and beautiful preaching: and argue with them in ways that are best and most gracious : for thy Lord knoweth best, who have strayed from His path, and who receive guidance." "지혜와 아름다운 설교로 모두를 하나님의 길로 인도하되 가장 훌륭한 방법으로 그들을 맞으라 하나님은 그분의 길을 벗어난 자와 바른 길로 가는 자를 알고 계심이라."

19) Nehemia Levtzion, "Toward a comparative study of Islamization," in *Conversion to Islam*, ed., Nehemia Levtzion (NY: Homes and Meier Publishers, 1979), 11.

수피즘이다. 사실 세계를 향한 이슬람화를 위하여 수피즘은 중요한 역할을 해왔다. 수피들은 그들의 반사회적 성향 때문에 이슬람화의 제도적 확장을 추구하지는 않았지만,[20] 이슬람 역사 안에서 이슬람을 전파하고 보급하는 이슬람 선교적 활동에 있어 상당한 성과를 보인 것이 사실이다. 특별히 수피들은 개개인의 삶의 내면적인 종교적 성찰에 더욱 관심을 가지고 이슬람 신앙을 실천하는 노력을 통하여, 이슬람을 보급하고 확산시키는 데 중심적인 역할을 하므로 다와의 새로운 방법론을 보여 주었다고 볼 수 있다.[21]

2) 서양 제국주의 이후의 다와

이슬람의 정치적 확장이 성공적이었던 시기, 즉 이슬람의 전적인 통치로 인하여 자연스럽게 다와 활동이 이루어졌던 이슬람 초기의 역사적 현실과는 달리 이슬람의 정치적 확장이 어려웠던 몽골의 침입 이후와 오토만 제국(1300-1922) 시대의 다와에 대한 방법론적 인식은 이전과 다른 양상을 가진다. 다시 말해서 무슬림들이 그들의 이슬람에 대한 믿음이 다른 모든 종교적 믿음보다 우위에 있다는 것을 확신하고 이슬람을 정치, 사회적인 포괄적인 사상으로서 제도화해 오던 이전의 다와 활동은 이 시기를 거치면서 그 방법론에 있어 변화를 겪는다. 특히 이슬람이 모든 종교·사회·정치를 포괄하는 개념으로서 모든 제도나 사상보다 우월하다는 메시지에 대한 확신이 비무슬림들의 무슬림 공동체에 대한 침입으로 약화되면서, 이슬람 다와에 대한 선교적 에토스조차 약화되는 계기가 된다. 따라서 이러한 영향은 무슬림의 신앙적 측면에까지 그 영향을 미쳐 비무슬림과 무슬

---

20) Rahman Fazular, *Islam* (Chicago: Universtiy of Chicago Press, 1996), 129.
21) Poston, "*Islamic Da'wah in the West*" (1992), 18-19.

림 사이의 경계마저 모호하게 만들었다고 볼 수 있다.[22] 따라서 이 시기를 거치면서 겪게 된 여러 가지 경험으로 무슬림들은 다와에 대한 새로운 이해를 하게 되었다.

게다가 이러한 이해를 바탕으로 17-19세기를 거치면서 서양 제국주의 국가들의 침입과 그 영향으로 인한 무슬림들의 서방 비무슬림 국가로의 이민을 경험하면서 다와에 대한 새로운 패러다임을 형성하였다. 이 시기 이전 무슬림들은 이슬람의 집(*Dar-al Islam*)과 전쟁의 집(*Dar-al Harb*)에 대한 명확한 구분을 가지고 있었다.[23] 이러한 구분이 가지는 의미는 무슬림들이 이슬람의 전파를 통해서 비무슬림 국가인 전쟁의 집을 이슬람의 집으로 만들 수 있도록 하는 것이 다와를 실천하는 한 가지 이유가 된다는 데 있다. 이는 다와가 이슬람 안으로 인류를 초대하는 것을 뜻하기 때문이다. 이슬람의 집과 전쟁의 집에 대한 무슬림들의 이해는 무슬림들의 삶의 터전에 대한 확장과 이민으로 인해서 다른 문화와 접하게 되면서 그 구분이 모호해지고, 두 가지 새로운 다와에 대한 패러다임을 형성하였다.

그 첫 번째 패러다임은 "Defensive-Pacifist Muslim"이다. 이들 서양의 문화에 좀더 개방적인 입장을 보인 무슬림들은 다르 알 이슬람과 다르알 합 사이의 경계에 대한 명확성을 좀더 모호하게 만들었다. 고전적인 이해와는 달리 다르알 합(*Dar-al Harb*)은 무슬림들에게 더 이상 위험하고 비확실한 지역이 아니었다. 오히려 무슬림들이 비무슬림들과 함께 살면서 발전을 이룰 수 있는 가능성을 가진 모델로써 이해하게 되면서, 비무슬림 사회 안에서 무슬림들이 그들의 문화에 쉽게 적응하면서 살아갈 수 있게 하는 가

22) Poston, "*Islamic Da'wah in the West*" (1992), 24.

23) David, Shenk W, *Journeys of the Muslim Nation and the Christian Church : Exploring the Mission of Two Communities* (Ont: Herald Press, 2003), 226.

능성을 열어 주었다.[24] 두 번째 패러다임은 "Offensive–Activist Muslim"이라고 설명할 수 있는데, 이들 무슬림들은 알라가 그들을 다이(da'i-missionary)로서 그들이 적응하여 살아가는 비무슬림 사회로 인도했다고 믿는다. 이와 관련해서 알 파루키(Al-Faruqi)는 무슬림들의 비무슬림 사회에 대한 지속적인 거주에 대해서 새로운 해석을 한다. 그는 주장하기를 그들의 고향을 떠난 모든 무슬림들은 다르알 합(*Dar-al Harb*)에 정착하는데 그들은 여기서 비무슬림 사회에 단순히 거주하게 된 이민자이기보다는 한 사람의 선교사로서 다와를 실천하기 위함이라고 한다.[25] 따라서 비무슬림 국가에서의 새로운 경험들은 이슬람 전파와 확장을 향한 새로운 비전을 가지게 하는 역할을 하는 것이다. 이슬람의 비전은 무슬림들을 비무슬림 사회로부터 이슬람 신앙을 지키도록 하며, 더 나아가 그들의 삶을 새로운 비무슬림 세계에 적응하며, 이슬람을 직·간접적으로 전파하는 것이라 이해한다.[26]

3. 현대의 다와

1) 포스트모더니즘 이후의 다와

포스트모더니즘 시대 이후 이슬람 다와는 방법론적으로 특별한 두 가지의 접근법을 가지게 된다. 무슬림들의 다와를 통한 이슬람 선교활동은 행정권이나 사법권을 통제하고, 경제적으로 우위에 있는 권위자들을 중심으로 그 활동이 이루어지거나 그 반대로 일반 대중을 대상으로 이슬람 선

24) Poston, "*Islamic Da'wah in the West*" (1992), 31-35.
25) Poston, "*Islamic Da'wah in the West*" (1992), 44.
26) Isma'il Raji al-Faruqi, "Islamic Ideals in North America," in *The Muslim Community in North America*, eds., Earle Waugh, Baha Abu-Laban, and Regula B. Qureshi (Edmonton: University pf Alberta Press, 1983), 268.

교활동이 진행되는 방법으로 나뉘어 각각의 대상을 중심으로 차별적인 다와 방법론을 전개하였다.[27]

첫 번째 다와 방법론은 "External-Institutional Missiology"라 하는데, 이 방법론은 무슬림들이 살고 있는 사회 내에 사회구조물 또는 사회기관들을 이슬람화시켜, 정립하고, 변화시키는 것을 추구한다. 특별히 무함마드 죽음 이후 아랍 세계 밖으로 이슬람의 확장으로 항상 피정복민들이나 피정복국가에서 무슬림의 사회, 경제적 지위는 우위에 있었으며, 이슬람화 된 사회 구조물은 무슬림을 보호하고 이슬람의 선포와 포교활동을 자유롭게 할 수 있는 환경을 조성하는 데 유익을 주었다. 따라서 이러한 접근법은 이슬람 다와 활동에 있어 가장 좋은 방법론 중 하나라고 볼 수 있다.

그러나 오늘날 이러한 방법론은 초기의 무슬림 공동체가 정복과 전쟁을 통해서 피정복국가를 점령했던 것과는 다르게 진행되고 있다는 사실을 간과해서는 안 된다. 현재 유럽이나 미국, 아시아와 같은 여러 비이슬람 국가에서 무슬림들은 과거의 군사적 정복에 의한 이슬람 다와 활동을 용이하게 하는 것이 아니라 교육기관을 설립하거나 사회적 시설들을 설립하므로, 무슬림들을 보호하고, 이슬람 다와 활동을 체계적으로 할 수 있는 이슬람적 환경을 거주 사회 내에 조성하고 있다.[28]

두 번째 방법론은 무슬림 한 개인으로부터 이슬람화를 이루어 가는 방법론이라고 볼 수 있는데, "Internal-Personal Missiology"라 한다. 이 방법론은 개개인의 경험과 신조, 삶의 방법 또는 윤리 등을 강조한다. 특별히 무슬림으로서의 경건한 삶을 살아가고자 노력하는 것에 의미를 두고 있다. 이 방법론 안에서 지하드를 해석할 때도 지하드를 순수한 무슬림 내면세

27) Poston, "*Islamic Da'wah in the West*" (1992), 49.
28) Poston, "*Islamic Da'wah in the West*" (1992), 52-54.

계, 즉 무슬림 자신의 윤리적, 도덕적 성찰을 위한 노력으로 이해하고, 지하드의 군사적인 측면을 배제하려 하는 것이 특징이다. 이러한 선교방법론의 대표적인 예로는 수피들이 다르 알 이슬람 밖으로 나아가 다르 알 합 지역 안에서 이슬람 다와 활동을 해온 것을 들 수 있다. 이들의 선교활동은 거주하는 사회에 개개인의 이슬람화를 통하여 사회 전체를 이슬람화시킬 수 있다는 것에 중요한 의미를 두고 있다.[29]

2) 현대 이슬람의 경건주의로서의 다와

포스트모더니즘 이후의 이슬람 다와는 그 방법론에 있어 고전적인 무슬림 초기의 다와로부터 변화된 양상을 보인다. 특히 현대의 다와 활동은 이슬람이 총체적 의미로서 무슬림 개개인의 삶에 영향을 미치고 이에 더하여 개인과 개인이 이루어 가는 사회, 즉 무슬림 공동체 움마에 영향을 미치고, 더 나아가 무슬림과 비무슬림이 만나는 전 세계에 영향을 미칠 수 있도록 방법론에 있어서 그 의미를 확장해 나가고 있다. 이러한 의미에서 다와 활동을 살펴볼 때 다와는 무슬림의 정체성 형성에 중요한 의미를 둔다. 따라서 무슬림들이 진정한 무슬림이 되는 이슬람 경건주의적 움직임은 현대의 다와 활동에 토대가 된다고 볼 수 있다. 이러한 현대 다와 활동의 흐름은 대표적인 두 사람의 무슬림 사상가들의 주장에서 더 자세히 설명되어진다.

첫 번째 대표적인 현대 다와 활동가는 이집트의 하산 알반나(Hasan al-Banna, 1906-1949)이다. 하산 알반나의 메시지는 무슬림들의 전인적인 다와 활동을 주장하였다. 그는 이슬람이 인간의 모든 삶의 포괄적인 양상을 담고 있다고 믿는다. 여기서 인간 삶의 포괄적인 양상은 사회, 종교, 정치, 신체적 훈련, 교육, 경제, 문화 등을 말하며, 이러한 인간 삶속에서 다양한 양

29) Poston, "*Islamic Da'wah in the West*" (1992), 57-61.

상의 이슬람화를 통해서 이슬람 질서가 세워진다고 하였다. 이러한 이슬람 질서는 군사적 지하드를 통한 정복으로 인한 사회의 제도적 이슬람화가 아니라 개개인의 희생을 통한 대중 개혁 활동을 통해서 세워질 수 있다고 주장한다. 다시 말해서 고전적 선교방법론으로서 군사적 지하드를 통한 이슬람 제도화와는 차별성을 둔 다와의 새로운 방법론이라고 볼 수 있다. 이러한 주장은 다음과 같은 이슬람화 전략으로 이해될 수 있다.[30]

※ Being a true Muslim 진정한 무슬림 되기	※Developing a Muslim family 무슬림 가족을 형성하고 발전시키기	※Establishing an umma 무슬림 공동체 움마를 세우기	※ Building an Islamic state 이슬람 국가를 설립하기

두 번째 대표적인 현대 다와 활동가는 마우두디(Abul A'la Mawdudi)이다. 마우두디의 이론은 "Internal-Personal Missiology"와 "External-Institutional Missiology" 모두를 포괄적으로 실천하고자 하는 것으로 해석할 수 있다. 마우두디의 이론에 따르면, 일반적 대중의 급진적인 이슬람에 대한 자각은 새로운 문화적 관념, 행동양식 등으로부터 오는 개개인의 사회적 압력으로부터 저항할 수 있기 때문에 여기서부터 다와 활동이 시작될 수 있다고 한다. 더 나아가 이슬람은 법이며, 진리의 시스템이며, 원리로서 총체적이고 전인적인 개념으로 이해될 수 있기 때문에 무슬림 개인의 선택과 행동은 실제적으로 국가나 국제 간의 정책 수립에 이르기까지 중요한 영향을 끼칠 수 있다고 주장한다. 따라서 이슬람의 믿음은 먼저 무슬림 개개인을 성결하게 하는 것이며, 이러한 자각과 변화는 무슬림들이 이 세상의 다른 이들에게 신뢰할 만한 증언자가 되어야 하는 것을 의미한다. 마우두디는

30) Poston, "*Islamic Da'wah in the West*" (1992), 67-69.

이러한 모든 활동의 포괄적인 해석을 통해 다와는 결코 무슬림들에게 선택적인 문제가 아니라는 것을 주장한다.[31]

포스트모더니즘 시대 이후 현대로 넘어오면서 이슬람 다와는 신학적으로, 방법론적으로 고전적인 이슬람 다와로부터 다양한 해석과 변화를 경험하였다. 특별히 주목할 만한 것은 이러한 변화와 다와에 대한 새로운 해석은 초기의 이슬람 다와 활동이 아랍 지역에서 그 활동이 제한적이었다는 것과 달리 포스트모더니즘 시대 이후 현대에는 다와 활동이 서양 제국주의 국가, 더 나아가 전 세계로 그 활동범위가 확장되었다는 사실이다. 이러한 다와 활동의 확장으로 무슬림들은 비무슬림과의 문화적 접촉을 피할 수 없게 되어 자신들 내부에서 진정한 무슬림이 되기 위해 무슬림 정체성 확립과 더불어 비무슬림 사회의 이슬람화를 통한 이슬람 선교를 목표로 하는 다와 활동을 추구하게 된 것으로 볼 수 있다. 다른 말로 설명하면, 무슬림 대중을 위한 다와 활동, 즉 "Internal-Personal Missiology"와 비무슬림을 무슬림화시키기 위해 이슬람적 사회환경을 조성하려는 "External-Institutional Missiology"의 방법론을 뜻한다. 따라서 이슬람의 선교활동, 즉 이슬람 안으로 비무슬림을 초대하고, 무슬림들이 이슬람 안에서 진정한 무슬림이 되기 위해 노력하는 다와 활동은 제한적인 아랍 지역에서 전 세계를 대상으로 그 범위가 확장되면서 이슬람 신학적으로, 방법론적으로 변화를 경험하면서, 무슬림 안과 밖, 양 방향으로 진행되고 있다.

---

31) Abu A'la al-Mawududi, *Witnesses unto Mankind: The Purpose and Duty of the Muslim Ummah, ed.*, and trans., Khurram Murad (Leicesester: The Islamic Foundation, 1986), 27.; Poston, "*Islamic Da'wah in the West*" (1992), 71.

Ⅲ. 한국 이슬람의 다와

1980년대 이후 현재에 이르기까지 한국 무슬림 사회는 급격한 변화를 경험하였다. 그 첫 번째 변화는 전통적인 한국 무슬림 사회, 다시 말해서 기존의 한국 무슬림 공동체 내부적 요인에 의한 것으로 볼 수 있다. 이는 1세대 무슬림 지도자들이 사라지고 무슬림 국가에서 유학을 마치고 온 2세대 무슬림 지도자들이 무슬림 공동체 내에 자리잡으면서 이슬람 다와 활동에 있어 국내외적인 변화와 발전을 가져왔다는 사실이다. 두 번째 변화의 요인은 1980년대 이후 한국 경제의 발전, 특히 IT분야의 발전과 맞물려 이주 무슬림 노동자들의 대량 유입으로 인하여 한국 무슬림 공동체 안에 주목할 만한 수적 증가와 다문화적인 변화 양상이 발견된다는 점이다. 따라서 현대 한국 무슬림의 유형은 크게, 한국 역사와 함께 자리매김하여 1950년대 이후 본격적으로 뿌리내리기 시작한 무슬림 공동체와 이주 무슬림들이 기존의 한국 무슬림 공동체 안으로 유입되어 형성된 외국인 무슬림 공동체로 볼 수 있다. 더 나아가 이러한 변화와 발전은 한국 무슬림 공동체의 한국 사회에서의 확장과 전파활동의 변화와 발전을 가져와 한국 무슬림 공동체가 다양한 다와 활동을 전개하게 하는 계기로 작용하여 내부적으로는 무슬림으로서 정체성을 확립하고, 외부적으로는 한국 사회에 다양한 이슬람적 환경을 조성하게 하였다.

1. 전통적인 한국 무슬림 공동체 유형과 다와 활동

1) 전통적인 한국 무슬림 공동체 유형

첫 번째 유형인 한국 무슬림 공동체는 한국의 역사와 함께 자리매김하였다. 1세대 무슬림들은 1950년 한국전쟁 이후로 다국적군인 터키군 이맘에 의해 본격적으로 전파된 이슬람을 접하거나 중국에서 이슬람을 접하여 한국에 다와 활동을 통하여 이슬람을 뿌리내리려고 노력한 무슬림 공동체였다. 1세대 무슬림들의 다와활동에 이어 1990년대 이후 2세대 무슬림들은 무슬림 국가에서 유학을 마치고 돌아온 이슬람 전문가들로서, 이슬람에 대한 전문적인 교육과 연구활동을 기반으로 하여 1세대 무슬림들보다 더욱 열정적이고 전문적인 다와 활동을 하였다.

한국의 무슬림 공동체는 한국 이슬람 역사를 통해서 알 수 있듯이 1세대 무슬림 공동체에서 2세대 무슬림 공동체로 교체되면서 갑작스런 1세대 무슬림 지도자들의 죽음으로 잠시의 혼란을 겪었지만, 눈에 띄는 혼란을 겪거나 무슬림 공동체 안에서 1세대와 2세대 간에 격차로 인해 한국 내 이슬람 문화와 종교성에 있어 주목할 만한 변화를 겪었던 현상은 쉽게 찾아볼 수 없다. 한국 무슬림 공동체는 1세대와 2세대 간에 자연스런 교체와 발전을 경험한 것으로 볼 수 있다. 한국의 무슬림 공동체는 2세대 무슬림들이 자리잡으면서, 무슬림 공동체의 양적 증가가 주목할 만하지 않았어도 질적인 성장을 보여 주고 있는 것이 사실이다. 즉 1세대 무슬림에서 2세대로 세대가 넘어오면서 더 전문적이고 다양한 다와 활동으로 인해 기존의 이슬람 자체의 종교, 문화를 한국 사회 내로 진입시키는데, 더 많은 저변 확보와 결실을 보여 주고 있다. 한국 이슬람의 역사를 보면, 이슬람 중앙 성원을 중심으로 2세대 한국 무슬림 공동체는 무슬림 국가의 지원으로 체계적인 이슬람 교육을 받은 학식을 갖춘 이들이 많고 이들을 중심으로 한국 사회 내 다와 활동을 통하여 이슬람 전파에 열의를 보여 주고 있다.

2) 전통적인 한국 무슬림 공동체의 다와 활동

한국 이슬람의 역사를 보면, 2세대 한국 무슬림 공동체는 무슬림 국가의 지원으로 체계적인 이슬람 교육을 받은 학식을 갖춘 이들이 많고 이들을 중심으로 한국 사회 내 다와 활동을 통하여 이슬람 전파에 열의를 보이고 있다. 이들의 다와 활동을 살펴보면, 다섯 가지의 주요한 다와 방법론, 즉 교육, 상업, 사회사업, 이슬람 서적의 출판, 무슬림 학생들의 활발한 활동을 위한 장려 등의 분야로 나누어 설명할 수 있다.[32]

첫 번째, 현재 국내에 있는 서울 중앙서원을 비롯해 9개의 이슬람 성원에서의 공예배를 비롯한 모임의 확장과 함께 4개의 이슬람센터와 50여 개에 이르는 임시예배소를 설립하여 이주 무슬림들을 기존의 한국 무슬림 공동체 안으로 유입시키고, 새로운 한국 사회에 적응을 돕는 것과 동시에 한국 무슬림 공동체를 확장시키고 한국 무슬림의 정체성을 확립시키는 활동이다. 더 나아가 매년 늘어나는 무슬림들을 위한 새로운 마스지드의 건립을 추진하고 있다.

두 번째, 이들 무슬림 공동체인 한국이슬람중앙회를 통해 현재 국제 이슬람 초등학교의 설립을 추진하고 있으며, 초등학교 내에 유치원과 어린이집을 개설하여 무슬림 자녀들이 어려서부터 이슬람 교육을 받으면서 자라도록 지원하도록 하고 있어, 한국에서 제3세대, 4세대 무슬림 공동체를 위한 기반을 만들고 있다.

세 번째, KMF(Korea Muslim Federation)는 일반인들을 대상으로 적극적으로 이슬람을 선교할 선교문화센터를 서울에 개원할 예정이다. 이 센터를 중심으로 이슬람 교리에 관한 연속적인 강좌, 아랍어, 이란어, 터키어, 우르

32) 한국이슬람교중앙회, 『Islam in Korea』 (서울: 한국이슬람교중앙회, 2008), ; Poston, "*Islamic Da'wah in the West*" (1992), 71.

드어, 말레이, 인도네시아, 중국어 등의 이슬람권 언어를 교육하고 한국 사회에 이슬람에 대한 정보를 알리는 역할을 하도록 추진하고 있다.

네 번째, 국내외 꾸란 및 이슬람학 전공 무슬림 학자들로 구성된 꾸란 연구 및 번역위원회를 구성하여 기존에 나와 있는 번역서보다 쉽게 무슬림과 비무슬림들이 다가갈 수 있는 정통의 꾸란 번역서의 출간 작업을 추진 중에 있다.

다섯 번째, 1982년 사우디아라비아와 한국 정부 사이에 한국 내 이슬람 선교대학 프로젝트를 위한 한-사 공동위원회를 결성, 추진하였다. 이중 이맘 무함마드 이븐사우드 이슬람 대학교는 1980년 경기도 용인에 이슬람 대학 기공식을 가졌다. 이를 계기로 한국이슬람중앙회는 이슬람 선교대학의 설립에 적극적이다.

여섯 번째, 이들 한국의 전통 무슬림들은 이슬람 선교를 위한 가장 효과적인 방법으로 이슬람 교리 책자를 출판·배포 하는 일을 전문적으로 한다. 2008년까지 공식적으로 약 100여 종의 이슬람 교리 책자들이 한국어로 출판되어 무료로 제공되고 있으며, 앞으로도 국제 이슬람 연구기관에서 권위 있는 이슬람 관련 서적들과 선교출판물들을 선별하여 새로운 번역과 출판을 추진하는 것이다. 일반인들도 이슬람 사원을 방문하거나 인터넷으로 이슬람 전문 웹사이트를 방문하면 손쉽게 이슬람 교리에 관한 다양한 책자들을 볼 수 있도록 하고 있어 한국 사회에 이슬람 저변활동에 많은 노력을 기울이고 있다는 것을 알 수 있다.

2. 한국 이주 무슬림 공동체의 유형과 다와 활동

1) 한국 이주 무슬림 공동체의 유형[33]

국내 이주 무슬림 공동체는 조희선 교수의 연구에 따르면, 그 출신 국가에 따라 4개의 군, 아랍계, 비아랍중동계, 중앙아시아계, 남아시아, 및 동남아시아계로 나눌 수 있다. 이중 가장 많은 수를 차지하는 군은 동남아시아, 남아시아계로 무슬림 이주 노동자 공동체의 대부분을 이루고 있다[34]

〈표 1〉 법무부 통계자료 분석 2006년 국내 체류 무슬림 현황[35]

한국 내 무슬림	총 체류자	합법 체류자	불법 체류자	불법 체류율
총 무슬림 체류자	104,427	74,062	30,365	36%
아랍계	2,828	2,154	674	23%
비아랍계 (터키, 이란)	3,814	2,276	1,538	40%
중앙아시아계	20,327	15,283	5,044	24%
남아시아계	42,623	25,853	16,770	39%
동남 아시아계	34,835	28,496	6,339	18%

한국 무슬림 공동체 중 가장 낮은 비율을 보이고 있는 아랍계 이주 무슬림 공동체는 최근 유학생의 증가로 그 수가 점차 증가하고 있는 추세이

33) 더 자세한 내용은 권지윤, "한국의 이슬람," *Muslim Christian Encounter* 2. no 2 (2009)을 참고.

34) 조희선, 김대성 외 3명, "한국 사회 이주 무슬림 연구 수행을 위한 모델 연구," 『한국이슬람학회 논총』 제18-1집 (2008), 178.

35) 조희선, 김대성 외 3명, "한국 사회 이주 무슬림 커뮤니티에 관한 연구," 『중동연구』 제27권 2호 (2008), 89.

다. 아랍권은 지역적으로 방대하고 각 국가별 경제수준에 있어 현저한 차이를 보이고 있기 때문에 국내에 유입되는 아랍권 무슬림들은 출신국 별로 이주 목적이 다르다는 것이 특징이다. 오일머니로 높은 경제수준을 가진 걸프 지역의 경우는 대부분이 유학생 공동체를 이루고 있어 자국의 지원을 받아 비교적 안정된 형태로 국내에 거주하고 있다. 그러나 그 외 중동 지역, 이집트, 수단의 경우 단순 노동직 종사자들이 대부분이다. 그밖에 마그립(Maghib) 지역[36]의 경우 유학생 및 자영업자들이 높은 비율로 국내에 거주하는 것으로 추정될 뿐이다.[37]

국내 거주 비아랍중동계 무슬림 공동체는 대부분이 터키와 이란 출신이다. 특별히 터키의 경우 2002년 월드컵 이후 본격적인 이주가 시작되었는데, 상당수의 유학생과 경제인이 주류 사회에서 활동하고 있다. 이들 터키 무슬림들은 1990년대 초반 유학 1세대가 한국으로 유입된 이래 많은 유학생들이 대학 및 대학원을 졸업한 후 한국의 화이트칼라 계층에 진입하는 데 성공하였다. 또한 이들 대부분은 한국인과 결혼하여 상당 수준의 현지화를 이루기도 하였다. 이와 더불어 비아랍중동계의 또 다른 부류의 이란 출신 무슬림의 경우 한국보다는 일본의 거주율이 높은 것이 특징이며, 의정부 일대에 집단 거주촌을 형성하고 있으며, 대부분 단순 노동자들인 것이 특징이다.[38]

한국 이주 무슬림 공동체의 두드러진 특징 중 하나는 중앙아시아권 무슬림들의 이주가 해마다 증가하고 있다는 것이다. 한국 이주 중앙아시권

36) 마그립 지역은 북부아프리카 지역을 의미하며 통상적으로 마그립 3개국은 서쪽으로부터 모로코, 알제리, 튀니지를 지칭하며 확대된 의미인 마그립 5개국의 경우 모리타니아와 리비아까지를 말한다. 조희선, 김대성 외 3명, "한국 사회 이주 무슬림 연구 수행을 위한 모델 연구," 『한국이슬람학회 논총』 제18-1집 (2008), 179.

37) 조희선, 김대성 외 3며ㅇ, "한국 사회 이주 무슬림 커뮤니티에 관한 연구," 『중동연구』 제27권 2호 (2008), 179.

38) 조희선, "한국 사회 이주 무슬림 연구 수행을 위한 모델 연구," 『한국이슬람학회 논총』 제18-1집 (2008), 179.

무슬림 토착민의 비율은 카자흐스탄 55%, 우즈베키스탄 82%, 키르키즈스탄 65%이며, 이중 비교적 신앙심이 강하고 이슬람 교리를 이행하는 무슬림은 우즈베키스탄인들이다. 이들 중앙아시아계 무슬림 이주가 증가하고 있는 원인은 계속적으로 한국 내 농촌 총각 배우자들의 국적이 다양해지는 현상과 관련이 깊다. 다양한 외국 국적을 가진 배우자들 중 중앙아시아 출신 신부의 수가 증가하고 있기 때문이다. 예를 들어 2006년 한국인 남성과 외국인 여성의 총 혼인 건수 3만여 건 가운데 우즈베키스탄인 여성과 혼인한 건수는 314건에 이른다.[39] 한국 이주 무슬림 중 가장 높은 비율을 보이는 남아시아계 및 동남 아시아계 이주민은 대부분 인도네시아, 파키스탄, 방글라데시 출신이 대부분이며, 집단 거주를 하고 있는 노동자들이 대부분이다.

한국 이주 무슬림 공동체의 또 다른 특징은 한국 이주 무슬림 수가 해마다 출신 국가별로 증가하고 있다는 것이다. 그 이유 중 하나는 한국의 이주 무슬림들 중 상당수가 한국 국적을 취득하는 것에 대해 긍정적 평가를 가지고 있기 때문이다. 이들 이주 무슬림들은 한국 국적을 취득하게 되면 한국 사회 내로 편입이 용이하게 되기 때문에 한국 국적 취득 희망 여부에 매우 긍정적이고 적극적이다. 한국 사회 이주 무슬림 커뮤니티에 대한 연구 결과에 따르면 한국 국적 취득 희망 여부를 묻는 질문을 통하여 한국 사회로의 편입 의지는 전체적으로 긍정(40%)과 부정(38.8%)의 응답이 비슷한 비율로 도출되었으나 집단별로 차이가 두드러지게 나타났다. 비아랍 중동 집단은 긍정의 응답이 58.9%, 부정의 응답이 15.2%로 나타났고, 이미 한국 국적을 취득한 비율도 2.7%로 나타나 한국 사회로의 진입 의지가 높음을 알

39) 조희선, “한국 사회 이주 무슬림 연구 수행을 위한 모델 연구,” 『한국이슬람학회 논총』 제18-1집 (2008), 180.

수 있다. 또한 남아시아 집단도 긍정의 응답이 59.1%, 부정의 응답 29.5%, 이미 한국 국적을 취득한 비율이 2.3%로 비아랍중동계와 마찬가지로 한국 사회로의 진입 의지가 비교적 강하게 나타나고 있다.[40]

이들 한국 이주 무슬림들 대부분은 집단촌을 형성하여 그들만의 공간을 만들어 가고 있다. 이들 이주 무슬림들은 그들 고유의 사회적 네트워크를 구축하면서 인종적, 종교적 게토(ghetto)를 형성하고 있다. 다시 말해 종교생활을 중심으로 공동체를 형성하여 생활하는 특징을 보여 주고 있다. 따라서 이들의 이슬람 다와 활동도 종교생활을 중심으로 하는 사회적 네트워크 형성과 밀접한 관계를 가진다. 종교적 구심점을 가진 이들의 사회적 네트워크 형성은 이들 이주 무슬림들이 한국 사회에 정착하여 내부적으로 무슬림으로서 정체성을 잃지 않고 살아가면서, 한국 사회에 적응하는 동시에 외부적으로 한국 사회 내에 다와 활동을 통하여 이슬람을 알리고 이슬람적 환경을 만들어 갈 수 있는 근거지로서 그 의미가 크다.

2) 이주 무슬림 사회적 연결망 형성과 다와 활동

이슬람 다와 활동과 관련하여 한국 내 이주 무슬림 공동체의 중요한 특징은 이슬람이라는 종교를 중심으로 그들의 조직을 결성한다는 것이다. 따라서 무슬림 이주민들 대부분이 이슬람 사원을 중심으로 종교공동체를 결성하고 있다. 이들은 종교 공동체를 중심으로 사회적 연결망을 만들어 서로에게 정서적, 문화적, 사회적 지원을 하고 있으며, 이러한 연결망으로 이루어진 공동체는 한국 사회에 적응하는 데 결정적인 역할을 하고 있는 것이 사실이다. 특별히 지역별로 형성된 이슬람 사원에 출석하는 무슬림들 중

40) 조희선, 김대성 외 3명, "한국 사회 이주 무슬림 커뮤니티에 관한 연구," 『중동연구』 제27권 2호 (2008), 103-104.

약 90%가 이주 무슬림이라는 점은 주목할 만하다.[41]

이러한 이주 무슬림들의 사회적 연결망 구축은 내부적으로는 비이슬람 국가인 한국 내에서 무슬림으로서 종교적 문화적 정체성을 확립하고 외부적으로는 무슬림 공동체 확장과 한국 사회 내에 이슬람 환경을 조성하고 전파할 수 있는 다와 활동의 토대가 되고 있다. 비이슬람 국가인 미국이나 유럽에서와 마찬가지로 이주 무슬림들이 모여 시작된 무슬림 공동체의 사회적 연결망은 무슬림들에게 정서적, 문화적, 사회적 네트워크를 형성하게 하여 이슬람 신앙을 유지하게 하고, 더 나아가 무슬림 가족을 확대시키고, 무슬림들에게 필요한 사회적 시설들을 건설하는 등의 활동으로 이어진다. 이러한 모든 무슬림 네트워크, 즉 사회적 연결망의 구축은 결국 비이슬람 국가에 무슬림들의 삶의 토대를 확립하고, 이슬람적 환경을 조성하는 결과를 가지고 오기 때문에 이슬람 다와 활동을 효과적으로 실천할 수 있는 교두보 역할을 하는 것이다. 특별히 한국의 무슬림들은 기존의 토속적인 한국 무슬림들과 이주 무슬림들로 이루어진 공동체가 이슬람 사원을 중심으로 각각의 연결망, 즉 네트워크를 형성해 나가고 있다. 기존의 토속적인 한국 무슬림의 다와 활동은 많은 이주 무슬림 유입과 더불어 생긴 이주 무슬림 공동체가 형성되어 그 방법에 있어 다양성을 가지게 되었으며, 그 범위가 더욱 확장되었다고 볼 수 있다. 한국의 토속적인 무슬림들은 네트워크를 중심으로 이주 무슬림들이 한국 사회 내에 정착할 수 있도록 하는 역할을 하고, 더 나아가 한국 사회 내에 무슬림들의 양적 증가로 무슬림 공동체가 사회적으로 영향력을 행할 수 있는 여러 가지 사회기관들을 설립하는 등의 다와 활동을 하고 있는 것이 사실이다. 따라서 한국의 토속적인 무슬

41) 조희선, 김대성 외 3명, "한국 사회 이주 무슬림 커뮤니티에 관한 연구," 『중동연구』 제27권 2호 (2008), 181.

림들과 이주 무슬림들은 한국 사회 내에 이질적인 이슬람 문화를 이해시키고, 익숙하지 않은 이슬람이라는 종교를 한국 사회 내에 전파할 수 있는 여러 가지 방법의 다와 활동을 하고 있는 것으로 볼 수 있다.

좀더 자세히 살펴보면, 이러한 무슬림들의 사회적 네트워크는 유럽이나 미국의 이주 무슬림 네트워크 활동의 경우에서 볼 수 있듯이 개인적이고 집단적인 필요에 따라 점차 확대되어 보다 공식화되고 제도적인 형태로 발전해 나간다. 이들 네트워크는 새로운 공동체의 새로운 무슬림들을 체계적으로 지원하는 한편, 이주민들이 한국 문화 적응에 필요한 정보와 지원을 공유할 수 있는 부가적 장치의 조직이나 공동체로 형성해 나간다. 이러한 사회적 연결망이 무슬림 공동체 안에서 새로운 구성원에게 문화적, 정서적 지원은 물론 의식주와 일자리를 제공하는 역할을 한다면, 한국인과 맺게 되는 사회적 관계는 이주 무슬림들의 사회적 연결망을 현지 사회로 확대하고 주류 사회에 정착하는 데 결정적인 역할을 하게 되어 결과적으로 무슬림들이 한국 사회에 적응함과 동시에 다와 활동을 하게 되는 것이다.[42] 한국 이주 무슬림들의 경우 다와 활동을 할 수 있는 토대가 되는 사회적 네트워크를 만드는 첫 단계는 이슬람 사원을 중심으로 종교적 연결망을 결성하는 것이다.

예를 들어 인도네시아 네트워크인 ICC(Indonesian Community in Corea 혹은 Islamic Community in Corea)는 인천, 안산 등 수도권 지역을 중심으로 한 인도네시아 이주민 그룹의 연합단체이다.[43] 그동안 수도권 공단 지역을 중심으로 자생적으로 형성되어 있던 소규모 무살라들을 하나로 통합하는 과정에 있다. ICC에 새로이 소속된 '시라트 알 무스타낌(올바른 길)'

42) 오종진, "한국 사회에서의 중앙아시아 이주 무슬림들의 혼인과 정착," 『韓國中東學』 第30-1號 (2009), 82.

43) 오종진, "한국 사회에서의 중앙아시아 이주 무슬림들의 혼인과 정착," 『韓國中東學』 第30-1號 (2009), 82.

이라는 단체는 안산의 인도네시아 이주민들이 지도체계를 갖춰 결성한 것이며, 최근 국경 없는 마을 부근 건물의 반지하실을 얻어 '시라트 알 무스타낌 무살라'를 열었다. 부산에서도 자생적인 인도네시아 무슬림 단체 'PUMITA'(Persaudaraan Umat Muslim Indonesia Al-Fatah, 알 파타 인도네시아 무슬림 우정 공동체)가 만들어져 부산을 중심으로 한 영남 지역의 인도네시아 무슬림 네크워크 중심 역할을 하고 있다. 블로그[44]를 개설하여 운영하고, 매월 소식지를 발간하며 다양한 활동을 해오고 있다. 안산 마스지드의 경우 초기 이주자들과 실직 이주자들의 쉼터 역할을 함과 동시에 타블리그의 중간 기점이자 이슬람 공부방, 정보교류실의 역할 등 사회적 연결망 형성의 축으로 기능하고 있으며, 주로 방글라데시, 파키스탄, 인도네시아, 출신의 무슬림이 고루 모여 교류하며 활동하고 있다.[45] 이들 무슬림들은 이러한 사회적 네트워크를 중심으로 정기적으로 이슬람 종교교육과 친목을 도모하여 안정적인 한국 생활을 해나면서, 무슬림으로서의 정체성을 지키고 외부적으로는 무슬림 공동체 형성으로 한국 사회 내에 이슬람을 알리는 등의 이슬람적 환경을 직·간접적으로 조성하게 되는 것이다. 따라서 이러한 무슬림 공동체의 사회적 네트워크 형성은 한국 사회 내에 무슬림으로서 정체성을 잃지 않고, 한국 사회에 안정적으로 적응해 나갈 수 있게 함과 동시에, 이들만의 문화를 형성하고 공동체를 확장해 나가므로 이슬람이 익숙하지 않은 한국 사회에 직·간접적으로 이슬람을 알리고, 한국인들은 무슬림을 친숙한 이웃이며, 직장 동료, 친구로 받아들이게 되므로, 한국 사회에 소수집단으로 그 영향력을 끼칠 수 있게 하는 등의 역할을 하므로 직·간접적으로 이슬람적 환경을 조성하여 다와 활동에 이주 무슬림들이 자연스럽게 참여하게 하는 것이다.

44) 웹주소 : http://www.pumita-busan.blogspot.com/

45) 오종진, "한국 사회에서의 중앙아시아 이주 무슬림들의 혼인과 정착," 『韓國中東學』 第30-1號 (2009), 83.

3) 이주 무슬림과 한국인의 결혼과 다와 활동

이슬람 다와 활동과 관련하여 한국 내 이주 무슬림 공동체의 주목할 만한 특징은 한국인과의 결혼의 결과로 증가하는 무슬림 수이다. 사실 한국 사회에 이주 무슬림과 한국인의 결혼은 1990년대 이후 이주 무슬림 수가 급격히 증가하면서, 한국 남성과 결혼한 무슬림 여성의 이슬람과 이질적인 한국의 가족 문화에 부적응 사례, 또는 무슬림 남성과 결혼한 한국 여성의 피해 사례 등이 이슈화되어 오고 있으며, 더 나아가 기이러한 결혼의 결과로 이슬람으로의 개종자가 증가함으로써 국내에 이슬람 전파활동의 일환으로만 받아들여지면서 기독교 교계의 우려와 관심이 집중되기도 하였다. 특별히 한국인과 이주 무슬림의 결혼은 사회적·문화적으로 단일문화 성격의 한국 사회에 다문화 가정을 형성해 한국 사회를 다문화 사회로 변화시키는 계기가 되었으며, 더 나아가 한국인과 결혼한 이주 무슬림들의 한국 정착과 한국인 배우자의 이슬람 개종으로 인해 한국 내에 무슬림 수가 증가하는 데 큰 역할을 하였다. 한국 내에 무슬림 가족의 증가는 결과적으로 한국 무슬림 수의 증가를 가져와 한국 사회를 다문화 사회로 변화시킴과 동시에 이슬람 문화와 종교를 한국 사회에 쉽게 이해시키고, 전파하는 기능을 하게 된 것이 사실이다.

"한국 이주 무슬림 커뮤니티"에 관한 연구 자료에서 한국 사회의 무슬림 결혼 이주자 집단은 3,594명으로 한국의 전체 결혼 이주자 집단 중 약 2.92%를 차지하고 있어 규모면에서는 큰 비중을 차지하는 집단이 아님을 알 수 있다.[46] 그러나 국내 무슬림 이주자 중 결혼 이민자는 세 번째로 많은 한국 내 외국인 유입 유형[47]으로 분류된다. 남아시아 이주 무슬림의 경우

46) 오종진, "한국 사회에서의 중앙아시아 이주 무슬림들의 혼인과 정착," 『韓國中東學』 第30-1號 (2009), 13.

47) 조희선, 김대성 외 3명, "한국 사회 이주 무슬림 커뮤니티에 관한 연구," 『중동연구』 제27권

〈표2 〉 이슬람 국가 출신 결혼 이주자 국적별 성별 현황[48]

	국적명	총계	남자	여자	남자비율	여자비율	국내 전체비율
	국내 총계	122,552	14,753	107,799	12.0%	88.0%	
	이슬람 국가 총계	3,584	1,303	2,281	36.4%	63.6%	2.92%
아랍계	모로코	35	22	13	62.9%	37.1%	
	이집트	22	21	1	95.5%	4.5%	
	요르단	4	4	0	100.0%	0.0%	
	이라크	4	4	0	100.0%	0.0%	
	튀니지	4	4	0	100.0%	0.0%	
	시리아	2	0	2	0.0%	100.0%	
	예멘공화국	2	0	2	0.0%	100.0%	
	리비아	2	2	0	100.0%	0.0%	
	레바논	1	1	0	100.0%	0.0%	
	알제리	1	1	0	100.0%	0.0%	
	팔레스타인	2	2	0	100.0%	0.0%	
	소계	79	61	18	77.2%	22.8%	0.06%
비아랍계	터키	33	28	5	84.8%	15.2%	
	이란	82	78	4	95.1%	4.9%	
	소계	115	106	9	92.2%	7.8%	0.09%
중앙 아시아계	우즈베키스탄	1,384	45	1,339	3.3%	96.7%	
	키르기스스탄	273	2	271	0.7%	99.3%	
	카자흐스탄	170	8	162	4.7%	95.3%	
	타지키스탄	7	1	6	14.3%	85.7%	
	투르크메니스탄	6	0	6	0.0%	100.0%	
	소계	1,840	56	1,784	3.0%	97.0%	1.50%
동남 아시아계	인도네시아	413	51	362	12.3%	87.7%	
	말레이시아	54	7	47	13.0%	87.0%	
	소계	467	58	409	12.4%	87.6%	0.38%
남아시아계	파키스탄	627	605	22	96.5%	3.5%	
	방글라데시	456	417	39	91.4%	8.6%	
	소계	1,083	1,022	61	94.4%	5.6%	0.88%

2호 (2008). 한국 사회 이주 무슬림 유형을 살펴보면 첫 번째 유학, 두 번째 취업, 세 번째가 혼인순으로 비율적으로 전체 무슬림 집단의 이주 목적을 나누어볼 수 있다.

48) 조희선, 김대성 외 3명, "한국 이주 무슬림의 혼인 현황과 정착과정 연구," 『지중해 지역 연

이주민의 대다수가 남성이므로 남아시아인과의 국제 혼인에서 이주민 남성과 한국 여성과의 결합이 대부분이다. 그러나 동남아시아와 중앙아시아 무슬림의 경우 농촌 총각 장가 보내기의 영향으로 한국 남성과 무슬림 여성의 혼인 사례가 대부분이다. 특별히 중앙아시아 무슬림들은 17% 정도가 결혼을 목적으로 한국에 입국한 것으로 나타났으며 비아랍 중동계 역시 전체 조사대상의 10% 정도가 결혼 이민자로 밝혀졌다.[49] <표 2>에서 알 수 있듯이 중앙아시아계의 경우, 우즈베키스탄 출신 결혼 이주자가 1,384명으로 압도적인 다수를 차지했으며, 동남아시아계에서는 인도네시아가 400여 명으로 동남아시아계 집단의 최대 결혼 이주자 송출국으로 볼 수 있다. 아랍계에서는 모로코와 이집트 출신 결혼 이주자가 다수를 차지하고 있으며, 비아랍 중동계의 경우 이란 출신 결혼 이주자가 82명에 달해 터키보다 많은 결혼 이주자들이 한국에 체류하고 있고, 남아시아계에서는 파키스탄과 방글라데시 출신 400-600여 명이 무슬림 결혼 이주자 집단을 형성하고 있다.[50]

그렇다면 한국 사회에 국제결혼이라는 현상이 가시화된 지가 약 10년 정도에 지나지 않음에도 불구하고 혼인이 이주 무슬림 한국 사회 유입의 목적 중 세 번째로 높은 비율을 차지하고 있는 이유는 무엇인가? 이는 무슬림 유학생이나 노동자는 체류목적과 허가기간이 끝나면 본국 귀환이 기대되는 데 반해, 결혼 이주자는 개별 가정의 특수한 상황이 아닌 한, 한국인과 결혼해 아이를 낳아 가정을 이루며 합법적인 시민으로 한국 사회의 구성원이 될 것이라는 전제가 있기 때문이다. 더 나아가 한국 국적 취득과 더

구』 제11권 3호 (2009), 12.

49) 조희선, 김대성 외 3명, "한국 사회 이주 무슬림 커뮤니티에 관한 연구," 『중동연구』 제27권 2호 (2008), 97.

50) 조희선, 김대성 외 3명, "한국 이주 무슬림의 혼인 현황과 정착과정 연구," 『지중해 지역 연

불어 정착하여 본국 가족의 연쇄 이주 현상으로 이어지기도 한다.[51] 더 나아가 남성 무슬림이 대다수를 차지하는 남아시아계 이주 무슬림 결혼 이민자들의 경우, 많은 신실한 무슬림들이 모스크를 중심으로 종교교육이나 금요예배를 중심으로 결집하는 양상을 보이기도 한다.[52] 실제로 많은 무슬림들이 한국인 배우자와의 결혼 결정에 중요한 요소를 한국인 배우자의 무슬림으로의 개종과 이슬람 관행을 지키는 것으로 이해하고 있다. 따라서 무슬림 결혼 이주자는 한국 사회 내 무슬림의 양적 증가로 이어져 이슬람적 환경을 조성하는 데 큰 역할을 할 수 있다. 이들 결혼 이주 무슬림들은 이슬람이라는 강력한 기제를 통해 사회적 네트워크를 형성하여 무슬림의 양적성장을 돕고 이질적인 문화를 한국 사회 내에 유입시켜 크게는 다문화 담론의 중심적인 역할을 하고 작은 의미로는 이슬람적 환경, 이슬람 문화를 한국 사회 내에 전달하는 전달자 역할을 하고 있다. 따라서 신실한 이주 무슬림들의 결혼은 한국인 배우자의 이슬람 개종과 그 아이들의 무슬림화 더 나아가 직·간접적으로 한국 사회에 이슬람 전파활동 기능을 하게 되어 포괄적인 의미에서 이슬람 다와 활동을 하게 되는 것으로 이해할 수 있다.

IV. 결론

이슬람으로의 초대를 의미하는 다와는 구체적인 의미로 무슬림들의 삶

구』 제11권 3호 (2009), 12-13.

51) 조희선, 김대성 외 3명, "한국 이주 무슬림의 혼인 현황과 정착과정 연구," 『지중해 지역 연구』 제11권 3호 (2009), 7.

52) 조희선, 김대성 외 3명, "한국 이주 무슬림의 혼인 현황과 정착과정 연구," 『지중해 지역 연구』 제11권 3호 (2009), 19.

에서 'right faith'와 'right conduct'를 동시에 추구하려는 노력으로써 무슬림 공동체 또는 공동체에서 특별한 책임을 가진 무슬림들이 이러한 이슬람식 삶에 초대하고자 하는 모든 노력을 의미한다. 따라서 다와는 첫 번째로 무슬림의 정체성 형성과 관계가 깊고, 두 번째로 이슬람을 전 세계에 전파하는 활동을 의미한다. 이러한 의미를 가진 이슬람의 다와는 1,400년이라는 이슬람의 역사와 함께 숨 쉬며 발전하고 변화를 해왔다. 이슬람 초기부터 현재에 이르기까지 신학적으로 방법론적으로 변화를 경험하면서, 무슬림들의 삶 속에서 자연스럽게 실천되어 온 것이다. 특히 아랍의 제한적인 지역에서 실천되어 오던 다와는 포스트모더니즘 시대 이후 전 세계, 즉 비무슬림권으로 이슬람의 역사적 확장이 이루어지면서 그 의미가 퇴색되거나 사라지지 않고 새로운 무슬림들의 삶의 현장에 맞게 변화와 발전을 경험해 왔다는 점은 주목할 만한 사실이다. 특별히 내부적으로는 무슬림의 정체성을 확립하고, 외부적으로 이슬람적 사회 환경을 조성하여 세계에 다양한 이슬람 전파활동을 끊이지 않고 실천하고 있다. 특별히 포스트모더니즘 시대 이후 다와는 양방향으로 그 선교적 범위를 넓히고, 비이슬람권역에서 이슬람적 색채를 더욱 강화했다고 볼 수 있다. 왜냐하면, 무슬림들에게 다와는 이슬람과 다른 문화적 사회적 환경에서도 현실적으로 그 문화나 사회에 적응하면서 무슬림으로서의 정체성을 지키고, 이슬람을 전파할 수 있는 방법으로 진행되어 왔기 때문이다. 이러한 다와 활동은 비무슬림 사회에서 무슬림의 양적, 질적 성장 두 가지를 다 도모하고 있다고 볼 수 있다. 무슬림의 양적, 질적 성장이란 무슬림이 신실하고 진정한 무슬림으로서 살아가도록 하고 이러한 무슬림들이 만드는 건전한 공동체와 그 공동체를 무슬림들이 거주하는 사회에서 확장해 나가므로 가능한 것이다. 이러한 활동을 가능하게 하는 것이 다와의 중요한 역할이다. 알 파루키(Al-Faruqi)의 설명대로 그들의 고향을 떠난 모든 무슬림들은 비무슬림 사회(다르알 합/*Dar-al Harb*)에서 비무슬림 사회에 단순히 거주하게 된 이민자이기보다는 한 사람의 선교사로서 다와를 실천하는 사람이라고 볼 수 있다. 다시 말해서 무슬림들이 어느 곳에 거주하던지 그가 무슬림이라면, 무슬림들은 자연스럽게 다와를 실천하게 되는 것이다.

최근 한국 사회에서 우리는 무슬림들을 쉽게 만날 수 있다. 무슬림들은 이제 우리의 이웃으로 자리잡아가고 있으며, 좁게는 가족으로서의 의미까지 지니고 있다. 따라서 한국 사람들에게 익숙하지 않은 이슬람 문화는 점차 한국 사람들에게 낯설지 않고 친숙한 문화가 되고 있는 것이다. 무슬림이라는 말이 더 이상 먼 나라 밖에 살아가는 신기한 사람들을 의미한다고 생각되어지지 않는다. 최근에는 이주 무슬림들과 한국인들과의 결혼으로 증가한 무슬림 개종자들로 인해 한국에서 자라나는 무슬림 아이들도 만나 볼 수 있게 되었다. 한국 사회에 무슬림들을 위한 학교나 기관들이 생기고, 무슬림 공동체가 하나의 공동체로서 사회적 네트워크를 형성해 자신들의 목소리를 가지고 단체활동을 할 수 있게 자리잡아 가고 있다. 이제 이슬람이라는 종교는 한국 사람들에게 더 이상 낯설지 않은 종교로, 바로 내 이웃의 종교로 자리잡아가고 있는 것이다.

하지만 한국교회는 이들 무슬림들이 한국 사람들에게 넓게는 이웃이요, 좁게는 가족이 되어 가는 현실 속에서 이들에 대한 바른 이해나 관심을 가지고 대응하지 못하고 있다는 사실이다. 한국교회는 이들 무슬림들이 우리의 이웃으로 자리잡아가고 있다는 현실적 인식보다는 테러리즘을 연상시키는 이슬람이라는 종교가 전략적으로 한국 사회에 침투해 한국 사회를 이슬람화시킬 것이라는 두려움에 사로잡혀 이들을 적대시하는 경향이 깊다. 좀 더 포괄적으로 보면 무슬림들이 살아가는 곳에서는 이슬람 다와를 실천하는 것이 그들에게 자연스러운 일이 될 수 있을지 모른다. 이러한 상황에서 이들을 적대시하기보다는 어떻게 한국교회가 이들을 포용하고 선교적으로 이끌어갈 수 있는지 고민해야 할 것이다. 무조건적 적대감과 두려움은 적을 만들고, 상대방뿐만 아니라 나 자신을 파괴하는 역효과를 낼 수 있다. 오히려 이들 무슬림들을 이웃으로 인식하고, 효과적으로 그들과 대화하고, 한국사회에서 기독교가 무슬림들에게 어떻게 예수 그리스도의 선한 영향력을 끼칠 수 있을지 생각해 보아야 할 것이다. 이러한 활동을 위해서 필자는 한국교회가 무슬림들을 바르게 인식하는 것에서부터 선교적 활동을 시작하기를 바라는 마음에서 이 글이 읽혀지기를 바란다.

[참고문헌]

안정국. “한국 이주 동남아시아 무슬림의 현황과 사회적 연결망.” 『韓國中東學』 第29-1號, 2008.

오종진. “한국 사회에서의 중앙아시아 이주 무슬림들의 혼인과 정착.” 『韓國中東學』 第30-1號, 2009.

조희선. “한국 이주 아랍 무슬림의 현황과 조직화.” 『한국중동학회』, 2008.

조희선, 김대성 외 3명. “한국 사회 이주 무슬림 커뮤니티에 관한 연구.” 『중동연구』 제27권 2호, 2008.

조희선, 김대성 외 3명. “한국 사회 이주 무슬림 연구 수행을 위한 모델 연구.” 『한국이슬람학회 논총』 제18-1집, 2008.

조희선, 김대성 외 3명. “한국 이주 무슬림의 혼인 현황과 정착과정 연구.” 『지중해 지역 연구』, 제11권 3호, 2009.

최영길 역. 『성꾸란 : 의미의 한국어 번역』. 마디나: 파하드 국왕 성 꾸란 출판청, 1997

한국이슬람교중앙회. *Islam in Korea*. 서울: 한국이슬람교중앙회, 2008.

Al-Faruqi, Isma'il Raji. “Islamic Ideals in North America,” *in The Muslim Community in North America*. ed., Earle Waugh, Baha Abu-Laban and Regula B. Qureshi Edmonton: University of Alberta Press, 1983.

Ali, A.Yusuf. *The Meaning of the Holy Quran*. Brentwood: Amana Corp., 1983.

Crllius Roset. “Mission and Morality” *in Studia Missionlia* 27. Rome: Gregorian university press, 1978.

Fazular Rahman. *Islam Chicago*. University of Chicago press, 1996

Jenkins Philip. *God's Continent*. NY: Oxford University Press, 2007.

Kerr, David A. “Islamic Da'wah and Christian Mission: Toward a Comparative Analysis,” *International Review of Mission* 89 (2000).

Levtzion Nehemia. “Toward a comparative study of Islamization,” *in Conversion to Islam*. ed., Nehemia Levtzion, NY: Homes and Meier Publishers, 1979.

Marmaduke Pickthall. *The meaing of the Glorious Koran*. Plume, 1997.

Poston, L. *Islamic Da`wah in the West: Muslim Missionary Activity and the Dynamics of Conversion to Islam*. NY: Oxford University Press, 1992.

Shenk, W. David. *Journeys of the Muslim Nation and the Christian Church exploring the mission of two communities*. Ont: Herald Press, 2003.

한국의 이슬람, 한국의 무슬림[1]

조희선

I. 서론

국내 외국인 이주민이 2007년 8월 기준으로 100만 명을 넘어섰다. 이제 100명 중 2명이 외국인 이주민이다. 이와 같은 급속한 한국 사회의 다문화화에 무슬림들도 동참하고 있다. 미국 외교 전문지 《포린 폴리시(*Foreign Policy*)》가 전 세계적으로 무슬림들의 수가 가장 빠르게 증가하고 있다고 언급한 것처럼 한국도 무슬림들의 인구가 꾸준히 증가세를 보이고 있다(Foreign Policy, 2007년, 5월호).[2] 남아시아, 동남아시아에서 노동 이민으로 들

1) 이 글은 햇불트리니티 한국이슬람연구소에서 2010년도에 "한국 무슬림 알기"라는 주제로 개최되었던 특별공개강좌의 강의안을 한국이슬람연구소 20주년 기념 논문집을 위하여 재편집하였음을 밝힙니다.

2) http://www.foreignpolicy.com/story/cms.php?story_id=3835 (Apr. 12 2007 접속), "The List: The World's Fastest-Growing Religions".

어오는 많은 방글라데시와 파키스탄, 인도네시아 등지의 노동자들은 무엇보다도 무슬림으로서의 정체성을 유지하고 있으며, 한국 여성과 결혼할 경우 배우자는 물론 코슬림(Koslim, Korean과 Muslim의 합성어, 연구팀에서 만든 신조어)이 된 자녀들에게 적극적으로 종교 문화를 전수하고 있다. 우즈베키스탄을 비롯한 중앙아시아에서 이주해 온 무슬림 여성들 역시 다른 지역에서 온 무슬림보다 종교적인 색채가 덜하긴 하지만 자신들의 이슬람적 정체성을 유지하고 있다. 이 지역에서 온 무슬림 여성들과 혼인하기 위해 한국 남성들은 이슬람이라는 종교의 실체를 파악하지도 못한 채 개종을 하기도 한다. 비아랍중동권, 특히 터키에서 온 많은 남녀 유학생들은 한국인과의 결혼을 통해 한국 사회에 정착하면서 이주 무슬림 가정으로 생활하고 있다. 그 밖에 취업이나 유학 등 다양한 목적으로 국내에 이주한 여러 아랍 국가에서 온 무슬림 남성과 여성들 역시 한국인과 결혼하여 배우자를 개종시킨 후 '코슬림' 자녀들을 재생산해 내고 있는 것이 오늘의 현실이다.

약 2천만에 달하는 무슬림 인구를 가진 프랑스나 독일, 영국을 비롯한 유럽 각국은 이주 무슬림들과 심각한 갈등을 겪으면서 여러 사회 문제를 안게 되었다. 프랑스의 무슬림 2세 소요사태와 히잡을 둘러싼 논쟁, 영국의 7·7 런던 테러, 독일의 터키 이주자들과의 갈등의 본질은 바로 종교적, 문화적 문제이다. 자기 중심적인 문화의 보수 및 유지라는 타문화에 대한 폐쇄적인 인식은 서로 간의 무관심과 오해를 쌓았다. 유럽의 무슬림 인구는 비무슬림 인구보다 젊으며, 무슬림 인구의 출산율은 비무슬림 인구의 출산율의 세 배에 이르는 것으로 알려져 있다. 유럽의 무슬림들은 열악한 교육, 실업 등으로 자신들만의 집단거주지 게토(ghetto)를 구성한 채 주류 사회에 통합되지 못하고 자신들의 정체성을 이슬람 종교와 문화에서 찾고 있다. 특히 9·11 사태 이후 유럽에 이슬라모포비아(Islamophobia) 현상이 확산되면서 주류 사회와 이민자 무슬림 간의 갈등은 심화되어 풀기 어려운 사회 문제로 부상하고 있다. 유럽의 오랜 이민 역사에도 불구하고 이주 무슬림들이 주류 사회에 통합되지 못한 데에는 이들에게 대한 차별과 편견도 커다란 요인으로 작용하고 있지만 그 근본적인 원인은 이슬람 종교의 본질에도 내재되어 있다. 정치와 종교를 구별하지 않는 이슬람은 정교분리의 세속화된 다른 사회의 문화와 필연적으로 충동할 수밖에 없기 때문이다. 유럽의 무슬림 2세대들은 거의 세속화되었음에도 끊임없이 무슬림으로서 살아가도록 자의든 혹은 타의든 압력을 받으면서 두 문화 사이에서 불안정한 균형을 유지하고 있다.

따라서 우리 사회의 이주 무슬림의 적응과 통합, 그리고 '코슬림'의 '한국인 되기' 역시 자의건, 타의건 여러 어려움에 맞닥트릴 수 있는 가능성이 크다. 이주 무슬림과 코슬림에 대한 사회적, 제도적인 배제와 소외, 그리고 이슬람 문화와 종교에 대한 적대적인 태도는 이들의 적응과 통합에 걸림돌이 되고 결국 이들을 주변화시켜 더 큰 사회문제를 야기하게 될 것이기 때문이다.

II. 국내 체류 무슬림들의 현황

한국은 80년대 말부터 동남아, 남아시아 무슬림 노동자들의 유입이 시작되어 한국에는 다양한 국적과 계층의 무슬림 커뮤니티가 형성되고 있다. 2006년 출입국 통계연보 분석에 따르면 한국 내 무슬림 이주자는 대략 104,427명으로 전체 100만 외국인 이주자 가운데 10%를 차지하고 있다(오종진, 2008). 한국이슬람교중앙회 역시 약 10만여 명 정도의 무슬림이 한국에 거주한다고 추산하고 있다. 국내 거주 무슬림들은 특정 지역 출신으로 편중되는 현상을 보인다. 아래 표에서처럼 동남아시아계, 남아시아계, 그리고 중앙아시아계 무슬림들이 한국 무슬림의 92%를 차지하고 있다. 남아시아계 무슬림은 42,623명으로 국내 전체 무슬림의 40%를 차지하고 있으며, 동남아시아계는 28,463명으로 31%를 차지하여 그 뒤를 잇고 있고, 중앙아시아계 무슬림은 20,327명으로 전체 무슬림의 20%를 차지하여 세 번째 규모의 무슬림 집단을 형성하고 있다. 비아랍중동계와 아랍계 무슬림들은 다른 세 무슬림 집단과 큰 대조를 보여 약 3천여 명 정도의 이주민만이 국내 거주하고 있다. 이는 한국과 무슬림 이주자 출신국 간의 물질적, 문화적 연결구조가 이주의 메커니즘에 큰 영향을 미침을 알 수 있다. 즉 지리적, 문화적 거리가 가까운 중앙아시아, 동남아시아, 남아시아가 상대적으로 먼 터키나 이란, 아랍 국가들보다 많은 이주민 집단을 한국에서 형성하고 있다. 결론적으로 국제 이동에는 이주 당사자의 개인적인 의지 외에도 송출국과 유입국의 다양한 사회적, 문화적, 정치적, 경제적 변수가 중요하게 작용함을 알 수 있다. 더욱이 이슬람이라는 강력한 기제를 통해 사회적 네트워크가 형성될 경우 무슬림들의 숫자는 더욱 확대될 가능성이 크다.

10만여 명에 달하는 국내 무슬림 이주자들의 중요한 특징은 상당수의 미등록 무슬림들이 불법체류자로 국내에 거주한다는 것이다. 한국의 약 20만 불법체류자 중 무슬림 불법체류자들은 36,937명으로 전체 불법체류자들의 18%를 차지하고 있다. 특히 남아시아계와 중앙아시아계, 그리고 비아랍중동계 무슬림들은 모두 40%대의 불법체류율을 보이고 있어 각 집단의 절반에 가까운 체류자들이 불법상태로 국내에 체류하고 있음을 알 수 있다. 이는 외국 이주민들의 평균 불법체류율 20%의 2배에 달하는 수치이다.

〈표 1〉 법무부 통계자료 분석 2006년 국내 체류 무슬림 현황

한국 내 무슬림	총체류자	합법체류자	불법체류자	불법체류율
총 무슬림 체류자	104,427	74,062	30,365	36%
아랍계 무슬림	2,828	2,154	674	23%
비아랍중동계 무슬림 (터키,이란)	3,814	2,276	1,538	40%
중앙아시아계 무슬림	20,327	15,283	5,044	24%
남아시아계 무슬림	42,623	25,853	16,770	39%
동남아시아계 무슬림	34,835	28,496	6,339	18%

출처 : 법무부, 2006년 출입국관리통계연보, 자료를 연구팀 구분 다섯 개의 무슬림 집단으로 재정리

이들 대부분은 척박한 조건에서 한국 3D업종의 노동자로 일하고 있으며 힘든 생활환경에도 불구하고 코리안 드림의 기회를 얻으려고 노력 중이다.

10만여 명으로 국내 인구의 0.2%를 차지하는 무슬림들을 받아들이기 위한 한국의 종교적 토양은 어떨까? 종교와 공공생활 관계를 연구하는 앨런 월프(Alan Wolfe)에 따르면 종교의 힘이 강한 나라일수록 가난하고, 국민소득이 높아질수록 종교의 영향력이 줄어든다고 한다(Wolfe, 2008).[3] 월프는 "9·11 테러 이후 종교의 영향력이 다시 부활한 것처럼 보이지만, 실제로는 많은 나라에서 소득증가와 함께 세속화 경향이 뚜렷하다."라고 말했다(Wolfe, 2008). 국민 소득이 높은 서유럽에서 종교의 영향력은 대체로 약하며 서유럽에서 가장 종교적 성향이 두드러졌던 스페인과 아일랜드에서조차 세속화 경향이 뚜렷하다고 말하고 있다. 같은 견지에서 한국, 홍콩, 싱가포르, 대만과 같은 아시아의 신흥경제국에서도 종교적 신앙심의 수준이 낮게

3) *The Atlantic*, 301, no.2에 게재된 인터넷판 (Apr. 12 2008 접속), http://www.theatlantic.com/doc/200803/secularism

분석되었다고 언급했다.[4] 따라서 한국 사회가 무슬림 커뮤니티를 받아들이기 위한 종교적 토양은 양호하다고 판단된다. 한국의 종교사회학자인 김종서 또한 한국은 여러 종교집단들이 국가에 의하여 용인되고 서로 자유롭게 공존하는 종교다원주의 사회라고 말하고 있다(김종서, 2005). 한국과 한국인의 종교적 특성 때문에 한국 사회는 동양과 서양의 여러 종교문화를 골고루 섭취할 수 있는 역동적인 면이 많은 사회라고 평가할 수 있다.

코슬림에 대한 한국 대학생들의 인지적, 감정적 인식을 설문조사 한 본 연구팀의 연구결과를 보더라도 코슬림에 대한 한국 대학생의 인지적 인식은 어느 정도 긍정적인 편으로 나타났다. 이슬람 지역에 대한 이해 정도가 높고, 이슬람 지역 관련 전공자일수록 코슬림들에 대해 더욱 긍정적이며 천주교, 무종교, 불교, 개신교의 순으로 코슬림들에게 대해 긍정적으로 인식하고 있는 것으로 나타났다(조희선, 2010).

III. 국내 무슬림들의 유입 형태와 유입 배경

1980년대 말부터 중소기업 및 3D업종의 결손 노동력을 충원하기 위해 제3세계로부터 이주 노동자들을 중심으로 이루어진 국내 외국인 이주는 2000년대에 들어 그 유입 경로가 다변화하기 시작했다. 취업을 위한 노동자뿐만 아니라 결혼 이주 여성, 유학생, 기업투자 및 사업을 위한 국내 외국인 체류자가 유입되기 시작하여 다양한 계층을 형성하기 시작했다. 한국의 경제적 성장과 과학기술의 발전 그리고 결혼과 거주에서 여성들의 농촌을 기

4) *The Atlantic*, 301. 월프는 이들 중 "한국만이 기독교 근본주의가 번성해 신앙심이 깊은 편이었지만 최근에는 낮아지고 있다."라고 말했다.

피하는 사회현상으로 인해, 유학생과 결혼 이주자들이 또 다른 이주의 축을 만들고 있다. 한국의 무슬림 집단도 예외 없이 이러한 흐름을 따르고 있다. 다음 표는 2006년 출입국관리통계연보를 참고하여 각 무슬림 집단별로 합법적 장기체류자들의 직업을 분류하여 정리한 것이다.

〈표 2〉 국내 합법 장기체류 무슬림들의 주요 직업유형별 현황

	총 체류인		유학생	노동자	결혼 이민자	기업인
	총계	성별				
아랍계 무슬림	2,154	여 : 382 남 : 1,772	93	1,116	77 남 : 58 여 : 19	270
		남 : 82% 여 : 18%	비율 : 4.3%	비율 : 51.8%	비율: 3.6%	비율: 12.5%
비아랍 중동계 무슬림	979	남 : 858 여 : 121	91	567	92 남 : 85 여 : 7	70
		남 : 88% 여 : 12%	비율 : 9.2%	비율 : 58%	비율 : 9.3%	비율 : 7.1%
중앙 아시아계 무슬림	14,264	남 : 11,339 여 : 2,915	460	11,354	1,515 남 : 44 여 : 1,471	269
		남 : 80% 여 : 20%	비율: 3.2%	비율: 79.5%	비율 : 10.6%	비율: 1.8%
남아시아계 무슬림	25,853	남 : 24,988 여 : 865	422	14,550	967 남 : 936 여 : 31	691
		남 : 97% 여 : 3%	비율: 1.6%	비율: 56.3%	비율: 3.7%	비율: 2.7%
동남 아시아계 무슬림	28,463	남 : 23,400 여 : 5,063	575	23,371	422 남 : 44 여 : 378	190
		남 : 82% 여 : 18%	비율 : 2%	비율 : 82%	비율 : 1.5%	비율 : 0.7%

위의 표에서 보이는 바처럼 유학생, 노동자, 결혼 이민자, 기업인 계층 직업군이 국내 체류 무슬림들의 대부분을 차지하고 있다. 전통적 체류자인 노동자 집단이 모든 무슬림 집단에서 가장 큰 비중을 차지하고 있으나 최근 들어 유학생과 결혼 이민자가 차지하는 비율이 점차 증가하고 있는 추세이다. 한국 입국 목적을 설문한 현지조사 결과에서도 한국 입국 목적이 취업, 유학 그리고 결혼순으로 나타났다.

한국 사회의 국제 혼인에서 무슬림과의 혼인은 적은 부분을 차지하고 있으나 국내 무슬림 이주자 중 결혼 이민자는 세 번째로 많은 유입 유형으로 분류된다. 이들 결혼 이주자들은 위의 표에서처럼 집단별로 많게는 전체 체류자의 9~10%, 적게는 2~3% 정도를 차지하고 있다. 남아시아의 경우 이주민의 대다수가 남성이므로 남아시아인과의 국제 혼인에서 이주민 남성과 한국 여성과의 결합이 대부분이다. 그러나 동남아시아와 중앙아시아의 경우 농촌 총각 장가 보내기의 일환으로 한국 남성과 이슬람 여성의 혼인 사례가 대부분이었다. 중앙아시아의 경우는 97%의 결혼 이민자가 여성이며, 동남아시아의 경우도 90%가 여성으로 나타났다. 본 연구팀의 현지조사에서도 중앙아시아 무슬림들은 17% 정도가 결혼을 목적으로 입국한 것으로 나타났으며 비아랍중동계 역시 전체 조사대상의 10% 정도가 결혼 이민자로 조사되었다.

이슬람 사회의 보수적 성향으로 그동안 국내에 유입된 무슬림들은 남성이 대부분이었으나 여성 결혼 이민자의 증가와 여성 유학생 증가로 말미암아 한국 사회 내 여성 무슬림들도 점차 늘어가고 있다. 연구팀의 설문 응답자 성별 분석에서도 중앙아시아의 경우는 30% 정도가 여성 무슬림들이었으며 전체적으로는 약 14%가 여성들로 나타났다. 비교적 다른 지역보다 종교적 보수성이 강한 아랍계(6.4%)와 남아시아계(11.9%)에서 낮은 여성

비율을 보였다. 각 무슬림 집단의 사회적 성향(세속화, 보수성, 종교성)과 지리적 거리가 국내 여성 무슬림 체류자 비율에 영향을 미친다고 할 수 있다.

지금까지 살펴본 것처럼 노동자, 유학생, 결혼 이민자가 국내 이주 무슬림의 대부분을 차지하고 있고 주된 유입 유형이다. 이들과 더불어 장기체류자들 중 좀더 장기적인 안목과 자본력을 가지고 한국사회의 메커니즘을 성공적으로 이해한 일부가 기업투자나 무역업, 자영업에 종사하기 시작했다. 위의 표의 분석처럼 수완이 좋은 파키스탄인들을 중심으로 남아시아계 무슬림 집단에서 691명이라는 비교적 큰 기업인 계층이 형성되기 시작됐으며 ,다른 집단들보다 자본력이 우수한 비아랍중동계와 아랍계 무슬림 집단에서는 각각 전체 체류자의 7%와 12%가 기업인이었다. 한국 사회에서 코리안 드림을 성취하는 유학생과 노동자가 늘어날수록 이 기업인 계층은 급진적으로 늘어날 개연성이 크다.

〈표3〉 무슬림 집단별 한국행 선택 이유

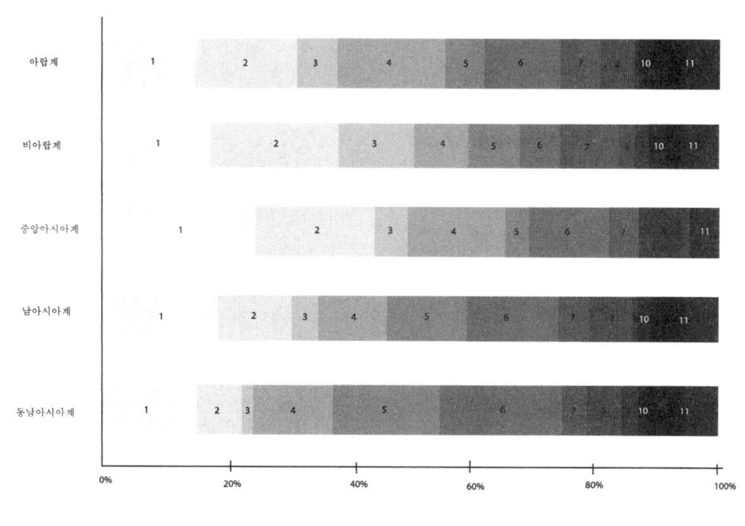

1. 한국에 대한 호감
2. 한국 거주 모국 친구 소개
3. 한국인 친구의 초청
4. 한국의 발전된 학문/기술
5. 취업의 용이성
6. 고임금
7. 사증취득 용이성
8. 선진국으로 진입 용이성
9. 지리적 접근성
10. 낮은 강제 출국 위험성
11. 기타

본 연구팀의 설문조사 결과를 토대로 분석한 각 무슬림 집단이 한국을 선택한 이유를 살펴보면 위와 같은 도표(표 3)로 정리할 수 있다. 위 도표의 분석처럼 많은 무슬림이 한국을 선택한 이유는 전체적으로 한국에 대한 호감, 한국 거주 모국 친구의 소개, 한국의 발전된 학문과 기술 그리고 고임금이 크게 영향을 준 것으로 나타났다. 실제 인터뷰와 설문에 응한 많은 국내 거주 무슬림들은 이미 한국을 경험했던 모국 친구나 친지, 가족들의 소개와 같은 개인적인 네트워크를 통해 한국행을 결심했다고 말하고 있다. 한국으로 취업이나 결혼, 유학을 떠난 주변 사람들의 성공을 목격하면서 코리안 드림을 갖고 한국으로의 이주를 선택한 경우가 많은 것으로 나타났다. 또한 현지 각국에서의 한국 상품과 기업의 긍정적 평가나 한류와 같은 문화적 영향으로 한국에 대한 호감이 커져 코리안 드림을 가질 수 있게 했다. 많은 무슬림들이 역사적으로 기존의 서구 사회와 갈등하고 대립하면서 가지게 된 편견이나 부정적 이미지 또한 한국에 대해서는 있지 않는 경우가 많아 비교적 어렵지 않게 한국행을 결정할 수 있었다. 물론 설문 결과에서도 나왔듯이 고임금이나 취업의 용이성과 같은 실질적이며 경제적인 요인도 이들의 유입에 크게 작용했다. 특히 중앙아시아계 무슬림들의 한국에 대한 호감이 높게 나타났으며, 동남아시아와 남아시아계 무슬림들의 경우는 취업의 용이성이나 고임금과 같은 실질적 이유가 주요 유입 원인으로 작용했다.

IV. 국내 무슬림의 한국 사회 적응

우리 사회에서 근래 힘을 얻고 회자되고 있는 다문화주의는 통상 이중적인 모습을 지니고 있는 것으로 인식된다. 통합적인 사회를 구성하는 데 있어 방해요소가 될 수 있다는 것과 그럼에도 불구하고 다양한 집단의 평화로운 공존을 위해 필수적인 요소가 되기도 한다는 것이다. 외국인 이주자와의 평화공존을 위해 그들의 문화적 배경을 이해해야 한다는 인식이 있는 반면, 사회 내면적으로는 단일민족의 순혈주의를 강조하며 사회의 안위를 걱정하고 있는 것이 바로 그 예가 될 것이다.

우리 사회 이주 외국인의 약 10%를 차지하고 있는 무슬림 집단은 이질적인 문화적·종교적 배경을 바탕으로 우리 사회에 공존하고 있다. 이들이 우리 사회를 바라보는 시각, 사회에 진입하고자 하는 의지, 그들에 대한 우리의 시선, 그리고 그들을 우리 사회로 수용할 것인지에 대한 우리의 태도 등이 한국 사회 이주 무슬림의 사회적 적응의 주요 핵심요소라 할 수 있다. 본 연구팀의 설문조사 중 '한국에서의 생활'의 항목 가운데 '의'와 '식'을 중심으로 이주 무슬림의 한국 사회로의 적응을 집단별로 살펴보기로 한다.

1. 의(依)

의복은 그 사람이 지닌 정체성의 표출로서 특정 소속 집단의 공동체 의식을 강화시킴과 동시에 다른 사람과 자신을 구분 짓는 요소이다. 이 점에서 전통복장은 자신들의 문화를 얼마나 고수하느냐 혹은 이주국 사회의 생활양식에 얼마나 적응하고자 하는가를 나타낼 수 있다. 전반적으로 우리나라로 이주한 무슬림들은 전통복장을 전혀 입지 않거나(39.6%), 가끔(31.2%) 입는 경향이 두드러지는 것으로 나타났다. 집단별로 보면 '항상', '자주' 입는 비율은 남아시아계가 28.3%로 가장 높게 나타났으며 '입지 않음'의 비율은 비아랍중동계가 62.8%로 가장 높게 나타났다.

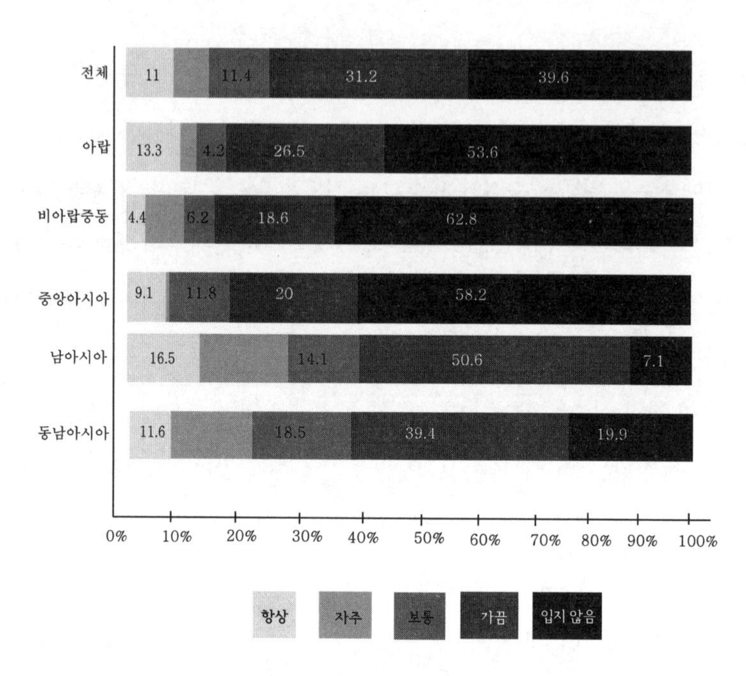

〈표4〉 전통복장 착용 빈도

남아시아의 경우 다른 집단에 비해 비교적 종교성이 강하고 종교적 실천 원리를 성실하게 수행하고 있는 것으로 나타났고 이 점은 의생활 면에서도 그대로 나타나고 있다. 반면 중앙아시아계의 경우 세속화와 소비에트 통치 기간 동안의 서구화로 전통 복장 착용 비율이 현저히 낮게 나타났다. 설문조사에 참여한 대부분의 응답자들은 일하는 데 불편하기 때문에 혹은 한국인 고용주가 전통복장을 싫어하기 때문을 전통복장을 착용하지 않는다고 밝히고 있다.

우리나라 대학생들의 코슬림의 히잡 착용에 대한 생각을 묻는 설문조사를 살펴보면, 전체적으로 부정적이라는 응답이 25.1%였으며 긍정적이라는 응답이 35.8%로 긍정적이라는 의견이 부정적이라는 응답에 비해 높게 나타났다. 타인의 의상 선택과 같은 개인적인 생활에 개입과 판단을 선호하지 않는 젊은 대학생들의 성향이 반영된 것으로 파악할 수 있을 것이다.

집단별로 모두 유의미한 차이를 나타냈다. 특히 이슬람 지역 관련 전공자의 14.9%만이 부정적이라는 의견을 나타낸 데 비해 개신교 집단은 31.1%가 부정적이라는 의견을 나타내 큰 대조를 보이고 있다(조희선, 2010).

2. 식(食)

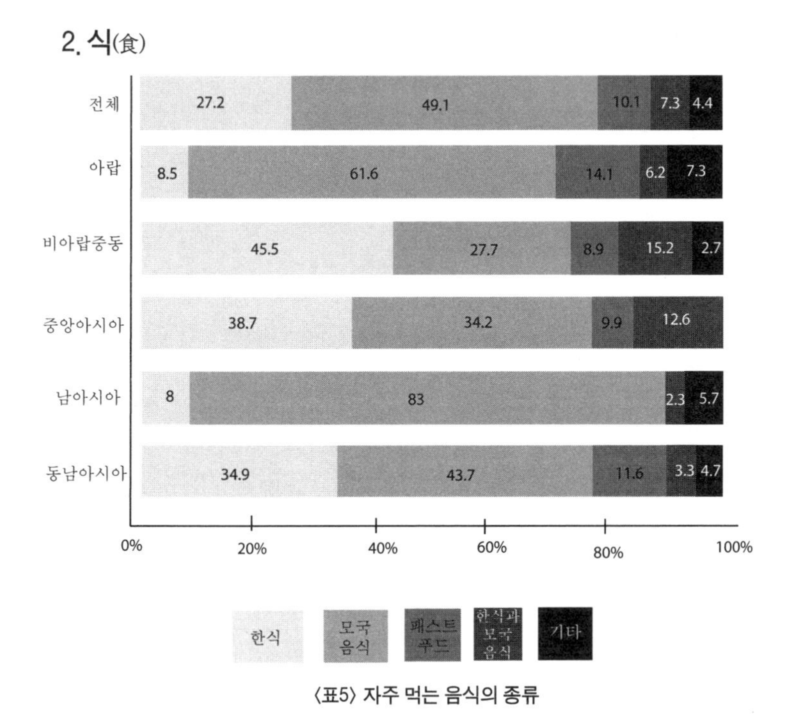

〈표5〉 자주 먹는 음식의 종류

무슬림들에게 식생활은 단순한 먹는 행위라기보다 종교와 연관된 하나의 문화적 상징이다. 종교적으로 금기시 하는 항목 중 음식이 차지하는 비중이 많고 식생활이 그들의 종교적 실천에 중요한 부분을 차지하기 때문이다. 설문결과, 의생활에서 주류 사회와 일정 부분 공유하는 모습이 보여졌던 것에 비해 식생활에서는 모국음식을 선호하고 있는 경향이 두드러졌다. 전체적으로 49.1%가 모국음식을, 27.2%가 한식을 주로 먹는다고 응답했다. 집단별로 살펴보면 남아시아 집단이 모국음식의 선호도(83%)가 가장 높았고, 비아랍중동계가 한식을 주로 먹는다고 가장 많이 응답(45.5%)했으며, 중앙아시아계의 경우 한식(38.7%)과 모국음식(34.2%)이 비슷한 비율로 나타났다. 비아랍중동계와 중앙아시아계의 경우 세속화에 따라 금기 음식에 따른 심리적 압박이 덜하고 음식에 대해 자유로운 성향을 보이고 있다.

음식 문화 또한 의복과 마찬가지로 자의에 의한 결정보다는 주변의 환경에 영향을 받고 있는 것으로 나타났다. 한국에 거주한 기간이 길면 길수록 종교적 금기를 벗어나지 않는 범위에서 한식을 즐기는 것으로 나타났고 직업이 노동자층일수록 한식의 적응도가 높은 것으로 나타났다. 인터뷰를 통해 확인한 결과, 노동자층의 경우, 공장에서 숙식을 제공받고 있는 경우가 많고 음식에 대한 결정권이 없으므로 자연스레 한식을 접할 기회가 많아서인 것으로 해석된다. 남아시아 집단의 경우 모국음식의 높은 선호도는 그들의 강력한 종교성에 기인한 것으로 해석된다. 남아시아의 경우 다른 집단에 비해 종교적 실천을 일상생활에서 신실히 수행하고 있고, 인터뷰 결과, 한식의 모든 재료가 할랄(*halal*) 음식이 아닐 수 있다는 심리적 거부감이 강하게 작용해 모국음식에 강하게 집착하는 것으로 나타났다.

우리나라 대학생들의 코슬림의 돼지고기 금기에 대한 생각을 묻는 질문에 대한 응답을 살펴보면, 부정적이라는 응답이 18.4%였으며 긍정적이라는 응답이 39.1%로 긍정적이라는 의견이 부정적이라는 응답에 비해 높게 나타났다. 앞서 살펴본 히잡 착용에 대한 생각에 비해 긍정적이라는 의견이 좀더 많음을 알 수 있다. 이는 히잡 착용이 사회적인 문제로 인식될 수 있는 반면 돼지고기 금기는 단지 음식에 대한 기호라는 인식이 작용한 것으로 판단된다. 이 질문에 대한 응답은 집단별로 모두 유의미한 차이를 나타냈다. 이슬람 지역 관련 이해의 정도가 높은 집단의 50.2%가 긍정적이라는 의견을 나타내 가장 높은 비율을 나타냈고, 개신교 집단은 31.1%가 긍정적이라는 의견을 나타내 가장 낮은 비율을 나타냈다. 특히 천주교 집단의 응답(부정적 : 15.8%, 긍정적 : 48.6%)이 이슬람 지역 관련 전공자 집단의 응답(부정적 : 19.3%, 긍정적 : 45.7%)보다 오히려 더 긍정적인 방향으로 나타났다(조희선, 2010).

V. 사회적 네트워크

서구에서는 무슬림 공동체의 발전 단계를 4단계로 구분하고 있다. 1단계가 초기 개척자 단계(pioneer), 2단계가 연쇄 이주 단계(chain migration), 3단계가 가족 이주 단계, 마지막이 서구에서 자란 무슬림 신세대의 출현 단계이다(Lewis, 2003, 82-83). 아직까지 이주 무슬림 사회가 1단계 초기 개척자 단계의 상황을 넘어섰다고 단정할 만한 근거는 없는 것으로 보이지만 한국 이주 아랍계 무슬림들을 이 기준에 비추어보면 개척자 단계와 연쇄 이주 단계 사이의 전환기에 있다고 볼 수 있다(조희선, 62). 중앙아시아계 또한 장기체류자들과 결혼 이민자의 경우 그들의 친지나 가족 중 일부를 한국에 불러들여 한국에서 같이 살기를 희망하는 사람이 많은 것으로 나타나는 등 초기 개척자 단계를 거친 장기 체류자들은 그들의 인적 네트워크를 이용해 친지나 가족, 친구를 불러들이는 연쇄 이주의 단계로 넘어가고 있는 것으로 보이며(오종진, 123) 여타 권역에서도 비슷한 현상이 나타나고 있다.

이들이 연쇄 이주 단계로 넘어가는 데 있어 주요한 역할을 하는 것이 바로 이슬람 사원(마스지드)과 같은 장소를 중심으로 한 종교 커뮤니티이다. 마스지드는 이주 무슬림이 비공식적이고 임의적으로 구성하는 사회적 네트워크의 핵심으로서 이주 공동체 안에서 새로 온 이주자에게 정서적, 문화적 지원은 물론 의식주와 일자리를 제공하는 역할을 하기도 한다.

이주자의 수가 3만 명에 육박하는 인도네시아 무슬림들은 인천, 안산 등 수도권 지역을 중심으로 한 인도네시아 이주민 그룹의 연합단체[5]를 만들어, 그동안 수도권 공단 지역을 중심으로 자생적으로 형성되어 있던 소규모 무살라들을 하나로 통합하는 과정에 있다. 부산에서도 자생적인 인도네시아 무슬림 단체[6]가 만들어져 부산을 중심으로 한 영남 지역의 인도네시아 무슬림 커뮤니티의 중심 역할을 하고 있다(안정국, 83-84).

소비에트 통치기간 동안의 감시와 통제에 익숙한 중앙아시아 무슬림들은 자신들만의 공간이나 네트워킹을 구축하는 것에는 소극적이었다. 특히 우즈베키스탄의 경우, 종교적 모임을 위한 네트워킹이나 예배소 구축은 소비에트 시기처럼 현재에도 정부의 감시와 통제를 받고 있어 쉽게 실행할 수 있는 사항이 아니다. 중앙아시아 무슬림들의 세속적인 경향과 개인주의적인 성향 역시 그들의 조직화에 큰 걸림돌로 작용하고 있는 것으로 보인다(오종진, 120).

한편 이주 무슬림 커뮤니티가 분화하는 모습도 살펴볼 수 있다. 그동안 국적 및 인종, 언어에 상관없이 거주지에 가까운 기존의 마스지드를 중심으로 활동하던 이주 무슬림들이 최근 자신들의 국적과 언어에 따라 소규모 무살라를 개설하기 시작했다. 안산 마스지드의 경우 초기 이주자들과 실직 이주자들의 쉼터 역할을 함과 동시에 이슬람공부방, 정보교류실의 역할 등 사회적 네트워크 형성의 축으로 기능하고 있었으며, 주로 방글라데시, 파키스탄, 인도네시아 출신의 무슬림들이 고루 모이는 곳이었다. 그러나 방글라

5) ICC (Indonesian Community in Corea 혹은 Islamic Community in Corea)

6) 'PUMITA(Persaudaraan Umat Muslim Indonesia Al-Fatah 알 파타 인도네시아 무슬림 우정 공동체)

데시 출신 이맘을 중심으로 예배와 행정이 이루어지면서, 파키스탄 무슬림과 인도네시아 무슬림들이 각각 자신들만의 무살라를 개설하여 이탈해 나왔다. 이들이 따로 무살라를 개설한 주요한 이유는 바로 언어적 차이와 혼인식과 같은 자신들 고유의 행사를 치루는 데 있어서의 불편함이었다(안정국, 84). 부산 신평동의 파키스탄 무살라의 경우, 부산 성원까지의 거리가 멀어 자금을 모아 독립적인 무살라를 만들었으며, 명지대학교 용인캠퍼스에서 수학하고 있는 30여 명의 파키스탄 학생들은 한남동이나 경기도 광주, 수원의 사원을 다니기 힘들어 유학생 3명이 월세로 아파트를 얻어 거주하며 무살라로 동료들에게 개방하고 있는 경우도 있다(김효정, 86).

Ⅵ. 결론

한국 이주 무슬림은 수적 팽창 이외에도 최근 들어 그 유입 배경이 다양해지고 있다는 특징이 발견된다. 학업과 혼인을 위한 이주가 증가하고 있는 현실은 기존의 노동자 계층에 한정되었던 한국의 무슬림 계층의 다양화를 암시한다. 또한 국제결혼을 통한 종교적, 문화적 요소의 전승과 재생산이 급속히 일어날 수 있는 환경이 조성되고 있다. 과거 미국과 유럽으로의 이주 역사에서 나타나듯 초기 이주는 개척의 단계를 넘어 정착의 단계를 거쳐 고국에 거주하는 주변 사람을 초청하는 연쇄 이주의 단계가 진행된다. 그러나 우리나라의 경우 외국인, 특히 제3세계 출신의 무슬림이 입국하는 것은 어렵고, 일단 입국한다 하더라도 합법적인 상태에서의 신분 유지가 어려워 지속적이고 조직적인 연쇄 이주로 발전해 가기는 어려워 보인다. 그러나 이주 무슬림 중 유학생 및 결혼 이민으로 합법적인 지위를 지니고 있는 이주민의 비율이 증가함에 따라 이들을 매개로 국내의 이주 무슬림의 수는 지속적으로 증가할 가능성이 있다.

이주 무슬림은 우리와 상이한 종교적, 문화적 배경을 지니고 있으며 사회에 적응함에 있어 수용과 분리라는 대립적인 양상을 보이기도 한다. 특히 종교와 관련된 음식 금기에 대해 보수적인 경향을 보여 한국의 음식문화를 받아들이지 못하는 경우가 많았으나 의상, 혹은 거주지 등에 있어서는 이주민이 속한 상황에 맞게 현실에 적응하는 모습을 보였다. 그러나 연구대상자인 국내 이주 무슬림 또한 출신 지역별, 성별, 교육 정도, 직업에 따라 다양한 양상을 드러낸다. 전체적으로 실익과 관계된, 경제적인 목적에 의한, 직업과 연관된 부분에 있어서는 한국 사회에 진입하려는 의지가 강하게 드러나지만, 무슬림으로서의 정체성을 유지하려는 움직임은 종교를 중심으로 연결망을 구축하거나 돼지고기를 거부하는 식생활과 종교생활 유지 등을 통해 강하게 드러나고 있다.

그러나 이 부분에서 간과하지 말아야 할 점은 이주 무슬림의 성별과 교육 정도에 따라 다른 양상이 나타난다는 점이다. 여성 이주자로서 한국인 남성과의 결혼이 많은 동남아시아계와 중앙아시아계의 무슬림의 경우, 한국의 식문화, 예컨대 돼지고기와 같은 음식을 어쩔 수 없이 먹게 되는 경우가 발견되며 이슬람에서 절을 금지함에도 불구하고 제사에 참여하는 경우가 많다. 반면 남성 무슬림이 한국인 여성과 결혼한 경우 경제권을 행사하는 방식(아랍계), 종교생활(남아시아계)에서 여성이 남성을 따르고 있는 경우가 발견된다. 한국 사회 혹은 이슬람 사회에서 남성을 따르는 가부장적인 방식에 그대로 순응하고 있는 경우이다. 반면 다른 이주 무슬림에 비해 교육수준이 비교적 높은 비아랍중동계 터키인의 경우, 제사에 참여하고 있고, 이웃과도 원활한 관계를 유지하는 것으로 나타났다.

이주 무슬림은 교육과 친목, 정보 교환 등의 목적으로 무슬림 커뮤니티를 만들어 가고 있으며 국적별, 직업별로 사회적 네트워크를 형성하고 있다. 출신 지역별로 종교적 커뮤니티의 성격, 모임 횟수 등에서 차이를 보이나 전체적으로 커뮤니티는 이주 무슬림들의 정신적, 종교적 구심점으로서 역할을 수행하거나 정보 공유의 장으로 활용됨으로써 이주 무슬림들의 한국에서의 중심적인 역할을 하고 있다. 본 연구에서 분류한 아랍, 비아랍중동, 중앙아시아, 남아시아, 동남아시아계는 집단별로 한국 사회의 적응과 연결망 형성에서 다른 양상을 보이고 있다. 비아랍중동 및 중앙아시아의 경우 혼인 이민자의 비율이 다른 집단에 비해 높고 종교적 실천 혹은 종교를 중심으로 한 모임에 소극적인 것으로 나타난 반면, 나머지 아랍, 남아시아, 동남아시아계의 경우 종교 모임에 적극적이며 이슬람의 생활원리를 한국에서도 적용하고 있는 비율이 높았다. 전자의 경우 구소련의 종교억제정책으로 세속화의 모습이 나타나고 있고, 후자의 경우 이슬람의 종교적 실천을 강조하고 있는 교육체계 및 사회적 영향에서 그 원인을 찾을 수 있다.

이주 무슬림은 한국으로의 유입, 적응, 사회적 네트워크를 구성해 나가는 과정에서 물리적, 심리적 갈등과 좌절을 겪고 있다. 한국인들과 종교적 문화적 갈등을 겪는 것이 보통이며 사회의 이질적인 집단으로 간주되기도 한다. 이주민들이 처해 있는 열악한 상황은 한국 사회로의 적응을 어렵게 하고 있으며 오히려 그들의 정체성을 강화시키는 역할을 하고 있다. 합법적이지 못한 신분 상태, 한국 사회의 선입견, 낮은 경제적 지위, 한국 사회의 순혈주의와 인종주의 등은 그들을 우리 사회로 이끌어들이기보다 주변화시키고 분리시키는 원인을 제공하고 있다. 이러한 환경이 지속될 경우, 무슬림 커뮤니티는 자신들의 권리를 보호하고 정체성을 강화시키는 구심점으로서의 사회적 역할을 담당, 우리 사회의 게토로 남을 가능성이 있다.

본 연구팀이 대학생들을 대상으로 설문조사를 실시한 결과에 따르면 당초의 우려와는 달리 우리 사회에는 서구에서와 같은 '이슬라모포비아' 현상은 두드러지게 나타나지 않는다는 점이 확인되었다. 특히 본 연구의 설문조사 대상이 된 대학생들은 무슬림 2세인 코슬림에 대해 부정적인 인식보다는 긍정적인 인식을 조금이라도 더 많이 가진 것으로 드러났다. 사실 9·11 사태 이후 우리 사회에는 이슬람에 대한 이해를 높이고자 하는 강한 욕구가 일어났다. 방송이나 언론을 통해 이슬람에 대한 이해를 높이고자 하는 프로그램이나 지면이 할애되었으며, 이슬람 관련 서적도 전과는 비교할 수 없을 정도로 많이 출판되었다. 또한 많은 대학에서 이슬람 관련 교양 강좌가 눈에 띄게 증가하였다. 이러한 환경 속에서 우리나라의 젊은 대학생들은 이슬람에 대한 이해를 높였던 것이 사실이고 이것이 설문조사에서 그대로 확인되었다. 유럽과는 달리 우리 사회에서는 무슬림들이나 코슬림들과의 접촉이 적은 것이 사실이지만 이슬람에 대한 이해를 통해 이들에게 대한 긍정적인 인식을 가진 것으로 해석할 수 있다.

이슬람 연구 2 저자 소개

권지윤 : 한국이슬람연구소 책임연구원

김아영 : 횃불트리니티신학대학원대학교 선교학 교수, 한국이슬람연구소 소장

서정민 : 한국외국어대학교 국제지역대학원 중동아프리카학과 교수

심의섭 : 명지대학교 명예교수

안 신 : 배재대학교 교양교육부 교수

안창남 : 강남대학교 세무학과 교수

정상률 : 명지대학교 중동문제연구소 HK 연구교수

조희선 : 명지대학교 아랍지역학과 교수

콜린 채프먼 : 베이루트 Near East School of Theology 초빙교수